Mosab Hassan Yousef
mit Ron Brackin

Sohn der Hamas
Mein Leben als Terrorist

überreicht: von Pinlut Peter
stille

Gisela Rank
25. Juli 2022

MOSAB HASSAN YOUSEF
mit Ron Brackin

Sohn der Hamas

Mein Leben als Terrorist

Aus dem amerikanischen Englisch
von Doris C. Leisering

SCM
Stiftung Christliche Medien

SCM Hänssler ist ein Imprint der SCM Verlagsgruppe, die zur Stiftung Christliche Medien gehört, einer gemeinnützigen Stiftung, die sich für die Förderung und Verbreitung christlicher Bücher, Zeitschriften, Filme und Musik einsetzt.

Dieser Titel erschien zuvor unter der ISBN 978-3-7751-5223-5.

1. Auflage als Jubiläumsausgabe 2019 (10. Gesamtauflage)

© der deutschen Ausgabe 2019
SCM Hänssler in der SCM Verlagsgruppe GmbH
Max-Eyth-Straße 41 · 71088 Holzgerlingen
Internet: www.scm-haenssler.de · E-Mail: info@scm-haenssler.de

Originally published in English under the title: *Son of Hamas*
© Copyright der Originalausgabe 2010 by Mosab Hassan Yousef
Published by Tyndale House Publishers, Inc., USA.
All rights reserved. This Licensed Work is published with permission.
Author and cover photo copyright © 2009 by Tyndale House Publishers, Inc.
All Rights Reserved.

Soweit nicht anders angegeben, sind die Bibelverse folgender Ausgabe entnommen:
Neues Leben. Die Bibel, © der deutschen Ausgabe 2002 und 2006
SCM R.Brockhaus in der SCM Verlagsgruppe GmbH Witten/Holzgerlingen.
Weiter wurde verwendet:
Elberfelder Bibel 2006, © 2006 by SCM R.Brockhaus in der
SCM Verlagsgruppe GmbH Witten/Holzgerlingen.

Übersetzung: Doris C. Leisering
Umschlaggestaltung: Kathrin Spiegelberg, Weil im Schönbuch
Israelkarte: Timo Roller, www.morija.de
Satz: Satz & Medien Wieser, Stolberg
Druck und Bindung: GGP Media GmbH, Pößneck
Gedruckt in Deutschland
ISBN 978-3-7751-5942-5
Bestell-Nr. 395.942

Widmung

*Für meinen geliebten Vater und meine auseinandergerissene Familie.
Für die Opfer des palästinensisch-israelischen Konflikts.
Für jedes Menschenleben, das der Herr gerettet hat.*

Meiner Familie.

Ich bin sehr stolz auf Euch! Nur mein Gott allein kann verstehen, was Ihr durchgemacht habt. Ich weiß: Das, was ich getan habe, hat Euch eine weitere tiefe Wunde zugefügt, die in diesem Leben vielleicht nicht heilen wird, und vielleicht werdet Ihr für immer mit dieser Schande leben müssen.

Ich hätte ein Held werden und mein Volk stolz auf mich machen können. Ich weiß, welche Art Held mein Volk gern gehabt hätte: einen Kämpfer, der sein Leben und seine Familie seiner Nation zu Füßen legt. Selbst nach meinem Tod hätten zukünftige Generationen meine Geschichte noch erzählt und wären ewig stolz auf mich gewesen – doch in Wirklichkeit wäre ich kein großer Held gewesen.

Stattdessen wurde ich in den Augen meines Volkes zum Verräter. Früher wart Ihr sehr stolz auf mich, jetzt bin ich Eure Schande. Früher war ich der Thronfolger, jetzt bin ich ein Fremder in einem fremden Land, der gegen Einsamkeit und Dunkelheit als seine Feinde kämpft.

Ich weiß, Ihr betrachtet mich als Verräter. Bitte versteht, dass ich nicht *Euch* verraten habe, sondern Euer Verständnis von Heldentum. Erst dann, wenn die Nationen des Nahen Ostens – Juden und Araber gleichermaßen – etwas von dem zu verstehen beginnen, was ich jetzt verstehe, wird es Frieden geben. Und wenn mein Herr abgelehnt wurde, weil er die Welt vor der Strafe der Hölle gerettet hat, dann macht es auch mir nichts aus, abgelehnt zu werden!

Ich weiß nicht, was die Zukunft bringen wird. Aber ich weiß, dass ich keine Angst habe. Und jetzt möchte ich Euch etwas weitergeben, das mir bisher geholfen hat zu überleben: Alle Schuld und Schande, die ich all die Jahre getragen habe, ist ein geringer Preis für die Rettung eines – vielleicht auch nur eines einzigen – unschuldigen Menschenlebens.

Wie viele Menschen wissen zu schätzen, was ich getan habe? Nicht sehr viele. Aber das ist in Ordnung. Ich glaube an das, was ich getan habe. Ich glaube noch immer. Das ist der einzige Motor, der mich auf meiner langen Reise in Bewegung hält. Jeder Tropfen unschuldigen Bluts, der gerettet wurde, gibt mir Hoffnung und Stärke, den Weg bis zum letzten Tag weiterzugehen.

Ich habe bezahlt. Ihr habt bezahlt. Und dennoch fordern Krieg und Frieden immer noch einen hohen Preis. Gott sei mit uns allen und gebe uns, was wir brauchen, um diese schwere Last zu tragen.

In Liebe,
Euer Sohn

Inhalt

Karte von Israel und den palästinensischen Gebieten 9
Vorwort zur sechsten deutschen Auflage 11
Ein Wort vom Autor 13
Vorwort 15

Gefangen 19
Die Leiter des Glaubens 23
Die Muslimbruderschaft 31
Steinwürfe 39
Überleben 47
Die Rückkehr eines Helden 55
Radikal 61
Öl ins Feuer 65
Waffen 77
Das Schlachthaus 83
Das Angebot 93
Nummer 823 103
Traue niemandem 111
Aufstand 119
Straße nach Damaskus 127
Zweite Intifada 139
Undercover 149
Meistgesucht 159
Schuhe 167
Zerrissen 177
Das Spiel 185
Schutzschild 195
Übernatürlicher Schutz 203
Schutzhaft 211
Salih 221
Eine Vision für die Hamas 233
Auf Wiedersehen 241

Epilog	251
Nachwort	255
Nachwort zur amerikanischen Taschenbuchauflage	261
Die beteiligten Personen	277
Worterklärungen	283
Chronologische Übersicht	287
Anmerkungen	289

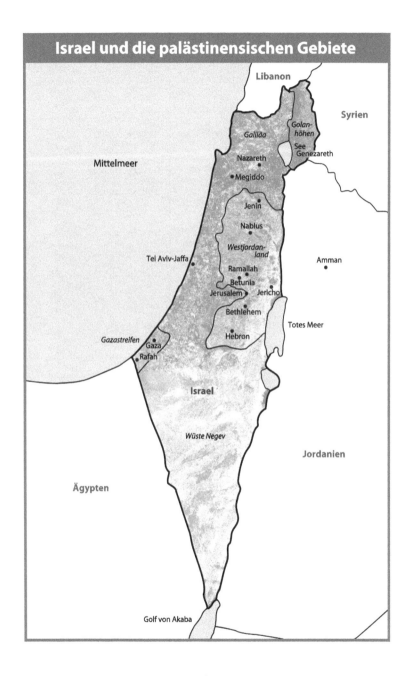

Vorwort zur sechsten deutschen Auflage

Seit Erscheinen der deutschen Ausgabe von *Sohn der Hamas* haben sich die Ereignisse überschlagen. Das Buch entwickelte sich nicht nur in den USA zum Bestseller (u. a. *New York Times*-Bestsellerliste), sondern fand auch in Deutschland zahlreiche Leser, sodass nun die sechste deutschsprachige Auflage erscheint. Für Mosab Hassan Yousefs Lebensgeschichte geschahen ebenfalls einschneidende Veränderungen. Sein Antrag auf politisches Asyl in den USA stand auf des Messers Schneide, und eine Ausweisung wäre einem Todesurteil gleichgekommen.

Deshalb fügte der amerikanische Originalverlag seiner ersten Taschenbuchausgabe Anfang 2011 ein Nachwort Mosabs an, das nun auch auf Deutsch vorliegt. Es gibt nicht nur thematisch weitere aufschlussreiche Einsichten. Vielmehr unterstreicht es vor allem Mosabs Glaubwürdigkeit, vor allem nachdem sein zuständiger Geheimdienstoffizier im Schin Beth die eigene Identität offengelegt hat und damit für ihn bürgt. Der Verlag hofft, dass *Sohn der Hamas* vielen weiteren Lesern wichtige Einblicke in den Nahostkonflikt gibt und dadurch einen kleinen, aber wertvollen Beitrag zu Verständigung und Frieden leistet.

Der Verlag,
Holzgerlingen im Februar 2012

Ein Wort vom Autor

Zeit ist etwas Fortlaufendes – ein Faden, der sich zwischen Geburt und Tod spannt.

Ereignisse ähneln allerdings eher einem persischen Teppich – Tausende wunderbar farbiger Fäden, die zu komplexen Mustern und Bildern verwoben sind. Jeder Versuch, Ereignisse in eine rein chronologische Reihenfolge zu bringen, ist so, als würde man die einzelnen Fäden aus dem Teppich ziehen und sie aneinanderreihen. Das wäre vielleicht einfacher, doch das Muster ginge verloren.

Die Ereignisse in diesem Buch folgen meiner Erinnerung, sofern sie mich nicht im Stich lässt. Sie wurden aus dem Mahlstrom meines Lebens in den palästinensischen Gebieten in Israel ausgesiebt und so, wie sie sich ereigneten, miteinander verwoben – nacheinander und gleichzeitig.

Um Ihnen einige Anhaltspunkte zu liefern und einen Überblick über die arabischen Namen und Begriffe zu verschaffen, habe ich im Anhang eine kurze chronologische Übersicht angefügt sowie Worterklärungen und eine Liste der beteiligten Personen.

Aus Sicherheitsgründen habe ich beim Erzählen absichtlich viele Details über sensible Operationen des israelischen Geheimdienstes Schin Beth ausgelassen. Die Informationen, die in diesem Buch enthalten sind, stellen keine Gefahr für den weltweiten Kampf gegen den Terror dar, in dem Israel eine führende Rolle spielt.

Und schließlich ist *Sohn der Hamas*, wie auch der Nahe Osten selbst, eine Fortsetzungsgeschichte. Deswegen möchte ich Sie einladen, sich mit meinem Blog *www.sonofhamas.com* auf dem Laufenden zu halten. Dort schreibe ich meine Gedanken zu wichtigen Entwicklungen in der Region auf, aber auch neue Berichte über das, was Gott mit diesem Buch und in meiner Familie tut und wohin er mich führt.

MHY

Vorwort

Frieden im Nahen Osten ist seit mehr als fünf Jahrzehnten der Heilige Gral von Diplomaten, Premierministern und Präsidenten. Jede neue Figur auf der Weltbühne meint, er oder sie könnte derjenige sein, der den arabisch-israelischen Konflikt löst. Und jeder von ihnen versagt ebenso kläglich und vollständig wie diejenigen vor ihm.

Tatsache ist, dass nur wenige Bewohner der westlichen Welt die komplexen Zusammenhänge des Nahen Ostens und seiner Bevölkerung umfassend verstehen können. Doch ich kann es – weil ich das Vorrecht einer ausgesprochen einzigartigen Perspektive habe. Ich bin ein Sohn jener Region der Welt – und jenes Konflikts. Ich bin ein Kind des Islam und der Sohn eines als Terroristen angeklagten Mannes. Und ich bin auch ein Mann, der Jesus Christus nachfolgt.

Noch bevor ich einundzwanzig Jahre alt wurde, sah und erlebte ich Dinge, die niemand je sehen und erleben sollte: bittere Armut, Machtmissbrauch, Folter und Tod. Ich habe Verhandlungen zwischen den Führern des Nahen Ostens, die weltweit für Schlagzeilen sorgen, hinter den Kulissen miterlebt. Ich genoss das Vertrauen der höchsten Führungsebene der Hamas, und ich nahm an der sogenannten Intifada teil. Ich wurde in den Tiefen von Israels meistgefürchteter Strafanstalt gefangen gehalten. Und wie Sie sehen werden, traf ich Entscheidungen, die mich in den Augen von Menschen, die ich sehr liebe, zum Verräter machten.

Meine ungewöhnliche Reise hat mich an dunkle Orte geführt und mir Zugang zu außerordentlichen Geheimnissen verschafft. Auf den Seiten dieses Buches erzähle ich endlich von einigen dieser lang gehüteten Geheimnisse. Dabei lege ich Ereignisse und Vorgänge offen, die bisher nur einer Handvoll Personen bekannt sind.

Die Enthüllung dieser Tatsachen wird wahrscheinlich Teile des Nahen Ostens erschüttern. Doch hoffe ich, dass sie viele Familien der Opfer tröstet und sie bei der Trauerarbeit unterstützt.

In Amerika, wo ich heute lebe, begegnen mir viele Fragen über den arabisch-israelischen Konflikt, doch nur wenige Antworten und noch weniger fundierte Informationen. Ich höre Fragen wie zum Beispiel:

- »Warum können die Menschen im Nahen Osten einfach nicht miteinander auskommen?«
- »Wer ist im Recht – die Israelis oder die Palästinenser?«
- »Wem gehört das Land wirklich? Warum siedeln die Palästinenser nicht einfach in andere arabische Länder über?«
- »Warum gibt Israel nicht das Land und die Grundstücke zurück, die es 1967 im Sechs-Tage-Krieg erobert hat?«
- »Warum leben so viele Palästinenser immer noch in Flüchtlingslagern? Warum haben sie nicht ihren eigenen Staat?«
- »Warum hassen die Palästinenser Israel so sehr?«
- »Wie kann Israel sich vor Selbstmordanschlägen und den vielen Raketenangriffen schützen?«

Das sind alles gute Fragen. Doch keine davon berührt den eigentlichen Streitpunkt, das zugrunde liegende Problem. Der heutige Konflikt reicht zurück bis zu der Feindseligkeit zwischen Sara und Hagar, die im ersten Buch der Bibel beschrieben wird. Um die politischen und kulturellen Realitäten zu verstehen, muss man allerdings nicht viel weiter zurückblicken als bis zu den Nachwehen des Ersten Weltkriegs.

Nach Kriegsende fielen die palästinensischen Gebiete, die jahrhundertelange Heimat der Palästinenser, unter das Mandat Großbritanniens. Und die britische Regierung hatte eine ungewöhnliche Vorstellung für die Zukunft der Region, die sie in der Balfour-Deklaration von 1917 darlegte: »Die Regierung Seiner Majestät betrachtet mit Wohlwollen die Errichtung einer nationalen Heimstätte für das jüdische Volk in Palästina.«

Ermutigt von der britischen Regierung, überfluteten Hunderttausende jüdische Einwohner, hauptsächlich aus Osteuropa, die palästinensischen Gebiete. Zusammenstöße zwischen Arabern und Juden waren unvermeidlich.

Israel wurde im Jahr 1948 ein unabhängiger Staat. Die Palästinensergebiete blieben allerdings genau das, was sie waren – nicht souveränes Gebiet. Ohne Verfassung, die wenigstens ein gewisses Maß an Ordnung garantiert hätte, wurde das religiöse Gesetz zur höchsten Autorität. Und wenn jeder das Gesetz so auslegen und ausüben kann, wie er es für richtig hält, folgt daraus Chaos. Für die restliche Welt ist der Nahostkonflikt einfach ein Tauziehen um ein kleines Stück Land. Doch das eigentliche Problem ist, dass noch keiner das eigentliche Problem verstanden hat. Und demzufolge behandeln die Unterhändler von Camp David und Oslo weiterhin selbstsicher einen Herzpatienten – mit Gipsverband und Schiene.

Bitte verstehen Sie mich nicht falsch: Ich schreibe dieses Buch nicht, weil ich meine, ich wäre klüger oder weiser als die großen Denker unserer Zeit. Das bin ich nicht. Aber ich glaube, dass Gott mir einen einzigartigen Blickwinkel geschenkt hat, indem er mich auf mehrere Seiten eines scheinbar unlösbaren Konflikts gestellt hat. Mein Leben ist so zerstückelt wie dieser verrückte kleine Landstrich am Mittelmeer, von manchen als Israel bezeichnet, von anderen als Palästina oder als *besetzte Gebiete*.

Mein Ziel ist es, auf den folgenden Seiten die Darstellung einiger grundlegender Ereignisse zu korrigieren, einige Geheimnisse aufzudecken und, wenn alles gut geht, Ihnen die Hoffnung zu vermitteln, dass das Unmögliche möglich ist.

Gefangen

1996

Vorsichtig lenkte ich meinen kleinen weißen Subaru durch eine unübersichtliche Kurve. Es war auf einer jener engen Straßen, die auf die Landstraße außerhalb der Stadt Ramallah im Westjordanland führen. Ich bremste leicht ab und näherte mich langsam einem der unzähligen Kontrollpunkte, welche die Straßen von und nach Jerusalem säumen.

»Motor abstellen! Anhalten!«, rief jemand in gebrochenem Arabisch.

Ohne Vorwarnung sprangen sechs israelische Soldaten aus dem Gebüsch und versperrten mir den Weg. Jeder von ihnen trug ein Maschinengewehr, und jedes dieser Gewehre war direkt auf meinen Kopf gerichtet.

Panik stieg in mir auf. Ich hielt an und warf den Autoschlüssel durch das offene Fenster.

»Aussteigen! Aussteigen!«

Gleich darauf riss einer der Männer die Wagentür auf und warf mich auf den staubigen Boden. Ich hatte kaum Zeit, die Arme über den Kopf zu bringen, bevor die Tritte begannen. Ich versuchte zwar, mein Gesicht zu schützen, doch die schweren Stiefel der Soldaten fanden rasch andere Ziele: Rippen, Nieren, Rücken, Nacken, Schädel.

Zwei der Männer zerrten mich hoch und schleppten mich zum Kontrollpunkt, wo sie mich hinter einer Betonbarrikade auf die Knie zwangen. Die Hände wurden mir hinter dem Rücken mit Kabelbinder viel zu stramm gefesselt. Jemand verpasste mir eine Augenbinde und stieß mich in einen Jeep hinten auf den Boden. Meine Angst vermischte sich mit Wut, als ich mich fragte, wohin sie mich brachten und wie lange ich dort bleiben würde. Ich war kaum 18 Jahre alt und stand wenige Wochen vor meinen Abschlussprüfungen in der Schule. Was würde mit mir passieren?

Nach einer eher kurzen Fahrt hielt der Jeep an. Ein Soldat zog mich heraus und nahm mir die Augenbinde ab. Ich blinzelte in das helle Sonnenlicht und stellte fest, dass wir in Ofer waren. Ofer ist ein israelischer Militärstützpunkt und eine der größten und sichersten Militäranlagen im Westjordanland.

Auf dem Weg zum Hauptgebäude passierten wir mehrere Panzer unter Tarnplanen. Diese monströsen Hügel hatten mich immer fasziniert, wenn ich sie draußen gesehen hatte. Sie sahen aus wie riesige, übergroße Felsblöcke.

Im Hauptgebäude wurden wir von einem Arzt empfangen, der mich rasch einmal von Kopf bis Fuß untersuchte. Offenbar sollte er bestätigen, dass meine gesundheitliche Verfassung gut genug für ein Verhör war. Ich hatte die Musterung wohl bestanden, denn wenige Minuten später wurden mir Handschellen und Augenbinde wieder angelegt, und ich wurde zurück in den Jeep verfrachtet.

Ich versuchte meinen Körper so zu drehen, dass er in den kleinen Raum passte, der normalerweise für Beine und Füße der Wageninsassen gedacht war. Ein muskelbepackter Soldat stemmte seinen Stiefel auf meine Hüfte und drückte mir die Mündung seines M16-Sturmgewehrs auf die Brust. Der Gestank von heißen Abgasen zog sich über den Boden des Fahrzeugs und schnürte mir den Hals zu. Immer wenn ich versuchte, meine eingezwängte Stellung zu verändern, rammte mir der Soldat den Gewehrlauf tiefer in den Brustkorb.

Ohne Vorwarnung schoss ein stechender Schmerz durch meinen Körper. Jeder Muskel verkrampfte sich, bis hinunter in meine Zehen. Mir war, als würde eine Rakete in meinem Schädel explodieren. Der Schlag war vom Vordersitz aus gekommen, und mir wurde klar, dass einer der Soldaten mir wohl mit dem Gewehrkolben einen Schlag gegen den Kopf verpasst hatte. Bevor ich mich schützen konnte, schlug er wieder zu, nur dieses Mal noch härter und aufs Auge. Ich versuchte mich wegzudrehen, aber der Soldat, der mich als Fußschemel benutzte, zerrte mich hoch.

»Keine Bewegung oder ich erschieße dich!«, schnauzte er.

Aber ich konnte nicht anders. Jedes Mal, wenn sein Kamerad mich schlug, zuckte ich unwillkürlich zurück.

Unter der rauen Augenbinde begann mein Auge zuzuschwellen, und mein Gesicht fühlte sich taub an. In meinen Beinen spürte ich keinen Blutfluss mehr. Mein Atem ging flach und stoßweise. Noch nie hatte ich solche Schmerzen gehabt. Doch schlimmer noch als die körperlichen Schmerzen war das Entsetzen, etwas Erbarmungslosem, Rohem und Unmenschlichem hilflos ausgeliefert zu sein. Meine Gedanken rasten. Ich versuchte zu verstehen, welche Motive meine Peiniger hatten. Ich verstand, dass man aus

Hass, Wut, Rache oder sogar aus einer Notwendigkeit heraus kämpfen und töten konnte. Aber ich hatte diesen Soldaten nichts getan. Ich hatte mich nicht gewehrt. Ich hatte alles getan, was man mir gesagt hatte. Ich war keine Bedrohung für sie. Ich war gefesselt, hatte die Augen verbunden und war unbewaffnet. Was ging in diesen Leuten vor, dass sie ein solches Vergnügen daran hatten, mich zu verletzen? Selbst die niedersten Tiere töten aus einem bestimmten Grund und nicht nur aus Spaß.

Ich dachte daran, was meine Mutter wohl fühlen würde, wenn sie erfuhr, dass ich verhaftet worden war. Da mein Vater bereits in einem israelischen Gefängnis saß, war ich der Mann in der Familie. Würde ich Monate oder sogar Jahre im Gefängnis festgehalten werden wie er? Und wenn ja: Wie würde meine Mutter zurechtkommen, wenn ich auch noch weg war? Ich begann zu verstehen, wie mein Vater sich fühlte – in Sorge um seine Familie und bedrückt von dem Wissen, dass wir uns um ihn sorgten. Tränen schossen mir in die Augen, als ich mir das Gesicht meiner Mutter vorstellte.

Ich fragte mich auch, ob all die Jahre an der Oberschule jetzt umsonst waren. Wenn ich tatsächlich auf dem Weg in ein israelisches Gefängnis war, würde ich die Abschlussprüfungen nächsten Monat verpassen. Ein Sturzbach von Fragen und Schreien tobte in meinem Kopf, während mich ein Schlag nach dem anderen traf: *Warum tut ihr mir das an? Was habe ich denn getan? Ich bin kein Terrorist! Ich bin noch ein halbes Kind. Warum verprügelt ihr mich so brutal?*

Ich bin mir ziemlich sicher, dass ich mehrmals das Bewusstsein verlor, aber jedes Mal, wenn ich wieder zu mir kam, waren die Soldaten immer noch da und schlugen auf mich ein. Ich konnte den Schlägen nicht ausweichen. Ich konnte nur schreien. Ich spürte, wie es mir sauer im Hals aufstieg. Ich würgte und übergab mich heftig.

Während es wieder dunkel um mich wurde, spürte ich eine tiefe Traurigkeit, bevor ich das Bewusstsein verlor. War es das Ende? Würde ich sterben, bevor mein Leben überhaupt richtig begonnen hatte?

Die Leiter des Glaubens

1955 bis 1977

Mein Name ist Mosab Hassan Yousef.

Ich bin der älteste Sohn von Scheich Hassan Yousef, einem der sieben Gründer der Hamas. Ich wurde im Westjordanland in einem Dorf in der Nähe von Ramallah geboren und ich gehöre zu einer der religiösesten islamischen Familien im Nahen Osten.

Meine Geschichte beginnt mit meinem Großvater, Scheich Yousef Dawud, der die oberste religiöse Autorität - der Imam - des Dorfes al-Janiya war. Das liegt in der Gegend Israels, die in der Bibel unter die Bezeichnung »Judäa und Samarien« fällt. Ich liebte meinen Großvater heiß und innig. Sein weicher, weißer Bart kitzelte an meiner Wange, wenn er mich umarmte. Ich konnte stundenlang sitzen und ihm zuhören, wenn seine melodische Stimme mit dem *adhan* - dem islamischen Gebetsruf - zum Gebet rief. Und dazu hatte ich reichlich Gelegenheit, da Muslime fünfmal am Tag zum Gebet gerufen werden. Den *adhan* und Texte aus dem Koran gut zu rezitieren, ist nicht einfach, aber bei meinem Großvater klang es immer zauberhaft.

Als ich noch ein kleiner Junge war, störten mich einige Gebetsrufer so sehr, dass ich mir am liebsten die Ohren zugestopft hätte. Aber mein Großvater war ein leidenschaftlicher Mann und mit seinem Ruf führte er die Zuhörer tief in die Bedeutung des *adhan* ein. Er glaubte selbst jedes Wort, das er vortrug.

Etwa vierhundert Menschen lebten damals in al-Janiya, als es unter jordanischer Herrschaft und israelischer Besatzung stand. Doch die Einwohner dieses kleinen, ländlichen Dorfes hatten nur wenig Sinn für Politik. Malerisch in den sanft geschwungenen Hügeln einige Kilometer nordwestlich von Ramallah gelegen, war al-Janiya ein sehr friedlicher und schöner Ort. Die Sonnenuntergänge dort tauchten alles in rosafarbenes und violettes Licht. Die Luft war sauber und klar, und von vielen Hügeln konnte man bis zum Mittelmeer sehen.

Jeden Morgen um vier Uhr war mein Großvater bereits auf dem Weg in die Moschee. Wenn er sein Morgengebet beendet hatte, nahm er seinen kleinen Esel und ging aufs Feld. Er bearbeitete den Boden, kümmerte sich um seine Olivenbäume und trank frisches Wasser aus der Quelle, die dem Berg entsprang. Es gab keine Luftverschmutzung, weil nur eine Person in al-Janiya ein Auto besaß.

Wenn er daheim war, empfing mein Großvater einen nicht versiegenden Besucherstrom. Er war mehr als nur der Imam – er war *alles* für die Menschen im Dorf. Er betete über jedem neugeborenen Baby und flüsterte den *adhan* ins Ohr des Kindes. Wenn jemand starb, wusch und salbte mein Großvater den Leichnam und wickelte ihn in große Tücher. Er traute Ehepaare und begrub die Toten.

Mein Vater Hassan war sein Lieblingssohn. Schon als kleiner Junge, noch bevor er dazu verpflichtet war, ging mein Vater regelmäßig mit meinem Großvater in die Moschee. Keinem seiner Brüder war der Islam auch nur annähernd so wichtig wie ihm.

An der Seite seines Vaters lernte Hassan, den *adhan* vorzutragen. Und wie sein Vater hatte er eine Stimme und eine Leidenschaft, welche die Menschen berührte. Mein Großvater war sehr stolz auf ihn. Als mein Vater zwölf Jahre alt war, sagte mein Großvater:»Hassan, du hast gezeigt, dass du großes Interesse an Allah und dem Islam hast. Deshalb werde ich dich nach Jerusalem schicken, um die Scharia zu studieren.« Die Scharia ist das islamische religiöse Gesetz, das alle Fragen des täglichen Lebens regelt, von den Bereichen Familie und den Reinheitsvorschriften bis hin zu Politik und Wirtschaft.

Hassan wusste nichts über Politik und Wirtschaft. Das interessierte ihn auch nicht. Er wollte einfach wie sein Vater sein. Er wollte den Koran lesen und rezitieren können, und er wollte den Menschen dienen. Doch bald sollte er herausfinden, dass sein Vater sehr viel mehr war als nur eine vertrauenswürdige religiöse Autorität und ein geliebter Diener seines Volkes.

Da Werte und Traditionen dem arabischen Volk schon immer mehr bedeutet haben als Regierungserlasse und Gerichtshöfe, wurden Männer wie mein Großvater oft zur höchsten Autorität. Besonders in Regionen, wo die weltlichen Führer schwach oder korrupt waren, war das Wort einer religiösen Autorität Gesetz.

Mein Vater wurde nicht nach Jerusalem geschickt, um einfach nur Religion zu studieren; er sollte aufs Regieren vorbereitet werden. In den nächsten Jahren lebte und studierte mein Vater also in der Jerusalemer Altstadt neben der al-Aqsa-Moschee – in der Umar-Moschee, dem berühmten Bauwerk mit der goldenen Kuppel, welche das Stadtbild von Jerusalem in den Augen der meisten Menschen der Welt bestimmt. Im Alter von 18 Jahren schloss er sein Studium ab und zog nach Ramallah, wo er sofort als Imam der Moschee in der Altstadt angestellt wurde. Voller Leidenschaft, Allah und seinem Volk zu dienen, konnte mein Vater es kaum erwarten, hier seine Arbeit zu beginnen, so wie sein Vater es in al-Janiya getan hatte.

Doch Ramallah war nicht al-Janiya. Erstere Ortschaft war eine geschäftige Stadt. Letztere ein kleines verschlafenes Dorf. Als mein Vater zum ersten Mal die Moschee betrat, war er schockiert, dass nur fünf alte Männer auf ihn warteten. Alle anderen waren anscheinend in irgendwelchen unmoralischen öffentlichen Schauspiel- und Kaffeehäusern, wo sie sich betranken und dem Glücksspiel frönten. Selbst der Mann, der für den *adhan* in der Nachbarmoschee zuständig war, hatte das Minarett mit einem Mikrofon ausgerüstet, damit er der islamischen Tradition entsprechen konnte, ohne sein Kartenspiel unterbrechen zu müssen.

Meinem Vater blutete das Herz beim Anblick dieser Menschen, obwohl er nicht wusste, wie er sie erreichen sollte. Selbst seine fünf alten Männer gaben zu, dass sie nur kamen, weil sie wussten, dass sie bald sterben würden und ins Paradies kommen wollten. Doch immerhin waren sie bereit zuzuhören. Also arbeitete er mit denen, die da waren. Er leitete die Männer im Gebet und lehrte sie den Koran. Schon nach kurzer Zeit liebten sie ihn, als wäre er ein Engel, den der Himmel geschickt hatte.

Außerhalb der Moschee sah es allerdings ganz anders aus. Für viele Menschen unterstrich die Liebe meines Vaters zu dem Gott des Koran nur umso deutlicher ihre eigene laxe Haltung zur Religion, und sie waren beleidigt.

»Wer ist dieses Kind, das den *adhan* vorträgt?«, spotteten die Leute und deuteten auf meinen durchaus noch sehr jung aussehenden Vater. »Er gehört nicht hierher. Er ist ein Unruhestifter.«

»Warum blamiert dieser junge Kerl uns? Nur alte Leute gehen in die Moschee.«

»Ich wäre lieber ein Hund, als so zu sein wie du«, schrie ihm einer ins Gesicht.

Mein Vater erduldete die Verfolgung still. Er schrie nie zurück oder verteidigte sich. Doch seine Liebe und sein Mitgefühl für die Menschen ließen ihn nie aufgeben. Und er setzte die Arbeit fort, zu der er berufen worden war: Er ermahnte die Menschen, zum Islam und zu Allah zurückzukehren.

Seine Sorgen besprach er mit meinem Großvater, der rasch erkannte, dass mein Vater noch größeren Eifer und größeres Potenzial besaß, als er ursprünglich angenommen hatte. Mein Großvater schickte ihn nach Jordanien, um den Islam noch gründlicher zu studieren. Wie Sie noch sehen werden, sollten die Menschen, die er dort kennenlernte, später den Lauf meiner Familiengeschichte und sogar die Geschichte des Nahostkonflikts beeinflussen. Doch bevor ich weitererzähle, muss ich kurz innehalten und einige wichtige Punkte der Geschichte des Islam erklären. Sie können Ihnen helfen zu verstehen, warum die zahllosen diplomatischen Lösungen bisher durchweg versagt haben und keine Hoffnung auf Frieden bieten können.

* * *

Zwischen 1517 und 1923 verbreitete sich der Islam – personifiziert durch das Osmanische Kalifat – von seinem Sitz in der heutigen Türkei über drei Kontinente. Doch nach einigen Jahrhunderten großer wirtschaftlicher und politischer Macht wurde das Osmanische Reich zentralistisch und korrupt, und sein Niedergang begann.

Unter den Osmanen waren muslimische Dörfer im ganzen Nahen Osten das Ziel von Unterdrückung und harter Besteuerung. Konstantinopel, das heutige Istanbul, war einfach zu weit weg, als dass der Kalif die Gläubigen vor Übergriffen durch Soldaten und örtliche Beamte schützen konnte. Als das 20. Jahrhundert anbrach, waren viele Muslime desillusioniert und begannen, nach einer anderen Lebensweise zu suchen. Einige schlossen sich dem Atheismus des gerade aufkommenden Kommunismus an. Andere ertränkten ihre Probleme in Alkohol, Glücksspiel und Unmoral. Diese Dinge waren zu einem großen Teil von den Abendländern eingeführt worden, die der Reichtum an Bodenschätzen und die wachsende Industrialisierung in die Region gelockt hatte.

Im ägyptischen Kairo blutete dem jungen Grundschullehrer Hassan al-Banna das Herz beim Anblick seiner Landsleute, die arm, arbeitslos und gottlos waren. Doch er gab dem Abendland die Schuld, nicht den Türken, und er glaubte, die einzige Hoffnung für sein Volk und besonders die Jugend sei die Rückkehr zu einem reinen, schlichten Islam.

Er ging in die Kaffeehäuser, kletterte auf Tische und Stühle und predigte allen von Allah. Die Betrunkenen verspotteten ihn. Die religiösen Führer forderten ihn heraus. Doch die meisten Leute liebten ihn, weil er ihnen Hoffnung gab.

Im März 1928 gründete Hassan al-Banna die *Muslimbruderschaft*. Das Ziel dieser neuen Organisation war es, die Gesellschaft nach islamischen Prinzipien umzubauen. Innerhalb eines Jahrzehnts gab es in jeder Provinz Ägyptens eine Gruppe der Bruderschaft. Al-Bannas Bruder gründete 1935 einen Zweig im britischen Mandatsgebiet Palästina. Und nach zwanzig Jahren zählte die Bruderschaft allein in Ägypten etwa eine halbe Million Mitglieder.

Die Muslimbruderschaft rekrutierte ihre Mitglieder hauptsächlich aus den ärmsten Schichten mit dem geringsten Einfluss – doch diese waren der Sache mit glühender Treue ergeben. Sie spendeten aus eigener Tasche, um ihren muslimischen Brüdern zu helfen, wie der Koran es fordert.

Viele Menschen in der westlichen Welt, die alle Muslime als Terroristen betrachten, wissen nichts über die Seite des Islam, die Liebe und Barmherzigkeit verkörpert und für die Armen, die Witwen und Waisen sorgt. Der Islam unterstützt Bildung und Wohlfahrt. Er vereint und stärkt. Diese Seite des Islam motivierte die ersten Anführer der Muslimbruderschaft. Natürlich gibt es auch die andere Seite. Die Seite, die alle Muslime zum Dschihad aufruft. Zum Kampf gegen die ganze Welt. Zum Kampf für ein globales Kalifat, das von einem Mann geleitet wird, der an der Stelle Allahs regiert und spricht. Es ist wichtig, dass Sie diese beiden Seiten verstehen und beim Lesen immer wieder daran denken. Doch zurück zu unserer Geschichtsstunde ...

Im Jahr 1948 versuchte die Muslimbruderschaft einen Staatsstreich gegen die ägyptische Regierung, die aus Sicht der Bruderschaft für den zunehmenden Säkularismus des Landes verantwortlich war. Allerdings scheiterte der Aufstand, bevor er an Boden gewinnen konnte, als das britische Mandat erlosch und Israel seine Unabhängigkeit als jüdischer Staat ausrief.

Muslime im gesamten Nahen Osten waren außer sich. Wenn ein Feind in ein muslimisches Land einmarschiert, sind dem Koran nach alle Muslime zur

Verteidigung dieses Landes aufgerufen. Vom Standpunkt der arabischen Welt aus waren Ausländer einmarschiert und besetzten jetzt Palästina, die Heimat der al-Aqsa-Moschee, des drittgrößten islamischen Heiligtums nach Mekka und Medina. Die Moschee war an der Stelle erbaut worden, an welcher der Überlieferung zufolge Mohammed mit dem Engel Gabriel in den Himmel aufgestiegen und mit Abraham, Mose und Jesus gesprochen hatte.

Ägypten, Libanon, Syrien, Jordanien und Irak marschierten sofort in den neu gegründeten jüdischen Staat ein. Unter den zehntausend ägyptischen Soldaten waren Tausende Freiwillige aus der Muslimbruderschaft. Die arabische Koalition war nach meinem Kenntnisstand allerdings zahlenmäßig und an Waffen unterlegen. Weniger als ein Jahr später waren die arabischen Truppen aus Israel vertrieben.

Infolge des Krieges floh eine dreiviertel Million palästinensischer Araber oder wurde aus ihrer Heimat vertrieben, in der jetzt der Staat Israel entstand.

Die Vereinten Nationen verabschiedeten die Resolution 194. In dieser Stellungnahme hieß es unter anderem, dass »denjenigen Flüchtlingen, die zu ihren Wohnstätten zurückkehren und in Frieden mit ihren Nachbarn leben wollen, dies ... gestattet werden soll« und dass »für das Eigentum derjenigen, die sich entscheiden, nicht zurückzukehren, ... Entschädigung gezahlt werden soll«.

Doch diese Empfehlung wurde nie umgesetzt. Zehntausende Palästinenser, die im ersten Arabisch-Israelischen Krieg aus Israel geflohen waren, bekamen ihre Häuser und ihr Land nicht wieder zurück. Viele dieser Flüchtlinge und ihre Nachkommen leben in verkommenen Flüchtlingslagern, die bis heute von den Vereinten Nationen betrieben werden.

Als die nunmehr bewaffneten Mitglieder der Muslimbruderschaft aus diesem Krieg nach Ägypten zurückkehrten, wurden die Pläne des vereitelten Staatsstreichs wieder aufgegriffen. Doch Informationen über die Umsturzpläne drangen nach außen. Daraufhin verbot die ägyptische Regierung die Bruderschaft, konfiszierte ihr Vermögen und verhaftete viele ihrer Mitglieder. Diejenigen, die fliehen konnten, ermordeten einige Wochen später den ägyptischen Premierminister.

Im Gegenzug wurde am 12. Februar 1949 Hassan al-Banna ermordet – vermutlich vom staatlichen Geheimdienst. Doch die Bruderschaft bestand ungebrochen. Innerhalb von nur 20 Jahren hatte Hassan al-Banna den Islam aus seinem Dämmerschlaf wachgerüttelt und eine Revolution mit bewaffneten Kämpfern begonnen. In den nächsten Jahren vergrößerte sich die Organisation und stärkte ihren Einfluss – nicht nur in Ägypten, sondern auch im nahe gelegenen Syrien und in Jordanien.

Als mein Vater Mitte der 1970er-Jahre in Jordanien eintraf, um sein Studium fortzusetzen, war die Muslimbruderschaft bereits fest etabliert und bei der Bevölkerung beliebt. Ihre Mitglieder setzten sich für die Ziele ein, die meinem Vater auf dem Herzen lagen – sie weckten neuen Glauben bei denen, die von der islamischen Lebensweise abgeirrt waren; sie heilten diejenigen, die verletzt waren; und sie versuchten, sie vor den zerstörerischen Einflüssen der Gesellschaft zu schützen. Er hielt diese Männer für religiöse Reformatoren des Islam, so wie es Martin Luther und Philipp Melanchthon für das Christentum gewesen waren. Sie wollten nur Menschen retten und ihnen zu einem besseren Leben verhelfen – nicht töten und zerstören. Und als mein Vater einige der ersten Anführer der Bruderschaft kennenlernte, sagte er: »Ja, das ist es, wonach ich gesucht habe.«

Was mein Vater in den ersten Anführern der Muslimbruderschaft sah, war die Seite des Islam, die Liebe und Barmherzigkeit verkörpert. Was er nicht sah, und was er sich vielleicht bis heute nicht zu sehen gestattete, ist die andere Seite des Islam.

Das islamische Leben ist wie eine Leiter. Gebet und die Verehrung Allahs bilden die unterste Sprosse. Die höheren Stufen sind Hilfeleistungen für die Armen und Bedürftigen, das Gründen von Schulen und Unterstützung für wohltätige Werke. Die oberste Sprosse ist der Dschihad.

Die Leiter ist hoch. Nur wenige schauen nach oben und sehen, was an der Spitze ist. Und der Aufstieg erfolgt meistens schrittweise, beinahe unmerklich – wie bei einer Katze, die einer Schwalbe nachstellt. Die Schwalbe wendet den Blick nie von der Katze ab. Sie sitzt einfach da und beobachtet die Katze, die hin und her läuft, hin und her. Doch die Schwalbe kann die Entfernung nicht einschätzen. Sie sieht nicht, dass die Katze mit jedem Hin- und Herlaufen etwas näher kommt, bis an den Krallen der Katze plötzlich das Blut der Schwalbe klebt.

Traditionelle Muslime stehen am Fuß der Leiter. Sie leben ständig mit Schuldgefühlen, weil sie den Islam nicht richtig praktizieren. Ganz oben stehen die Fundamentalisten, die wir in den Nachrichten sehen und die Frauen und Kinder zur Ehre Allahs töten. Die Gemäßigten stehen dazwischen. Die meisten Selbstmordattentäter waren anfangs gemäßigte Muslime.

An dem Tag, als mein Vater den Fuß auf die unterste Leitersprosse setzte, hätte er sich nie träumen lassen, wie weit er sich am Ende von seinen ursprünglichen Idealen entfernen würde. Und fünfundzwanzig Jahre später hätte ich ihn gern gefragt: *Weißt du noch, wo du angefangen hast? Du hast all diese verlorenen Menschen gesehen, und es brach dir das Herz. Du wolltest, dass sie zu Allah kommen und dass es ihnen gut geht. Und jetzt Selbstmordattentäter und unschuldiges Blut? Hattest du das vor?* Doch in unserer Kultur spricht man mit seinem Vater nicht über solche Dinge. Und so ging er weiter diesen gefährlichen Weg.

Die Muslimbruderschaft

1977 bis 1987

Als mein Vater nach seinem Studium in Jordanien in die besetzten Gebiete zurückkehrte, war er voller Optimismus und Hoffnung für alle Muslime. Vor seinem inneren Auge sah er eine helle Zukunft, die durch eine gemäßigt auftretende Muslimbruderschaft entstehen würde.

Begleitet wurde er von Ibrahim Abu l-Salem, einem der Gründer der Muslimbruderschaft in Jordanien. Abu l-Salem war gekommen, um mitzuhelfen, der Bruderschaft in Palästina, bei der es nicht vorwärtsging, neues Leben einzuhauchen. Er und mein Vater arbeiteten gut zusammen. Sie rekrutierten junge Leute, die die gleiche Leidenschaft hatten, und bauten mit ihnen kleine Aktivistengruppen auf.

Im Jahr 1977, mit nur 50 Dinaren in der Tasche, heiratete Hassan die Schwester von Ibrahim Abu l-Salem, Sabha Abu l-Salem. Im Jahr darauf wurde ich geboren.

Als ich sieben Jahre alt war, zog unsere Familie nach al-Bira, der Nachbarstadt von Ramallah. Mein Vater wurde Imam im al-Amari-Flüchtlingslager, das innerhalb der Stadtgrenzen von al-Bira lag. Damals gab es im Westjordanland neunzehn Lager. Al-Amari war 1949 auf etwa neun Hektar Land errichtet worden. Bis 1957 hatte man seine verwitterten Zelte durch dicht beieinanderliegende Betonhäuser ersetzt. Die Straßen waren gerade breit genug für ein Auto, und in den Abflussrinnen floss das ungeklärte Abwasser wie ein schlammiger Fluss. Das Lager war überfüllt, das Wasser ungenießbar. Der einzige Baum stand in der Mitte des Lagers. Die Flüchtlinge waren in jeder Hinsicht von den Vereinten Nationen abhängig: für ihre Unterkunft, Lebensmittel, Kleidung, medizinische Versorgung und Bildung.

Als mein Vater zum ersten Mal in die Moschee kam, war er enttäuscht nur zwei Reihen von Betern vorzufinden, zwanzig Männer in jeder Reihe. Einige Monate nachdem er begonnen hatte im Lager zu predigen, konnte die Moschee allerdings die vielen Menschen nicht mehr fassen, sodass sie bis hinaus auf die Straße standen. Neben seiner Hingabe an Allah besaß mein

Vater auch eine große Liebe zu der Gemeinschaft aller Muslime und viel Mitgefühl. Und auch sie liebten ihn immer mehr.

Hassan Yousef war so sympathisch, weil er wie alle anderen war. Er hielt sich nicht für besser als diejenigen, denen er diente. Er lebte so wie sie, aß das Gleiche wie sie, betete wie sie. Er trug keine schicke Kleidung. Er bezog ein kleines Gehalt von der jordanischen Regierung (kaum genug, um seine Auslagen zu decken), die den Betrieb und die Instandhaltung der islamischen Einrichtungen unterstützte.

Montag war sein freier Tag, doch er nahm ihn nie. Er arbeitete nicht für Geld; er arbeitete, um Allah zu gefallen. Für ihn war das seine heilige Pflicht, der Sinn seines Lebens.

Im September 1987 nahm mein Vater eine zweite Stelle als Religionslehrer an, und zwar an einer christlichen Privatschule im Westjordanland. Natürlich bedeutete das, dass wir ihn noch seltener sahen als zuvor - nicht, weil er seine Familie nicht liebte, sondern weil er Allah mehr liebte. Wir wussten allerdings nicht, dass auf uns eine Zeit zukam, in der wir ihn so gut wie nie sehen würden.

Während mein Vater arbeitete, lag auf den Schultern meiner Mutter die Aufgabe, uns Kinder allein großzuziehen. Sie lehrte uns, gute Muslime zu sein; weckte uns bei Tagesanbruch zum Morgengebet, als wir alt genug dafür waren; und ermunterte uns, im heiligen Monat Ramadan zu fasten. Wir waren jetzt sechs Kinder - meine Brüder Suhayb, Saif und Uwais, meine Schwestern Sabila und Tasnim und ich. Selbst mit dem doppelten Gehalt meines Vaters von zwei Arbeitsstellen hatten wir kaum genug Geld, um die Rechnungen zu bezahlen. Meine Mutter bemühte sich sehr, jeden Dinar bis aufs Äußerste zu strecken.

Sabila und Tasnim fingen an, meiner Mutter bei der Hausarbeit zu helfen, als sie noch sehr klein waren. Meine süßen, unschuldigen, hübschen Schwestern beschwerten sich nie, dass ihr Spielzeug verstaubte, weil sie keine Zeit hatten, damit zu spielen. Stattdessen wurden die Küchengeräte ihr neues Spielzeug.

»Du machst zu viel, Sabila«, sagte meine Mutter zur älteren meiner Schwestern. »Du musst auch mal eine Pause machen.« Doch Sabila lächelte nur und arbeitete weiter.

Mein Bruder Suhayb und ich lernten sehr früh, wie man ein Feuer macht und den Ofen benutzt. Wir erledigten ebenfalls unseren Anteil beim Kochen und Abwaschen, und wir alle passten auf Uwais, das Baby, auf.

Unser Lieblingsspiel hieß »Sternchen«. Jeden Abend vor dem Schlafengehen schrieb meine Mutter unsere Namen auf ein Blatt Papier und wir setzten uns im Kreis um sie, damit sie uns »Sternchen« für das geben konnte, was wir an dem Tag erledigt hatten. Am Ende des Monats war derjenige der Gewinner, der die meisten Sternchen hatte – meistens war das Sabila. Natürlich hatten wir kein Geld für richtige Preise, aber das war egal. Bei den »Sternchen« ging es mehr als alles andere darum, die Dankbarkeit und Anerkennung unserer Mutter zu verdienen, und wir warteten immer ungeduldig auf unseren kleinen Augenblick der Herrlichkeit.

Die Ali-Moschee lag nur einen knappen Kilometer von unserem Haus entfernt, und ich war sehr stolz darauf, dass ich allein dorthin laufen konnte. Ich wollte unbedingt so sein wie mein Vater, ebenso wie er sich gewünscht hatte, so zu sein wie sein Vater.

Der Ali-Moschee gegenüber lag einer der größten Friedhöfe, die ich bisher gesehen hatte. Da er für Ramallah, al-Bira und die Flüchtlingslager als Gräberfeld diente, war der Friedhof fünfmal so groß wie unsere ganze Nachbarschaft und von einer einen halben Meter hohen Mauer umgeben. Fünfmal am Tag, wenn der *adhan* uns zum Gebet rief, ging ich an Tausenden Gräbern vorbei zur Moschee – und danach wieder zurück. Für einen Jungen meines Alters war dieser Ort unglaublich unheimlich, besonders abends, wenn es ganz dunkel war. Ich konnte mich der Vorstellung nicht erwehren, dass die Wurzeln der großen Bäume ihre Nahrung aus den begrabenen Leichnamen zogen.

Einmal, als der Imam uns zum Mittagsgebet rief, reinigte ich mich, trug ein wenig Parfüm auf und zog meine gute Kleidung an, so wie mein Vater es immer tat. Dann machte ich mich auf zur Moschee. Es war ein schöner Tag. Als ich mich der Moschee näherte, bemerkte ich, dass mehr Autos als üblich davor parkten und eine Menschentraube in der Nähe des Eingangs stand. Ich zog meine Schuhe aus wie immer und ging hinein. Gleich neben der Tür lag ein Leichnam, in ein weißes Baumwolltuch gewickelt, in einem offenen Sarg. Ich hatte noch nie einen Leichnam gesehen, und obwohl ich wusste, dass ich nicht hinstarren sollte, konnte ich den Blick nicht abwenden. Er war in ein Leichentuch gewickelt und nur sein Gesicht war zu sehen. Ich beobachtete seinen Brustkorb intensiv und erwartete beinah, dass er wieder zu atmen anfing.

Der Imam rief uns auf, zum Gebet zu kommen, und ich ging mit allen anderen nach vorn, obwohl ich immer wieder einen Blick nach hinten auf den Leichnam im Sarg warf. Als wir unsere Gebete rezitiert hatten, rief der Imam, man solle den Leichnam nach vorne tragen, um über ihm zu beten. Acht Männer hoben den Sarg auf ihre Schultern, und ein Mann rief: *»La ilaha illallah!«* (Es gibt keinen Gott außer Allah!) Wie aufs Stichwort fingen auch alle anderen an zu rufen: *»La ilaha illallah! La ilaha illallah!«*

Ich zog meine Schuhe so schnell wie möglich wieder an und folgte der Menge, die sich auf den Friedhof zubewegte. Weil ich so klein war, musste ich zwischen den Beinen der älteren Männer hindurchlaufen, nur um Schritt halten zu können. Ich war noch nie auf dem Friedhof selbst gewesen, aber ich dachte mir, dass ich wohl sicher wäre, weil ich mit so vielen anderen Leuten unterwegs war.

»Nicht auf die Gräber treten«, rief jemand. »Das ist verboten!«

Ich bahnte mir vorsichtig einen Weg durch die Menge, bis wir am Rand eines tiefen, offenen Grabes ankamen. Ich spähte auf den Grund des zweieinhalb Meter tiefen Lochs, wo ein alter Mann stand. Ich hatte gehört, wie einige Kinder in der Nachbarschaft sich über diesen Mann unterhielten. Er hieß Juma'a. Sie sagten, er käme nie in die Moschee und glaubte nicht an Allah, doch er begrub alle Toten, manchmal zwei oder drei pro Tag.

Hat er denn gar keine Angst vor dem Tod?, fragte ich mich.

Die Männer ließen den Leichnam hinunter in Juma'as starke Arme. Dann reichten sie ihm eine Flasche Parfüm und Grünzeug, das frisch und gut roch. Er öffnete das Leichentuch und goss die Flüssigkeit über den Leichnam.

Juma'a drehte den Toten auf die rechte Seite in Richtung Mekka und baute einen kleinen Rahmen mit Betonstücken um ihn auf. Während vier Männer mit Schaufeln das Loch mit Erde füllten, begann der Imam zu predigen. Er fing an wie mein Vater.

»Dieser Mann ist tot«, sagte er, während die Erde auf Gesicht, Hals und Arme des toten Mannes fiel. »Er hat alles zurückgelassen – sein Geld, sein Haus, seine Söhne, seine Töchter, seine Frau. Das ist unser aller Schicksal.«

Er drängte uns, Buße zu tun und aufzuhören zu sündigen. Und dann sagte er etwas, das ich von meinem Vater nie gehört hatte. »Die Seele dieses Mannes wird bald zu ihm zurückkehren und zwei schreckliche Engel namens Munkar und Nakir werden aus dem Himmel kommen, um ihn zu befragen. Sie werden seinen Körper nehmen, ihn schütteln und fragen: ›Wer ist dein Gott?‹ Wenn er falsch antwortet, werden sie ihn mit einem großen Hammer schlagen und ihn siebzig Jahre tief in die Erde schicken. – Allah, wir bitten dich, gib uns die richtigen Antworten, wenn unsere Zeit kommt!«

Entsetzt starrte ich in das offene Grab. Der Leichnam war inzwischen fast vollständig mit Erde bedeckt, und ich fragte mich, wie lange es wohl dauern würde, bis die Fragen begannen.

»Und wenn seine Antworten nicht zufriedenstellend sind, wird das Gewicht der Erde über ihm seine Rippen zerdrücken. Würmer werden sein Fleisch langsam auffressen. Er wird von einer Schlange mit 99 Köpfen und einem Skorpion so groß wie ein Kamelhals gequält, bis zur Auferstehung der Toten, wenn sein Leiden Allahs Vergebung verdienen möge.«

Ich konnte kaum glauben, dass all dies jedes Mal, wenn jemand begraben wurde, in unmittelbarer Nähe unseres Hauses vor sich ging. Der Friedhof war mir schon immer unheimlich gewesen, aber jetzt hatte ich ein noch schlechteres Gefühl. Ich beschloss, diese Fragen auswendig zu lernen, sodass ich die richtigen Antworten geben konnte, wenn die Engel mich nach meinem Tod befragten.

Der Imam sagte, die Prüfung werde beginnen, sobald der Letzte den Friedhof verlassen habe. Ich ging nach Hause, doch ich konnte nicht aufhören, über das nachzudenken, was er gesagt hatte. Ich beschloss, zum Friedhof zurückzukehren und der schmerzhaften Bestrafung des Toten zuzuhören. Ich ging durch die Nachbarschaft und versuchte, meine Freunde zu überreden, mit mir zu kommen. Doch sie hielten mich alle für verrückt. Ich würde allein gehen müssen. Auf dem ganzen Rückweg zum Friedhof zitterte ich vor Angst. Ich konnte mich nicht dagegen wehren. Bald fand ich mich inmitten eines Meeres von Gräbern wieder. Ich wollte weglaufen, doch meine Neugier war stärker als meine Furcht. Ich wollte Fragen hören, Schreie – irgendwas. Doch ich hörte nichts. Ich trat näher, bis ich einen Grabstein berührte. Nur Stille. Eine Stunde später wurde mir langweilig und ich ging heim.

Meine Mutter war in der Küche beschäftigt. Ich erzählte ihr, dass ich auf dem Friedhof gewesen war, wo laut den Worten des Imam eine schmerzhafte Bestrafung stattfinden sollte.

»Und ...?«

»... und ich ging zurück, nachdem die Leute den Toten verlassen hatten, aber nichts geschah.«

»Nur Tiere können diese Bestrafung hören«, erklärte sie, »Menschen nicht.« Für einen achtjährigen Jungen wie mich war diese Erklärung absolut schlüssig.

Danach schaute ich jeden Tag zu, wie immer mehr Leichname auf den Friedhof gebracht wurden. Nach einer Weile gewöhnte ich mich tatsächlich daran und fing an, dort herumzulungern, nur um zu sehen, wer gestorben war. Gestern eine Frau. Heute ein Mann. An einem Tag brachten sie zwei Leute und dann, einige Stunden später, noch jemanden. Wenn niemand Neues kam, ging ich zwischen den Gräbern umher und las, was über die bereits hier begrabenen Leute auf den Grabsteinen stand. Hundert Jahre tot. Fünfundzwanzig Jahre tot. Wie hieß er? Woher kam sie? Der Friedhof wurde zu meinem Spielplatz.

So wie ich hatten auch meine Freunde zuerst Angst vor dem Friedhof. Doch wir forderten einander heraus, auch nachts hinzugehen, und da keiner von uns als Feigling gelten wollte, überwanden schließlich alle ihre Angst. Wir spielten sogar Fußball auf den freien Flächen.

* * *

Unsere Familie wuchs, und die Muslimbruderschaft auch. Es dauerte nicht lange, bis sie nicht mehr nur eine Organisation der Armen und Flüchtlinge war. Jetzt gehörten auch gebildete junge Männer und Frauen dazu, Geschäftsleute und Fachleute, die aus eigener Tasche für Schulen, wohltätige Projekte und Krankenhäuser spendeten.

Angesichts dieses Wachstums waren viele junge Leute in der islamischen Bewegung, besonders aus dem Gazastreifen, der Meinung, dass die Bruderschaft sich gegen die israelische Besatzung zur Wehr setzen sollte. Wir haben uns um die Gesellschaft gekümmert, sagten sie, und das werden wir auch weiterhin tun. Aber sollen wir wirklich die Besatzung für immer akzeptieren? Gebot der Koran uns nicht, die jüdischen Invasoren zu vertreiben? Diese jungen Männer waren unbewaffnet, aber sie waren zäh und hart und brannten auf einen Kampf.

Mein Vater und die anderen führenden Köpfe im Westjordanland teilten diese Meinung nicht. Sie waren nicht bereit, die Fehler von Ägypten und Syrien zu wiederholen, wo die Bruderschaft Staatsstreiche geplant hatte und gescheitert war. In Jordanien, so ihre Argumentation, kämpfen unsere Brüder nicht. Sie nehmen an Wahlen teil und haben großen Einfluss auf die Gesellschaft. Mein Vater war nicht prinzipiell gegen Gewalt, doch war er der Meinung, dass seine Leute nicht in der Lage waren, gegen das israelische Militär anzukommen.

Die Debatte innerhalb der Bruderschaft setzte sich über mehrere Jahre fort und der Druck von den einfachen Leuten nahm zu, endlich aktiv zu werden. Frustriert über die Tatenlosigkeit der Muslimbruderschaft hatte Fathi Schaqaqi Ende der 1970er-Jahre den *Palästinensischen Islamischen Dschihad* gegründet. Aber auch dann konnte sich die Muslimbruderschaft noch ein weiteres Jahrzehnt von Gewalt fernhalten.

1986 fand ein geheimes, historisch bedeutsames Treffen in Hebron südlich von Bethlehem statt. Mein Vater war dort, obwohl er mir erst viele Jahre später davon erzählte. Entgegen einigen ungenauen Berichten waren folgende Männer bei diesem Treffen anwesend:

1. der an den Rollstuhl gefesselte Scheich Ahmad Yasin, der später der geistige Führer der neuen Organisation werden würde
2. Mohammed Jamal al-Natsheh aus Hebron
3. Jamal Mansur aus Nablus
4. Scheich Hassan Yousef (mein Vater)
5. Mahmud Muslih aus Ramallah
6. Jamil Hamami aus Jerusalem
7. Ayman Abu Taha aus dem Gazastreifen

Die Männer, die an diesem Treffen teilnahmen, waren jetzt schließlich bereit zum Kampf. Sie einigten sich darauf, mit einfachem zivilen Ungehorsam zu beginnen – Steinwürfe und verbrannte Reifen. Ihr Ziel war es, das palästinensische Volk wachzurütteln, zu vereinigen und zu mobilisieren. Das Volk sollte verstehen, dass es die Unabhängigkeit unter dem Banner Allahs und des Islam brauchte.[1]

Damit war die Hamas geboren. Und mein Vater erklomm einige weitere Sprossen auf der Leiter des Islam.

Steinwürfe

1987 bis 1989

Die Hamas brauchte einen Anlass - irgendeinen Anlass -, der als Rechtfertigung für einen Aufstand dienen konnte. Dieser Anlass ergab sich Anfang Dezember 1987, obwohl alles ein tragisches Missverständnis war.

In Gaza wurde der israelische Plastikwarenhändler Schlomo Sakal erstochen. Wenige Tage später kamen vier Leute aus dem Flüchtlingslager Dschabaliya bei einem gewöhnlichen Verkehrsunfall ums Leben. Allerdings verbreitete sich das Gerücht, dass sie aus Rache für den Mord an Sakal von Israelis getötet worden waren. In Dschabaliya brachen Unruhen aus. Ein Siebzehnjähriger warf einen Molotowcocktail und wurde von einem israelischen Soldaten erschossen. Im Gazastreifen und dem Westjordanland gingen alle auf die Straße. Die Hamas übernahm die Führung und schürte die Aufstände, die in Israel zu einer ganz neuen Art des Kampfes wurden: Kinder warfen Steine auf israelische Panzer und ihre Bilder erschienen noch in derselben Woche auf den Titelseiten der Zeitungen in aller Welt.

Die Erste Intifada hatte begonnen, und die palästinensische Sache wurde zu einer internationalen Angelegenheit. Damit änderte sich alles auf unserem Friedhofsspielplatz. Jeden Tag kamen mehr Leichname an als je zuvor. Zorn ging Hand in Hand mit Trauer. Gruppen von Palästinensern begannen, Steine auf jüdische Einwohner zu werfen, die am Friedhof vorbeifahren mussten, um zu der knapp zwei Kilometer entfernten israelischen Siedlung zu gelangen. Schwer bewaffnete israelische Siedler töteten nach Belieben. Und als die Israelischen Verteidigungsstreitkräfte (IDF) auf den Plan traten, gab es noch mehr Schießereien, noch mehr Verwundete, noch mehr Tote.

Und unser Haus stand mitten in diesem Chaos. Mehrmals wurden die Wasserspeichertanks auf unserem Dach von israelischen Kugeln durchsiebt. Die Leichname der maskierten *Fedajin* oder Freiheitskämpfer, die auf unseren Friedhof gebracht wurden, waren nicht mehr nur alte Menschen. Manchmal waren es blutüberströmte Leichname auf Bahren, nicht gewaschen, nicht in Leichentücher gehüllt. Jeder Märtyrer wurde sofort begraben, damit niemand die Leichname stehlen, die Organe herausnehmen und die leeren

Körperhüllen mit Lumpen ausgestopft zu ihren Familien zurückschicken konnte.

Es gab so viel Gewalt, dass mir richtig langweilig wurde, wenn die Lage – was selten genug vorkam – doch einmal eine Zeit lang ruhig war. Meine Freunde und ich fingen auch an, Steine zu werfen – um alles ein bisschen aufzumischen und um als Widerstandskämpfer respektiert zu werden. Vom Friedhof aus konnten wir die israelische Siedlung sehen, hoch oben auf dem Berg, umgeben von einem hohen Zaun und Wachtürmen. Ich fragte mich, was die fünfhundert Leute, die dort lebten und neue (oft gepanzerte) Autos fuhren, wohl für Menschen waren. Sie trugen automatische Waffen und schienen nach Lust und Laune auf jeden schießen zu dürfen. Für einen zehnjährigen Jungen wirkten sie wie Außerirdische von einem anderen Planeten.

Eines Abends, kurz vor dem Gebet, versteckte ich mich mit einigen Freunden an der Straße und wartete. Wir beschlossen, auf einen Bus der Siedler zu zielen, weil dieser eine größere Zielscheibe darstellte als ein Auto und leichter zu treffen war. Wir wussten, dass der Bus jeden Tag zur gleichen Zeit vorbeikam. Während wir warteten, drangen die vertrauten Worte des Imams aus den Lautsprechern: »*Hayya 'alā s-salāh!*« (Kommt zum Gebet!)

Als wir endlich das tiefe Brummen eines Dieselmotors hörten, nahm jeder von uns zwei Steine. Obwohl wir versteckt lagen und die Straße nicht sehen konnten, wussten wir durch das Geräusch sehr genau, wo der Bus gerade war. Genau im richtigen Moment sprangen wir auf und ließen unsere Munition fliegen. Der unverkennbare Klang von Stein auf Metall versicherte uns, dass wenigstens ein paar von unseren Geschossen ihr Ziel gefunden hatten.

Doch es war nicht der Bus. Es war ein großes Militärfahrzeug voller gereizter, ärgerlicher israelischer Soldaten. Rasch duckten wir uns wieder in unser Versteck im Straßengraben, als das Fahrzeug anhielt. Wir konnten die Soldaten nicht sehen und sie konnten uns nicht sehen. Also fingen sie an, in die Luft zu schießen. Sie setzten das Feuer einige Minuten lang ziellos fort, und wir flohen, immer dicht am Boden, rasch in die nahe gelegene Moschee.

Das Gebet hatte bereits begonnen, aber ich glaube, keiner konnte sich ernsthaft darauf konzentrieren. Alle hörten auf das Rattern der automatischen Waffen draußen und fragten sich, was los war. Meine Freunde und ich huschten in die letzte Reihe und hofften, dass es keinem auffiel. Doch als der Imam sein Gebet beendet hatte, richteten sich alle wütenden Blicke auf uns.

Nur Sekunden später hielten IDF-Fahrzeuge mit quietschenden Reifen vor der Moschee. Soldaten strömten in den Raum, zwangen uns alle nach draußen und befahlen uns, uns mit dem Gesicht nach unten auf den Boden zu legen. Dann überprüften sie unsere Personalien. Ich war der Letzte und hatte schreckliche Angst, dass die Soldaten wussten, dass ich für den ganzen Ärger verantwortlich war. Ich dachte, dass sie mich ganz sicher totprügeln würden. Doch niemand achtete auf mich. Vielleicht dachten sie, ein Kind wie ich besäße nicht den Nerv, Steine auf ein IDF-Fahrzeug zu werfen. Egal wieso – ich war froh, dass sie es nicht auf mich abgesehen hatten. Das Verhör dauerte Stunden, und ich wusste, dass viele Leute wütend auf mich waren. Sie wussten vielleicht nicht genau, was ich getan hatte, aber es gab keinen Zweifel daran, dass ich die Razzia ausgelöst hatte. Es war mir egal. Genau genommen war ich total aufgekratzt. Meine Freunde und ich hatten die mächtigen Israelis herausgefordert und waren unbeschadet davongekommen. Der Rausch war unwiderstehlich und machte uns nur noch waghalsiger.

An einem anderen Tag versteckte ich mich wieder mit einem Freund, dieses Mal näher an der Straße. Ein Siedlerfahrzeug kam, und als ich aufstand, warf ich einen Stein, so fest ich konnte. Er traf die Windschutzscheibe und das Geräusch war wie eine Explosion. Die Scheibe ging zwar nicht zu Bruch, aber ich konnte das Gesicht des Fahrers sehen, und ich sah, dass er riesige Angst hatte. Er fuhr noch etwa 35 Meter weiter, trat auf die Bremse und legte dann den Rückwärtsgang ein.

Ich rannte auf den Friedhof. Er folgte mir, blieb aber draußen stehen. Er legte seine M16 auf die Mauer und suchte das Gräberfeld nach mir ab. Mein Freund war in die entgegengesetzte Richtung davongelaufen. So war ich ganz allein mit dem wütenden, bewaffneten israelischen Siedler.

Ich lag still auf der Erde zwischen den Gräbern. Ich wusste, dass der Fahrer nur darauf wartete, dass ich meinen Kopf über den niedrigen Grabstein hob. Am Ende war die Anspannung zu groß; ich konnte nicht mehr still liegen. Ich sprang auf und rannte, so schnell ich konnte. Glücklicherweise wurde es bereits dunkel und er schien Angst zu haben, den Friedhof zu betreten.

Ich war noch nicht sehr weit gekommen, als ich plötzlich den Boden unter den Füßen verlor. Ich landete in einem offenen Grab, das schon für den nächsten Toten vorbereitet worden war. *Werde ich dieser Tote sein?*, fragte ich mich. Über mir hagelte es Kugeln. Steinsplitter regneten in das Grab.

Ich kauerte im Grab, unfähig, mich zu bewegen. Nach einer halben Stunde hörte ich, wie sich Leute unterhielten. So wusste ich, dass er fort war und ich gefahrlos aus dem Grab klettern konnte.

Einige Tage später, als ich die Straße entlangging, fuhr das gleiche Auto an mir vorbei. Dieses Mal saßen zwei Männer darin, doch der Fahrer war der gleiche. Er erkannte mich und sprang aus dem Auto. Ich versuchte wieder davonzulaufen, doch dieses Mal hatte ich nicht so viel Glück. Er packte mich, gab mir eine kräftige Ohrfeige und zerrte mich zu seinem Auto. Niemand sagte auch nur ein Wort, während wir zu der Siedlung fuhren. Beide Männer wirkten nervös und hielten ihre Waffen umklammert. Von Zeit zu Zeit drehten sie sich um und schauten nach mir auf dem Rücksitz. Ich war doch kein Terrorist. Ich war nur ein verängstigter Junge. Doch sie benahmen sich wie Großwildjäger, die gerade einen Tiger gefangen hatten.

Am Tor überprüfte ein Soldat den Ausweis des Fahrers und winkte ihn durch. Fragte er sich nicht, warum diese Männer einen palästinensischen Jungen dabeihatten? Ich wusste, dass ich Angst haben sollte – und die hatte ich auch – aber ich konnte nicht anders, als mich umzuschauen. Ich war noch nie in einer israelischen Siedlung gewesen. Sie war wunderschön. Saubere Straßen, Swimmingpools, ein bezaubernder Blick aufs Tal von der Bergspitze aus.

Der Fahrer brachte mich zum IDF-Stützpunkt in der Siedlung, wo mir die Soldaten meine Schuhe abnahmen und mich anwiesen, mich auf den Boden zu setzen. Ich dachte, sie würden mich erschießen und meine Leiche auf irgendeinem Feld abladen. Aber als es dunkel wurde, sagten sie mir, ich solle nach Hause gehen.

»Aber ich weiß nicht, wie ich dorthin kommen soll«, protestierte ich.

»Fang an zu laufen oder ich erschieße dich«, drohte einer der Männer.

»Könnten Sie mir bitte meine Schuhe wiedergeben?«

»Nein. Geh einfach. Und wenn du noch einmal einen Stein auf uns wirfst, töte ich dich.«

Unser Haus lag fast zwei Kilometer entfernt. Ich lief den ganzen Weg auf Socken zurück. Steine und Kies bohrten sich in meine Fußsohlen. Ich biss die Zähne zusammen. Als meine Mutter mich kommen sah, rannte sie mir entgegen und drückte mich so fest, dass ich fast keine Luft mehr bekam. Man hatte ihr berichtet, ich sei von israelischen Siedlern entführt worden, und sie fürchtete, dass sie mich umbringen würden. Ein ums andere Mal schimpfte sie mich für meine Dummheit aus, doch dabei küsste sie mich immer wieder auf den Kopf und hielt mich fest an ihre Brust gedrückt.

Man sollte meinen, dass ich meine Lektion gelernt hatte, aber ich war ein dummer Junge. Ich konnte es kaum erwarten, meinen feigen Freunden von meinem heroischen Abenteuer zu erzählen. Es war 1989. Inzwischen war es normal, dass israelische Soldaten an unsere Tür klopften und in unser Haus eindrangen. Sie schienen immer nach jemandem zu suchen, der Steine geworfen hatte und über unseren Hof geflohen war. Die Soldaten waren immer bis an die Zähne bewaffnet und ich konnte nicht verstehen, warum sie so einen Wirbel um ein paar Steine machten.

Da Israel die Grenzen kontrollierte, war es Palästinensern während der Ersten Intifada beinahe unmöglich, an Waffen zu kommen. Ich kann mich nicht erinnern, damals je eine Waffe bei einem Palästinenser gesehen zu haben – nur Steine und Molotowcocktails. Trotzdem hörten wir viele Geschichten, wie die IDF in unbewaffnete Menschengruppen feuerte und Leute mit Schlagstöcken niederprügelte. Es waren Zahlen von bis zu 30 000 palästinensischen Kindern in Umlauf, die so schwer verletzt worden seien, dass sie medizinisch behandelt werden müssten. Ich glaubte diesen Zahlen und verstand das alles nicht.

Eines Abends war mein Vater besonders spät dran. Ich saß am Fenster und wartete, dass sein kleines Auto um die Ecke bog. Mein Magen knurrte vor Hunger. Obwohl meine Mutter mich drängte, zusammen mit meinen jüngeren Geschwistern zu essen, weigerte ich mich. Ich war fest entschlossen, auf meinen Vater zu warten. Endlich hörte ich den Motor seines alten Autos und rief, dass Vater daheim war. Meine Mutter begann sofort, den Tisch mit dampfenden Tellern und Schüsseln zu füllen.

»Es tut mir leid, dass ich so spät komme«, sagte er. »Ich musste außerhalb einen Streit zwischen zwei Familien schlichten. Warum habt ihr noch nicht gegessen?«

Er zog sich rasch um, wusch sich die Hände und kam an den Tisch. »Ich bin halb verhungert«, sagte er lächelnd. »Ich hab den ganzen Tag nichts gegessen.« Das war nicht ungewöhnlich, da er es sich nicht leisten konnte, auswärts zu essen. Der köstliche Duft von den gefüllten Zucchini meiner Mutter durchzog das Haus.

Als wir uns niederließen und zu essen begannen, verspürte ich eine tiefe Bewunderung für meinen Vater. Ich konnte die Erschöpfung in seinem Gesicht sehen, doch ich wusste, wie sehr er seine Arbeit liebte. Nur seine Hingabe an Allah war so groß wie die Barmherzigkeit, die er den Menschen entgegenbrachte. Ich beobachtete ihn, wie er sich mit meiner Mutter und meinen Geschwistern unterhielt, und dachte darüber nach, wie sehr er sich doch von den meisten muslimischen Männern unterschied. Er zögerte nie, meiner Mutter im Haushalt zu helfen oder sich um uns Kinder zu kümmern. Er schrubbte sogar jeden Abend seine Socken im Waschbecken, damit meine Mutter das nicht tun musste. Das war beispiellos in einer Kultur, in der Frauen es als Privileg betrachteten, ihrem Mann nach einem langen Tag die Füße zu waschen.

Dann erzählte jeder von uns der Reihe nach unserem Vater alles, was wir in der Schule gelernt hatten und was wir sonst den Tag über gemacht hatten. Da ich der Älteste war, ließ ich die Kleinen zuerst zu Wort kommen. Doch gerade, als ich an der Reihe war, wurde ich von einem Klopfen an der Hintertür unterbrochen. Wer konnte uns um diese Zeit noch besuchen? Vielleicht hatte jemand ein großes Problem und war gekommen, weil er Hilfe brauchte.

Ich rannte zur Tür und öffnete das kleine Fenster, das als Guckloch diente. Den Mann, der draußen stand, kannte ich nicht.

»*Abuk maujud?*«, fragte er in fließendem Arabisch, ob mein Vater daheim sei. Er war wie ein Araber gekleidet, aber etwas an ihm stimmte nicht.

»Ja, ist er«, antwortete ich. »Ich hole ihn.« Die Tür öffnete ich nicht.

Mein Vater stand hinter mir. Er öffnete die Tür und mehrere israelische Soldaten betraten unser Haus. Meine Mutter band sich rasch ihr Kopftuch um. In der Familie war es in Ordnung, kein Kopftuch zu tragen, doch nie vor anderen.

»Sind Sie Scheich Hassan?«, fragte der Fremde.

»Ja«, erwiderte mein Vater, »ich bin Scheich Hassan.«

Der Mann stellte sich als Captain Schai vor und schüttelte meinem Vater die Hand. »Wie geht es Ihnen?«, fragte der Soldat höflich. »Wie geht es Ihrer Familie? Wir sind von den israelischen Verteidigungsstreitkräften und möchten Sie bitten, uns für fünf Minuten zu begleiten.«

Was wollten sie wohl von meinem Vater? Ich studierte sein Gesicht und versuchte, seinen Gesichtsausdruck zu deuten. Er lächelte den Mann freundlich an, ohne auch nur einen Hauch von Misstrauen oder Ärger in den Augen.

»Ja, ich kann mitkommen«, sagte er und nickte meiner Mutter zu, als er zur Tür ging.

»Warte hier. Dein Vater kommt bald wieder«, sagte der Soldat zu mir. Ich folgte ihnen nach draußen und suchte die Nachbarschaft nach weiteren Soldaten ab. Es waren keine da. Ich setzte mich auf die Treppe vor dem Haus, um auf die Rückkehr meines Vaters zu warten. Zehn Minuten vergingen. Eine Stunde. Zwei Stunden. Er kam nicht wieder.

Wir hatten noch nie eine Nacht ohne unseren Vater verbracht. Obwohl er ständig beschäftigt war, war er doch abends immer zu Hause. Er weckte uns jeden Morgen bei Sonnenaufgang zum Gebet und er brachte uns jeden Tag zur Schule. Was sollten wir tun, wenn er heute Abend nicht heimkam?

Als ich wieder ins Haus kam, war meine Schwester Tasnim auf dem Sofa eingeschlafen. Ihre Wangen waren noch feucht vom Weinen. Meine Mutter versuchte sich in der Küche zu beschäftigen, aber mit jeder unendlich langsam vergehenden Stunde wuchs ihre Aufregung und Beunruhigung.

Am nächsten Tag gingen wir zur Station des Roten Kreuzes, um zu sehen, ob wir dort Informationen über das Verschwinden meines Vaters bekommen könnten. Der zuständige Mitarbeiter sagte uns, dass er eindeutig verhaftet worden sei, dass die IDF dem Roten Kreuz aber mindestens achtzehn Tage lang keine Informationen weitergeben würden.

Wir gingen nach Hause und zählten zweieinhalb Wochen lang die Tage. Die ganze Zeit über hörten wir nichts. Als die achtzehn Tage um waren, ging ich wieder zum Roten Kreuz, um zu sehen, was sie erfahren hatten. Man sagte mir, es gäbe keine neuen Informationen.

»Aber Sie sagten achtzehn Tage!«, erwiderte ich und hielt nur mit Mühe meine Tränen zurück. »Sagen Sie mir einfach, wo mein Vater ist.«

»Junge, geh nach Hause«, sagte der Mann. »Du kannst nächste Woche wiederkommen.«

Und ich kam wieder, und wieder, vierzig Tage lang, und jedes Mal bekam ich die gleiche Antwort: Es gibt keine neuen Informationen. Komm nächste Woche wieder. Das war sehr ungewöhnlich. Meistens erfuhren die Familien von palästinensischen Gefangenen innerhalb weniger Wochen, wo ihr Familienmitglied gefangen gehalten wurde.

Immer, wenn jemand aus dem Gefängnis kam, fragten wir ihn, ob er meinen Vater gesehen hätte. Alle wussten, dass er verhaftet worden war, aber nichts weiter. Sogar sein Anwalt wusste nichts, da er ihn nicht besuchen durfte.

Wir erfuhren erst später, dass man ihn nach Moskobiyeh gebracht hatte, ein israelisches Verhörzentrum, wo er gefoltert und ausgefragt worden war. Der Schin Beth, der israelische Inlandsgeheimdienst, wusste, dass mein Vater zur Führungsspitze der Hamas gehörte, und vermutete, dass er über alles Bescheid wusste, was vor sich ging oder geplant war. Und der Schin Beth war fest entschlossen, diese Informationen aus ihm herauszupressen.

Erst viele Jahre später erzählte mir mein Vater, was wirklich geschehen war. Tagelang hängte man ihn an Handschellen an der Decke auf. Man versetzte ihm Elektroschocks, bis er das Bewusstsein verlor. Man steckte ihn mit Kollaborateuren - sogenannten »Vögeln« - in eine Zelle, in der Hoffnung, er würde mit ihnen reden. Als das misslang, folterte man ihn noch weiter. Doch mein Vater war stark. Er schwieg und gab den Israelis keine Informationen, die der Hamas oder seinen Brüdern schaden konnten.

Überleben

1989 bis 1990

Die Israelis dachten, die Lage würde sich entspannen, wenn sie einen der Anführer der Hamas gefangen setzten. Doch in der Zeit, als mein Vater im Gefängnis war, wurde die Intifada nur noch brutaler. Ende 1989 kam der Punkt, an dem ein Mann namens Amir Abu Sarhan aus Ramallah es nicht mehr ertragen konnte, auch nur einen weiteren Palästinenser sterben zu sehen. Da er keine Waffe hatte, nahm er ein Küchenmesser und erstach drei Israelis. Damit löste er eine Revolution aus. Dieser Vorfall markiert den Beginn einer deutlichen Eskalation der Gewalt.

Sarhan wurde zum Held für alle Palästinenser, die Freunde oder Familienmitglieder verloren hatten, deren Land beschlagnahmt worden war oder die aus irgendeinem anderen Grund den Wunsch nach Rache hatten. Sie waren nicht von Natur aus Terroristen. Sie waren einfach Menschen ohne Hoffnung und ohne Alternativen. Sie standen mit dem Rücken zur Wand. Sie hatten nichts und nichts zu verlieren. Die Meinung der Welt war ihnen egal – und sogar ihr eigenes Leben war ihnen gleichgültig.

Für uns Kinder wurde es zu einem echten Problem, in die Schule zu gehen. Es kam häufig vor, dass ich aus der Schule kam, als israelische Armee-Jeeps die Straßen entlangfuhren und über Lautsprecher eine sofortige Ausgangssperre verkündeten. Israelische Soldaten nahmen Ausgangssperren sehr ernst. Das waren keine Polizeistunden wie in amerikanischen Städten, wo die Behörden die Eltern eines Teenagers anrufen, wenn er nach 23 Uhr auf der Straße erwischt wird. Wenn in Palästina eine Ausgangssperre verhängt wurde und man aus irgendeinem Grund noch auf der Straße war, wurde man erschossen. Ohne Vorwarnung, ohne Verhaftung. Man wurde einfach erschossen.

Die erste Ausgangssperre wurde verhängt, als ich gerade in der Schule war. Ich wusste nicht, was ich machen sollte. Ich hatte mehr als sechs Kilometer Fußweg vor mir und wusste, dass ich keine Chance hatte, noch vor der Ausgangssperre nach Hause zu kommen. Die Straßen waren bereits wie leer gefegt und ich hatte Angst. Ich konnte nicht bleiben, wo ich war; und auch wenn ich nur ein Kind auf seinem Schulweg war, wusste ich, dass mich die Soldaten erschießen würden, wenn sie mich sahen. Viele palästinensische Kinder wurden erschossen.

Ich huschte von Haus zu Haus, schlich mich über Hinterhöfe und versteckte mich im Gebüsch am Straßenrand. Ich versuchte, bellenden Hunden und Männern mit Maschinengewehren so gut wie möglich aus dem Weg zu gehen. Als ich endlich in unsere Straße einbog, war ich dankbar, dass meine Geschwister bereits wohlbehalten daheim angekommen waren.

Doch Ausgangssperren waren nur eine Veränderung, mit der wir uns als Folge der Intifada abfinden mussten. Es geschah auch häufig, dass ein maskierter Mann in der Schule auftauchte und verkündete, dass ein Streik angesetzt war und wir nach Hause gehen sollten. Diese Streiks wurden von einer der palästinensischen Splittergruppen ausgerufen und sollten Israel finanziellen Schaden zufügen: Die Umsatzsteuer, die die Regierung von den Ladenbesitzern erhob, sollte durch die Streiks drastisch sinken. Wenn die Geschäfte nicht geöffnet waren, würden die Besitzer weniger Steuern zahlen müssen. Doch die Israelis waren nicht dumm. Sie fingen einfach an, die Ladenbesitzer wegen Steuerhinterziehung zu verhaften. Und wem schadeten jetzt die Streiks?

Zu allem Überfluss kämpften die verschiedenen Widerstandsorganisationen unaufhörlich um Macht und Geltung. Sie waren wie Kinder, die sich um einen Fußball balgten. Trotzdem gewann die Hamas ständig an Macht und begann, die Vorrangstellung der *Palästinensischen Befreiungsorganisation* (PLO) zu gefährden.

* * *

Die PLO war 1964 gegründet worden, um das palästinensische Volk zu repräsentieren. Ihre drei größten Mitgliedsorganisationen setzten sich zusammen aus der *Fatah*, einer linksnationalistischen Gruppe; der *Volksfront zur Befreiung Palästinas* (PFLP), einer kommunistischen Gruppe; und der *Demokratischen Front zur Befreiung Palästinas* (DFLP), einer Gruppe mit ebenfalls kommunistischem Weltbild.

Die PLO verlangte, dass Israel alles Land zurückgab, das vor 1948 zu den palästinensischen Gebieten gehört hatte, und Palästina das Recht zur Selbstbestimmung zugestand. Mit diesem Ziel startete sie von ihren Stützpunkten aus (die zunächst im benachbarten Jordanien, dann auch im Libanon und in Tunesien lagen) eine globale PR-Kampagne, einen Guerillakrieg und terroristische Anschläge.

Anders als die Hamas und der Islamische Dschihad war die PLO nie eine grundsätzlich islamische Organisation. Ihre Gruppen bestanden aus Nationalisten, von denen nicht alle praktizierende Muslime waren. Tatsächlich glaubten viele von ihnen nicht einmal an Gott. Schon als Junge betrachtete ich die PLO als korrupt und eigennützig. Ihre Anführer schickten Männer los – von denen viele noch Teenager waren –, die pro Jahr ein oder zwei öffentlichkeitswirksame Terroranschläge verübten, um ihre Geldbeschaffung für den Kampf gegen Israel zu rechtfertigen. Die jungen *Fedajin* waren kaum mehr als Öl in den Flammen der Wut und des Hasses. Sie sollten dafür sorgen, dass weiterhin Spenden auf die Privatkonten der PLO-Führer flossen.[2]

In den Anfangsjahren der ersten Intifada sorgten ideologische Differenzen dafür, dass die Hamas und die PLO sehr unterschiedliche Wege verfolgten. Die Hamas war hauptsächlich durch den religiösen Eifer und die Theologie des Dschihad motiviert, die PLO durch Nationalismus und Machtideologie. Wenn die Hamas einen Streik ausrief und damit drohte, alle Geschäfte niederzubrennen, die trotzdem öffneten, drohten die PLO-Führer auf der anderen Straßenseite damit, alle Geschäfte niederzubrennen, die schlossen.

Was die beiden Gruppen allerdings miteinander verband, war ein tiefer Hass gegen das, was sie als »zionistisches Gebilde« bezeichneten. Am Ende einigten die beiden Organisationen sich darauf, dass die Hamas an jedem Neunten des Monats streikte und die Fatah – die größte Fraktion der PLO – am Monatsersten. Immer, wenn ein Streik ausgerufen wurde, kam alles zum Erliegen: Schule, Handel, Verkehr – alles. Niemand arbeitete, verdiente Geld oder lernte.

Das ganze Westjordanland wurde abgeriegelt. Maskierte Männer demonstrierten, verbrannten Reifen, beschmierten Wände mit Graffiti und schlossen Geschäfte. Doch jeder konnte eine Skimaske aufsetzen und behaupten, er gehöre zur PLO. Niemand wusste genau, wer tatsächlich unter den Masken steckte. Alle waren von ihren eigenen Plänen und persönlichen Rachefeldzügen getrieben. Es regierte das Chaos.

Und Israel nutzte dieses Chaos aus. Da jeder ein Intifadakämpfer sein konnte, setzten israelische Sicherheitstruppen Skimasken auf und infiltrierten die Demonstrationen. Sie konnten am helllichten Tag in jede palästinensische Stadt gehen und als vermummte *Fedajin* unglaubliche Operationen durchziehen. Und da niemand je ganz sicher war, wer sich hinter der jeweiligen Vermummung verbarg, taten die Leute das, was man ihnen befahl, statt das Risiko einzugehen, dass man sie verprügelte, ihr Geschäft in Brand steckte oder sie als israelischen Kollaborateur beschimpfte, was oft zum Tod durch den Strang führte.

Nach einer Weile nahmen das Chaos und die Verwirrung geradezu lächerliche Züge an. Ein oder zweimal, wenn eine Prüfung anstand, überredeten meine Mitschüler und ich ältere Schüler, vermummt in die Schule zu kommen und zu behaupten, es gebe einen Streik. Wir fanden das lustig. Kurz gesagt, wir selbst wurden zu unseren ärgsten Feinden.

Diese Jahre waren besonders schwer für unsere Familie. Mein Vater war immer noch im Gefängnis, und die endlose Folge von Streiks sorgte dafür, dass wir Kinder fast ein ganzes Jahr Unterricht verpassten. Meine Onkel, die religiösen Führer und anscheinend auch alle anderen beschlossen, dass es ihre Aufgabe war, mich zu bestrafen. Da ich der Erstgeborene von Scheich Hassan Yousef war, legten sie sehr hohe Maßstäbe an. Und wenn ich ihren Erwartungen nicht gerecht wurde, schlugen sie mich. Egal, was ich tat – selbst wenn ich fünfmal täglich in die Moschee ging – es war nie gut genug.

Einmal rannte ich in der Moschee herum. Ich hatte nur mit einem Freund gespielt, aber der Imam war hinter mir her. Als er mich zu fassen bekam, hob er mich hoch über seinen Kopf und warf mich auf den Boden. Ich landete auf meinem Rücken und bekam keine Luft mehr. Ich dachte, ich müsste sterben. Dann schlug und trat er mich immer wieder. Warum? Ich hatte doch nichts anderes getan als die anderen Kinder auch. Aber weil ich der Sohn von Hassan Yousef war, erwartete man von mir, dass ich besser war.

Ich war mit einem Jungen befreundet, dessen Vater ein religiöser Führer war und ein hohes Tier in der Hamas. Dieser Mann forderte die Leute auf, Steine auf Israelis zu werfen. Doch während es in Ordnung war, dass auf die Söhne anderer Männer geschossen wurde, weil sie die Siedler mit Steinen bombardiert hatten, galten für seinen einzigen Sohn andere Regeln. Als er herausfand, dass wir mit Steinen geworfen hatten, zitierte er uns in sein

Haus. Wir dachten, er wollte nur mit uns reden. Doch er riss das Kabel aus einem Heizofen und fing an, uns damit zu schlagen, so fest er konnte, bis wir bluteten. Er zerstörte unsere Freundschaft, um seinen Sohn zu retten, obwohl mein Freund am Ende von zu Hause abhaute und seinen Vater mehr hasste als den Teufel.

Abgesehen von dem Versuch, mich im Zaum zu halten, half niemand unserer Familie, während mein Vater im Gefängnis war. Mit seiner Verhaftung verloren wir das zusätzliche Einkommen, das er mit dem Unterricht in der christlichen Schule erzielt hatte. Die Schule versprach, ihm seine Stelle bis zu seiner Freilassung freizuhalten, doch in der Zwischenzeit hatten wir nicht genug Geld, um das zu kaufen, was wir brauchten.

Mein Vater war der Einzige in unserer Familie mit Führerschein, also konnten wir unser Auto nicht nutzen. Meine Mutter musste weit zum Markt laufen. Ich ging oft mit, um Tragen zu helfen. Es war eine Schande – und sie schmerzte stärker als der hungrige Magen. Ich krabbelte unter die Karren, um heruntergefallenes, angeschlagenes oder angefaultes Obst und Gemüse zu sammeln. Meine Mutter handelte einen niedrigen Preis für dieses unappetitliche Grünzeug aus, das niemand sonst wollte. Sie sagte den Verkäufern, wir bräuchten es, um unser Vieh zu füttern. Noch heute muss sie mühsam die Preise für alles aushandeln, weil mein Vater dreizehnmal im Gefängnis gewesen ist – öfter als jeder andere Anführer der Hamas. (Auch während ich diese Worte schreibe, ist er im Gefängnis.)

Ich denke, vielleicht half uns niemand, weil alle glaubten, dass unsere Familie reichlich Geld hatte. Immerhin war mein Vater ein prominenter religiöser und politischer Führer. Und die Leute vertrauten zweifellos darauf, dass unsere Verwandtschaft uns helfen würde. Sicher würde Allah für uns sorgen. Doch unsere Onkel ignorierten uns. Allah tat auch nichts. Also sorgte meine Mutter allein für uns sieben Kinder (unser kleiner Bruder Mohammed war 1987 geboren worden).

Schließlich, als unsere Lage ganz verzweifelt war, bat meine Mutter einen Freund meines Vaters um ein Darlehen – nicht, um Kleidung und Kosmetik für sich selbst zu kaufen, sondern damit sie ihren Kindern wenigstens *eine* Mahlzeit am Tag vorsetzen konnte. Doch er wies sie ab. Und statt uns zu helfen, erzählte er seinen muslimischen Freunden, dass meine Mutter ihn um Geld angebettelt hatte.

»Sie bekommt ein Gehalt von der jordanischen Regierung«, sagten sie abschätzig. »Warum will sie noch mehr Geld? Versucht diese Frau, einen Vorteil aus der Gefangenschaft ihres Mannes zu ziehen, um reich zu werden?«

Sie bat nie wieder um Hilfe.

»Mosab«, sagte sie eines Tages zu mir, »wie wär's denn, wenn ich Baklava und andere Süßigkeiten backe und du gehst und verkaufst sie an die Arbeiter im Industriegebiet?« Ich sagte, dass ich sehr gern alles tun wolle, um unserer Familie zu helfen. Also zog ich mich jeden Tag nach der Schule um, füllte ein Tablett mit dem Gebäck meiner Mutter und ging hinaus, um so viel wie möglich davon zu verkaufen. Anfangs war ich schüchtern, aber schließlich ging ich mutig auf jeden Arbeiter zu und fragte ihn, ob er bei mir etwas kaufen wollte.

An einem Wintertag zog ich wie üblich los, um mein Gebäck zu verkaufen. Aber als ich ins Industriegebiet kam, war alles wie leer gefegt. Niemand war an diesem Tag zur Arbeit erschienen, weil es so kalt war. Meine Hände waren ganz steif vor Kälte, und es hatte angefangen zu regnen. Ich hielt das mit Plastikfolie abgedeckte Tablett als Regenschutz über meinen Kopf. Da bemerkte ich ein am Straßenrand geparktes Auto, in dem mehrere Männer saßen. Der Fahrer sah mich, öffnete das Fenster und beugte sich heraus.

»Hey, Kleiner, was hast du da?«

»Baklava«, sagte ich und ging zu dem Auto hinüber.

Ich schaute hinein und erschrak, als ich meinen Onkel Ibrahim sah. Seine Freunde waren schockiert, dass Ibrahims Neffe an einem kalten, regnerischen Tag sozusagen betteln ging, und ich schämte mich, dass ich meinen Onkel in Verlegenheit gebracht hatte. Ich wusste nicht, was ich sagen sollte. Sie auch nicht.

Mein Onkel kaufte mir alle Baklava ab, befahl mir, nach Hause zu gehen, und sagte, er würde später mit mir sprechen. Als er zu uns kam, war er schrecklich wütend auf meine Mutter. Ich konnte nicht hören, was er zu ihr sagte, doch als er weg war, weinte sie. Am nächsten Tag nach der Schule zog ich mich um und sagte zu meiner Mutter, dass ich bereit sei, auch heute wieder Gebäck zu verkaufen.

»Ich möchte nicht, dass du weiter Baklava verkaufst«, sagte sie.

»Aber ich werde jeden Tag besser! Ich kann das gut. Vertrau mir einfach.«

Tränen traten ihr in die Augen – und ich zog nie wieder mit Gebäck los.

Ich war wütend. Ich verstand nicht, warum unsere Nachbarn und Verwandten uns nicht helfen wollten. Und zu allem Überfluss hatten sie auch noch den Nerv, uns dafür zu verurteilen, dass wir versuchten, uns selbst zu helfen. Ich überlegte, was der wirkliche Grund war, warum sie unserer Familie nicht unter die Arme griffen. Hatten sie Angst, die Israelis könnten denken, dass sie Terroristen halfen, und sie könnten dadurch selbst Schwierigkeiten bekommen? Doch wir waren keine Terroristen. Und mein Vater auch nicht. Leider sollte sich auch das ändern.

Die Rückkehr eines Helden

1990

Als mein Vater endlich aus dem Gefängnis kam, wurde er königlich empfangen, nachdem man uns eineinhalb Jahre lang wie Aussätzige behandelt hatte. Der Held war zurückgekehrt. Ich war nicht länger das schwarze Schaf, sondern der Thronerbe. Meine Brüder waren Prinzen, meine Schwestern Prinzessinnen, und meine Mutter war die Königin. Niemand wagte mehr, uns zu verurteilen.

Mein Vater wurde wieder von der christlichen Schule übernommen, an der er zusätzlich zu seinem Dienst in der Moschee arbeitete. Wieder daheim, versuchte mein Vater, meiner Mutter so viel wie möglich im Haus zur Hand zu gehen. Das erleichterte uns Kindern einen Teil der Last, die wir getragen hatten.

Wir waren gewiss nicht reich, doch hatten wir jetzt genug Geld für ordentliches Essen und hin und wieder sogar für einen kleinen Preis für den Gewinner bei »Sternchen«. Und wir waren reich an Ehre und Respekt. Doch das Allerbeste war, dass mein Vater bei uns war. Mehr brauchten wir nicht.

Wir kehrten zur Normalität zurück. Natürlich ist »Normalität« ein relativer Begriff. Wir lebten immer noch unter israelischer Besatzung und täglich starben Menschen auf unseren Straßen. Unser Haus lag in der gleichen Straße wie der Friedhof, der täglich blutüberströmte Leichen verschlang. Unser Vater hatte entsetzliche Erinnerungen an das israelische Gefängnis, wo man ihn achtzehn Monate lang unter Terrorismusverdacht gefangen gehalten hatte. Und die besetzten Gebiete verkamen und waren bald kaum von einem gesetzlosen Dschungel zu unterscheiden.

Das einzige Gesetz, das Muslime respektieren, ist das islamische Gesetz, das durch *Fatwas* ausgelegt wird, religiöse Urteile zu einem bestimmten Thema. *Fatwas* sollen die Muslime anleiten, den Koran im täglichen Leben anzuwenden. Doch weil es keinen zentralen, für alle sprechenden Gesetzgeber gibt, erlassen unterschiedliche Scheichs oft unterschiedliche *Fatwas* zur gleichen Frage. Infolgedessen lebt jeder nach anderen Regeln, von denen manche um einiges strenger als andere sind.

Eines Nachmittags spielte ich mit Freunden im Haus, als wir draußen Schreie hörten. Geschrei und Streit waren nichts Neues in unserer Welt, aber als wir nach draußen rannten, sahen wir unseren Nachbarn, Abu Salim, wie er mit einem großen Messer in der Luft herumfuchtelte. Er versuchte seinen Cousin umzubringen, der sich nach Kräften bemühte, der blitzenden Klinge auszuweichen, die durch die Luft sauste. Die ganze Nachbarschaft versuchte, Abu Salim aufzuhalten, doch dieser Mann war riesig. Er war von Beruf Metzger, und ich hatte einmal zugesehen, wie er in seinem Hof einen Stier geschlachtet hatte. Er war von Kopf bis Fuß mit dem klebrigen, dampfenden Blut des Tieres bedeckt gewesen. Ich konnte nicht anders, als daran zu denken, was er mit jenem Tier gemacht hatte, als ich sah, wie er seinem Cousin nachrannte.

Ja, dachte ich bei mir selbst, *wir leben wahrhaftig in einem Dschungel.*

Es gab keine Polizei, die wir rufen konnten, keinen mit Weisungsbefugnis. Was konnten wir anderes tun als zuzuschauen? Glücklicherweise rannte der Cousin fort und kam nicht wieder.

Als mein Vater an dem Abend nach Hause kam, erzählten wir ihm, was geschehen war. Mein Vater ist nur 1,70 Meter groß und nicht gerade das, was man athletisch gebaut nennen würde. Doch er ging nach nebenan und sagte: »Abu Salim, was ist los? Ich höre, dass es heute einen Streit gab.« Und Abu Salim hörte gar nicht auf davon zu erzählen, dass er seinen Cousin umbringen wollte.

»Du weißt, dass wir unter der Besatzung leben«, sagte mein Vater, »und du weißt, dass wir keine Zeit für solchen Unsinn haben. Du musst dich mit deinem Cousin zusammensetzen und dich bei ihm entschuldigen, und er muss sich bei dir entschuldigen. Ich möchte keine solchen Probleme mehr.«

Wie jeder andere auch respektierte Abu Salim meinen Vater. Er vertraute seiner Weisheit, selbst in einer solchen Angelegenheit. Er willigte ein, die Probleme mit seinem Cousin zu lösen, und dann ging er mit meinem Vater zu einem Treffen mit den anderen Männern in der Nachbarschaft.

»Das ist unsere Situation«, sagte mein Vater mit ruhiger Stimme, »wir haben keine Regierung hier, und die Lage gerät völlig außer Kontrolle. Wir können nicht weiter gegeneinander kämpfen und das Blut unserer eigenen Leute vergießen. Wir kämpfen auf den Straßen, kämpfen daheim, kämpfen in der Moschee. Das Maß ist voll. Wir werden uns zukünftig wenigstens einmal die Woche zusammensetzen, um unsere Probleme wie Männer zu lösen. Wir haben keine Polizei und es geht einfach nicht, dass hier einer den anderen umbringt. Wir haben größere Probleme, um die wir uns kümmern müssen. Ich möchte, dass Einigkeit herrscht. Ich möchte, dass wir einander helfen. Wir sollten uns wie eine Familie verhalten.«

Die Männer stimmten zu, dass der Vorschlag meines Vaters sinnvoll war. Sie entschieden, sich jeden Donnerstagabend zu treffen, um die lokalen Angelegenheiten zu besprechen und die Konflikte zu lösen, die sie miteinander hatten.

Als Imam der Moschee war es die Aufgabe meines Vaters, den Menschen Hoffnung zu geben und ihnen beim Lösen ihrer Probleme zu helfen. Er war für sie auch die Institution, die einer Regierung am nächsten kam. Er war so geworden wie sein Vater. Doch jetzt sprach er auch mit der Autorität der Hamas – mit der Autorität eines Scheichs. Ein Scheich hat mehr Autorität als ein Imam und gleicht eher einem General als einem Priester.

Seit mein Vater vor drei Monaten nach Hause gekommen war, hatte ich versucht, so viel Zeit wie möglich mit ihm zu verbringen. Ich war jetzt Leiter der islamischen Schülerbewegung an meiner Schule und wollte über den Islam und das Koranstudium so viel erfahren, wie ich konnte. Eines Donnerstagabends fragte ich ihn, ob ich ihn zur wöchentlichen Nachbarschaftsversammlung begleiten dürfte. Ich war fast ein Mann, erklärte ich, und ich wollte auch so behandelt werden.

»Nein«, sagte er, »du bleibst hier. Das ist etwas für Männer. Ich werde dir später erzählen, was los war.«

Ich war enttäuscht, aber ich verstand. Auch keiner meiner Freunde durfte an den wöchentlichen Treffen teilnehmen. Immerhin würde ich in das eingeweiht werden, was bei dem Treffen passiert war, wenn mein Vater nach Hause kam.

Also verließ er das Haus für ein paar Stunden. Während meine Mutter zum Abendessen ein wunderbares Fischgericht zubereitete, klopfte jemand an die Hintertür. Ich öffnete sie gerade weit genug, um hinausspähen zu können, und sah Captain Schai, den gleichen Mann, der meinen Vater vor beinahe zwei Jahren verhaftet hatte.

»*Abuk maujud?*«

»Nein, er ist nicht da.«

»Dann mach die Tür auf.«

Ich wusste nicht, was ich sonst tun sollte, also öffnete ich die Tür. Captain Schai war höflich, so wie beim ersten Mal, als er meinen Vater geholt hatte, doch ich sah, dass er mir nicht glaubte. Er fragte, ob er sich umsehen dürfte, und ich wusste, dass ich keine andere Wahl hatte, als ihn zu lassen. Während der Soldat begann, unser Haus zu durchsuchen, in jedes Zimmer ging und in Schränke und hinter Türen schaute, wünschte ich, dass ich meinen Vater irgendwie davon abhalten könnte, nach Hause zu kommen. Damals hatten wir noch kein Mobiltelefon, also konnte ich ihn nicht warnen. Doch je mehr ich darüber nachdachte, desto klarer wurde mir, dass ein Mobiltelefon auch nichts geändert hätte. Er wäre trotzdem nach Hause gekommen.

»Okay. Alle bleiben ruhig«, sagte Captain Schai zu einer Gruppe von Soldaten, die draußen postiert worden waren. Sie versteckten sich im Gebüsch und hinter Gebäuden und warteten auf meinen Vater. Hilflos setzte ich mich an den Tisch und lauschte. Nach einer Weile rief eine laute Stimme: »Stehenbleiben!« Dann hörte ich Bewegungen und Männer, die miteinander redeten. Wir wussten, dass das nichts Gutes bedeutete. Musste mein Vater wieder ins Gefängnis?

Wenige Minuten später kam er ins Haus, schüttelte den Kopf und lächelte uns entschuldigend an.

»Sie nehmen mich wieder mit«, sagte er, küsste meine Mutter und dann jedes von uns Kindern. »Ich weiß nicht, wie lange ich weg sein werde. Seid brav. Passt aufeinander auf.« Dann zog er seine Jacke an und ging. Der gebratene Fisch auf seinem Teller wurde kalt.

Wieder wurden wir wie Ausgestoßene behandelt, selbst von den Männern in der Nachbarschaft, die mein Vater versucht hatte, voreinander und vor anderen zu schützen. Manche fragten mit geheuchelter Besorgnis nach meinem Vater, aber mir war klar, dass er ihnen in Wirklichkeit gleichgültig war.

Obwohl wir wussten, dass mein Vater in einem israelischen Gefängnis gefangen gehalten wurde, wollte uns keiner sagen, in welchem. Drei Monate suchten wir alle Gefängnisse nach ihm ab, bis wir schließlich hörten, dass man ihn in einer speziellen Einrichtung festhielt, wo nur die gefährlichsten Personen verhört wurden. *Warum?*, fragte ich mich. Mir war nicht bekannt, dass die Hamas terroristische Anschläge verübte oder auch nur, dass sie bewaffnet war.

Als wir herausgefunden hatten, wo mein Vater gefangen gehalten wurde, erlaubten uns die israelischen Beamten, ihn einmal pro Monat für eine halbe Stunde zu besuchen. Es durften nicht mehr als jeweils zwei Besucher zu ihm, und so begleiteten wir unsere Mutter abwechselnd. Als ich ihn das erste Mal sah, war ich überrascht, dass er sich einen langen Bart hatte wachsen lassen. Außerdem sah er erschöpft aus. Doch es war so schön, ihn wiederzusehen, auch wenn er so aussah. Er beklagte sich nie. Er wollte nur wissen, wie es uns ging, und bat uns, ihm jede noch so kleine Einzelheit aus unserem Leben zu erzählen.

Bei einem Besuch reichte er mir eine Tüte mit Süßigkeiten. Er erklärte, dass die Häftlinge jeden zweiten Tag ein Bonbon bekamen. Und statt seines zu essen, hatte er alle für uns aufgehoben. Wir hoben sogar das Einwickelpapier auf, bis zu dem Tag, als er wieder freigelassen wurde.

Endlich kam dieser lang ersehnte Tag. Wir erwarteten ihn nicht, und als er zur Tür hereinkam, klammerten wir uns alle an ihn, voller Angst, dass es vielleicht nur ein Traum war.

Die Nachricht von seiner Ankunft verbreitete sich rasch, und die nächsten sechs Stunden lang strömten Leute in unser Haus. Es kamen so viele, um ihn willkommen zu heißen, dass wir unsere gesamten Wassertanks leeren mussten, um jedem ein Glas Wasser anzubieten. Ich war stolz, als ich die offene Bewunderung und den Respekt der Menschen für meinen Vater sah. Doch gleichzeitig war ich wütend. Wo waren all diese Leute gewesen, als er im Gefängnis war?

Als sie gegangen waren, sagte mein Vater zu mir: »Ich arbeite nicht für diese Leute, für ihr Lob oder dafür, dass sie für mich und meine Familie sorgen. Ich arbeite für Allah. Und ich weiß, dass ihr alle einen genauso hohen Preis zahlt wie ich. Auch ihr seid Diener Allahs, und ihr müsst Geduld haben.«

Ich verstand, aber ich fragte mich, ob er wusste, wie schlimm es während seiner Abwesenheit wirklich war.

Noch während wir uns unterhielten, klopfte es wieder an der Hintertür. Die Israelis verhafteten ihn erneut.

Radikal

1990 bis 1992

Im August 1990, während mein Vater zum dritten Mal im Gefängnis war, griff Saddam Hussein Kuwait an.

Die Palästinenser flippten total aus. Alle rannten auf die Straße, jubelten und hielten nach den Raketen Ausschau, die ganz sicher auf Israel niederregnen würden. Endlich kamen unsere Brüder, um uns zu retten! Sie würden Israel schwer treffen, mitten ins Herz. Bald würde die Besatzung ein Ende haben.

In der Erwartung eines Giftgasangriffs wie dem von 1988, bei dem 5 000 Kurden getötet worden waren, verteilten die Israelis Gasmasken an jeden Bürger. Doch die Palästinenser bekamen nur eine Maske pro Haushalt. Meine Mutter hatte eine, aber wir sieben Kinder waren schutzlos. Also versuchten wir, kreativ zu sein und uns selbst Masken zu basteln. Wir kauften auch große Nylontücher und klebten sie an Fenster und Türen. Aber am Morgen stellten wir fest, dass sich durch die Feuchtigkeit das ganze Klebeband abgelöst hatte.

Wir starrten gebannt auf den Fernseher, wo das Programm des israelischen Fernsehsenders lief und jubelten bei jeder Raketenwarnung. Wir kletterten aufs Dach, um zu sehen, wie die Scud-Raketen aus dem Irak Tel Aviv in Brand steckten. Aber wir sahen nichts.

Vielleicht hat man in al-Bira einfach keine gute Sicht, dachte ich. Ich beschloss, zum Haus meines Onkels Dawud in al-Janiya zu gehen, wo wir bis zum Mittelmeer sehen konnten. Mein jüngerer Bruder Suhayb begleitete mich. Vom Dach meines Onkels aus sahen wir die erste Rakete. Genau genommen sahen wir nur die Flammen, doch trotzdem war es ein atemberaubender Anblick!

Als wir hörten, dass etwa 40 Scud-Raketen Israel getroffen hatten, dass dabei aber nur zwei Israelis ums Leben gekommen waren, waren wir uns sicher, dass die israelische Regierung log. Es stellte sich jedoch heraus, dass die Irakis ihre Raketen auf Kosten der Sprengkraft und Zielgenauigkeit stümperhaft aufgemotzt hatten, nur damit sie weiter flogen.

Wir blieben bei meinem Onkel Dawud, bis die UN-Truppen Saddam Hussein zurück nach Bagdad trieben. Ich war wütend und bitter enttäuscht.

»Warum ist der Krieg zu Ende? Israel ist noch nicht besiegt. Mein Vater ist immer noch in einem israelischen Gefängnis. Die Irakis müssen weiter Raketen auf Israel schießen!«

Tatsächlich waren alle Palästinenser enttäuscht. Nach Jahrzehnten der Besatzung war endlich ein richtiger Krieg ausgebrochen. Vernichtende Sprengköpfe waren auf Israel abgeschossen worden. Und doch hatte sich nichts geändert.

* * *

Nachdem mein Vater nach dem Golfkrieg aus der Haft entlassen worden war, eröffnete meine Mutter ihm, dass sie das Gold aus ihrer Mitgift verkaufen wolle. Sie wolle ein Stück Land erwerben und einen Kredit aufnehmen, damit wir ein eigenes Haus bauen konnten. Bisher hatten wir unser Haus nur gemietet. Immer, wenn mein Vater nicht da war, betrog der Besitzer uns und wurde meiner Mutter gegenüber unhöflich und ausfallend.

Mein Vater war gerührt, dass sie bereit war, sich von etwas so Wertvollem zu trennen, doch er machte sich auch Sorgen, dass er die Kreditraten vielleicht nicht würde bedienen können. Immerhin konnte er jederzeit wieder verhaftet werden. Trotzdem beschlossen sie, das Wagnis einzugehen. 1992 bauten wir das Haus in Betunia in der Nähe von Ramallah, wo meine Familie noch heute lebt. Ich war vierzehn.

In Betunia schien es weniger Gewalt zu geben als in al-Bira oder Ramallah. Ich ging in eine Moschee in der Nähe unseres neuen Hauses und schloss mich einer *Jalsa* an. Das war eine Gruppe, die uns anregte, den Koran auswendig zu lernen, und uns Grundsätze beibrachte, die zur Gründung eines weltweiten islamischen Staats führen sollten.

Einige Monate nach unserem Umzug wurde mein Vater erneut verhaftet. Oft stand er nicht einmal unter einer konkreten Anklage. Da wir unter der Besatzung lebten, erlaubten die Notgesetze es der israelischen Regierung, Leute einfach aufgrund des *Verdachts* zu verhaften, sie wären in terroristische Aktivitäten verwickelt. Als religiöse – und somit politische – Führungspersönlichkeit war mein Vater ein leichtes Ziel.

Es schien, als würde sich das zu einem Schema entwickeln. Und auch wenn uns das damals nicht klar war, sollte sich dieses Muster aus Verhaftung, Freilassung und Wiederverhaftung noch viele Jahre fortsetzen und unsere Familie jedes Mal einer großen Belastung aussetzen. Inzwischen wurde die Hamas immer gewalttätiger und aggressiver, denn die jüngeren Hamasmitglieder setzten die Führung unter Druck, noch mehr zu unternehmen.

»Die Israelis töten unsere Kinder!«, riefen sie. »Wir werfen Steine und sie schießen mit Maschinengewehren auf uns. Wir leben unter der Besatzung. Die Vereinten Nationen, die gesamte internationale Gemeinschaft, jeder freie Mensch auf dieser Welt erkennt unser Recht zu kämpfen an. Allah selbst, sein Name sei gelobt, verlangt es. Warum warten wir noch?«

Die meisten Angriffe zu jener Zeit hatten einen persönlichen Hintergrund und wurden nicht von einer Organisation durchgeführt. Die Anführer der Hamas hatten keine Kontrolle über Mitglieder, die ihre eigenen Pläne verfolgten. Das Ziel meines Vaters war Freiheit für den Islam, und er glaubte an den Kampf gegen Israel, um die Freiheit zu gewinnen. Doch für diese jungen Männer wurde das Kämpfen zu einem Ziel an sich - nicht als Mittel zum Zweck, sondern als Selbstzweck.

So gefährlich das Westjordanland auch geworden war - der Gazastreifen war noch gefährlicher. Durch seine geografische Lage hatte die fundamentalistische Muslimbruderschaft in Ägypten den nachhaltigsten Einfluss auf den Gazastreifen. Und die hohe Bevölkerungsdichte machte alles nur noch schlimmer. Es war eines der am dichtesten bevölkerten Gebiete der Erde: In dem ungefähr 360 Quadratkilometer großen Gebiet lebten mehr als eine Million Menschen. Es war und ist ein einziges großes »Flüchtlingslager«.

Familien hängten ihre Grundstückseigentümerdokumente und Hausschlüssel an die Wand, als stummen Beweis dafür und tägliche Erinnerung daran, dass sie einst Häuser und schöne Bauernhöfe besessen hatten - Eigentum, das ihnen Israel in vergangenen Kriegen als Kriegsbeute genommen hatte. Eine ideale Umgebung zum Rekrutieren neuer Mitglieder für die Muslimbruderschaft. Die Flüchtlinge waren motiviert und bereit. Sie wurden nicht nur von den Israelis verfolgt, sondern auch von den Palästinensern - ihrem eigenen Volk -, die sie als Bürger zweiter Klasse betrachteten. Genau genommen galten auch sie als Eindringlinge, da sie ihre Lager auf dem Grund und Boden ihrer Nachbarn errichtet hatten.

Die meisten der ungeduldigen jungen Hamasaktivisten stammten aus den Flüchtlingslagern. Unter ihnen war Imad Akel. Er war der jüngste von drei Söhnen und studierte Pharmazie, als er eines Tages wohl genug von der Ungerechtigkeit und Frustration hatte. Irgendwie kam er an eine Waffe, tötete mehrere israelische Soldaten und nahm ihnen ihre Waffen weg. Andere folgten seinem Beispiel und Imads Einfluss wuchs. Unabhängig von den anderen Organisationen gründete Imad eine kleine militante Zelle und zog ins Westjordanland, wo es mehr Ziele und mehr Bewegungsfreiheit gab. Aus den Gesprächen unter den Männern in der Stadt wusste ich, dass die Hamas sehr stolz auf ihn war, obwohl er der Organisation gar nicht verantwortlich war. Nichtsdestotrotz wollten die Anführer der Hamas sein Vorgehen nicht mit den anderen Aktivitäten der Hamas vermischt sehen. Also gründeten sie einen militanten Flügel, die Izz ad-Din al-Qassam-Brigaden, und beriefen Imad zu ihrem Anführer. Bald war er der meistgesuchte Palästinenser in Israel.

Jetzt war die Hamas bewaffnet. Steine, Graffiti und Molotowcocktails wurden rasch durch Waffen ersetzt, und der Staat Israel hatte ein Problem, das er zuvor noch nie gehabt hatte. Es war das eine, PLO-Angriffe aus Jordanien, dem Libanon und Syrien zu parieren. Doch es war etwas ganz anderes, sich gegen Angriffe von Menschen innerhalb der eigenen Grenzen zu wehren.

Öl ins Feuer

1992 bis 1994

Am 13. Dezember 1992 entführten fünf Mitglieder der Qassam-Brigaden in der Nähe von Tel Aviv den israelischen Grenzpolizisten Nissim Toledano. Sie verlangten von Israel, Scheich Ahmad Yasin freizulassen. Israel weigerte sich. Zwei Tage später fand man Toledanos Leiche und Israel führte eine massive Razzia gegen die Hamas durch. Auf einen Schlag wurden mehr als 1600 Palästinenser verhaftet. Dann entschied Israel, 415 Anführer der Hamas, des Islamischen Dschihad und der Muslimbruderschaft bei Nacht und Nebel des Landes zu verweisen. Unter ihnen waren auch mein Vater, der immer noch im Gefängnis saß, und drei meiner Onkel.

Ich war damals erst vierzehn Jahre alt und keiner von uns wusste von diesen Ereignissen. Als sich die Nachricht über inoffizielle Kanäle verbreitete, konnten wir uns allerdings zusammenreimen, dass mein Vater wahrscheinlich unter der großen Gruppe von Lehrern, religiösen Führern, Ingenieuren und Sozialarbeitern war, die in Handschellen und mit verbundenen Augen in Busse geladen worden waren. Wenige Stunden, nachdem die Geschichte öffentlich geworden war, gingen schon Klagen von Rechtsanwälten und Menschenrechtsorganisationen ein. Die Busse wurden gestoppt, während der israelische Oberste Gerichtshof sich um fünf Uhr morgens versammelte, um über die juristischen Probleme zu beraten. Während der vierzehnstündigen Beratungen wurden mein Vater und die anderen in den Bussen festgehalten. Die Augenbinden und Handschellen blieben, wo sie waren. Kein Essen. Kein Wasser. Keine Toilettenpausen. Am Ende unterstützte das Gericht die Entscheidung der Regierung und die Busse setzten ihre Fahrt nach Norden fort. Später erfuhren wir, dass die Männer in ein schneebedecktes Niemandsland im Südlibanon gebracht wurden. Und obwohl dies mitten in einem außergewöhnlich kalten Winter geschah, wurden sie dort ohne Unterkunft und Vorräte abgeladen. Weder Israel noch Libanon gestatteten den Hilfsorganisationen, Lebensmittel oder Medikamente zu liefern. Beirut weigerte sich, die Kranken und Verwundeten in libanesische Krankenhäuser zu bringen.

Am 18. Dezember verabschiedete der UN-Sicherheitsrat die Resolution 799, in der die »sichere und sofortige Rückkehr aller Ausgewiesenen« gefordert wurde. Israel weigerte sich. Wir hatten meinen Vater immer besuchen können, als er noch im Gefängnis war. Doch jetzt, da die libanesische Grenze geschlossen war, gab es keine Möglichkeit, ihn im Exil zu besuchen. Einige Wochen später sahen wir ihn schließlich im Fernsehen, zum ersten Mal seit seiner Ausweisung. Offensichtlich hatten ihn Hamasmitglieder im Gefängnis zum »Generalsekretär« des Lagers ernannt, zum zweiten Mann nach Abd al-Aziz ar-Rantisi, einem anderen Anführer der Hamas.

Danach schauten wir jeden Tag die Nachrichten in der Hoffnung, noch einmal einen Blick auf das Gesicht unseres Vaters zu erhaschen. Von Zeit zu Zeit sahen wir ihn mit einem Megafon, wie er den anderen Männern Anweisungen erteilte. Als der Frühling kam, gelang es ihm sogar, uns Post und einige Fotos zu schicken, die Reporter und Mitglieder von Hilfsorganisationen gemacht hatten. Schließlich erhielten die Abgeschobenen Zugriff auf Mobiltelefone, und wir konnten jede Woche ein paar Minuten mit ihm reden.

In der Hoffnung, weltweit Mitleid für die Abgeschobenen zu erregen, interviewten die Medien ihre Familien. Meine Schwester Tasnim rührte die ganze Welt zu Tränen, als sie vor laufender Kamera »*Baba! Baba!*« (Papa! Papa!) schrie. Irgendwann repräsentierte dann unsere Familie inoffiziell all die anderen Familien. Wir wurden zu jeder Protestveranstaltung eingeladen, auch zu der gerade stattfindenden Demonstration vor dem Büro des israelischen Ministerpräsidenten in Jerusalem. Mein Vater sagte uns, dass er sehr stolz auf uns sei, und wir fanden auch etwas Trost in der Unterstützung, die wir von Leuten überall auf der Welt erhielten – sogar von israelischen Friedensaktivisten. Nach sechs Monaten hörten wir, dass hundertein Abgeschobene nach Hause gehen durften. Wie alle anderen Familien auch, hofften wir inständig, dass mein Vater dabei wäre.

Er war es nicht.

Am nächsten Tag besuchten wir die Helden, die aus dem Libanon heimgekehrt waren, um eventuell etwas Neues über meinen Vater zu erfahren. Doch sie konnten uns nichts weiter sagen, als dass es ihm gut ging und er bald nach Hause kommen würde. Weitere sechs Monate vergingen, bevor Israel der Forderung der UN zustimmte. Wir waren überglücklich über diese Aussicht.

Am festgesetzten Tag warteten wir ungeduldig vor dem Gefängnis in Ramallah, wo die übrigen Männer entlassen werden sollten. Zehn kamen heraus. Zwanzig. Er war nicht dabei. Der letzte Mann ging an uns vorbei, und die Soldaten sagten, das wären alle. Kein Lebenszeichen von meinem Vater und kein Wort über seinen Verbleib. Die anderen Familien nahmen ihre Lieben voller Freude mit nach Hause, und wir standen allein da – mitten in der Nacht, ohne die leiseste Ahnung, wo mein Vater war. Entmutigt, frustriert und besorgt gingen wir heim. Warum war er nicht mit dem Rest der Gefangenen freigekommen? Wo war er jetzt?

Am nächsten Tag rief der Anwalt meines Vaters an, um uns zu sagen, dass mein Vater und mehrere andere Abgeschobene wieder inhaftiert worden waren. Offensichtlich, so sagte er, hatte sich die Ausweisung als kontraproduktiv für Israel erwiesen. Während ihres Exils waren mein Vater und andere palästinensische Anführer ständig in den Nachrichten gewesen und hatten das Mitleid der ganzen Welt erregt, weil die Strafe als übertrieben und als Verstoß gegen die Menschenrechte wahrgenommen wurde. In der ganzen arabischen Welt wurden diese Männer als Helden für die palästinensische Sache betrachtet, und als solche wurden sie noch wichtiger und einflussreicher.

Die Ausweisung hatte zudem einen weiteren unerwünschten, verheerenden Effekt für Israel. Die Gefangenen hatten ihre Zeit im Exil dafür genutzt, eine beispiellose Beziehung zwischen der Hamas und der Hizbollah aufzubauen, der größten islamisch-politischen, paramilitärischen Organisation im Libanon. Diese Verbindung hatte weitreichende historische und geopolitische Folgen. Mein Vater und andere Anführer der Hamas schlichen sich oft, unbemerkt von den Medien, aus dem Lager, um sich mit Anführern der Hizbollah und der Muslimbruderschaft zu treffen. So etwas hätten sie in den Palästinensergebieten nie tun können. Während mein Vater und die anderen im Libanon gewesen waren, waren die meisten radikalen Hamasmitglieder noch auf freiem Fuß und aufgebrachter als je zuvor. Und als diese inzwischen sehr radikalen neuen Männer übergangsweise die Posten in der Hamasführung einnahmen, wurde der Graben zwischen der Hamas und der PLO noch tiefer.

Ungefähr zu dieser Zeit nahmen Israel und Yasir Arafat geheime Verhandlungen auf, die 1993 ins Gaza-Jericho-Abkommen mündeten. Am 9. September schrieb Arafat einen Brief an den israelischen Ministerpräsidenten Itzhak Rabin, in dem er offiziell »das Recht des Staates Israel auf eine friedliche und sichere Existenz« anerkannte und auf »Terrorismus und andere Formen der Gewalt« verzichtete.

Rabin erkannte daraufhin die PLO formal als »Repräsentanten des palästinensischen Volkes« an und Präsident Bill Clinton erlaubte amerikanischen Organisationen wieder den Kontakt zur PLO. Am 13. September starrte die Welt verblüfft auf eine Fotografie von Arafat und Rabin, wie sie sich vor dem Weißen Haus die Hände schüttelten. Eine Umfrage ergab damals, dass die überwältigende Mehrheit der Palästinenser im Westjordanland und im Gazastreifen die Bedingungen des Abkommens unterstützte, das auch als *Declaration of Principles* (DOP) oder *Oslo-I-Abkommen* bekannt wurde. Dieses Dokument führte zur Gründung der *Palästinensischen Autonomiebehörde* (PA), forderte den Abzug der israelischen Truppen aus Gaza und Jericho, sicherte diesen Gebieten Autonomie zu und öffnete die Tür für die Rückkehr von Arafat und der PLO aus ihrem Exil in Tunesien.

Doch mein Vater war gegen die DOP. Er traute weder Israel noch der PLO und setzte somit auch kein Vertrauen in den Friedensprozess. Andere Anführer der Hamas, erklärte er, hatten ihre eigenen Gründe für ihren Widerstand – darunter auch das Risiko, dass ein Friedensvertrag tatsächlich funktionieren könnte! Eine friedliche Koexistenz würde das Ende der Hamas bedeuten. Aus ihrer Perspektive konnte die Organisation in einer friedlichen Atmosphäre nicht gedeihen. Andere Widerstandsgruppen hatten ebenfalls ein Interesse an der Fortsetzung des Konflikts. Es ist schwer, Frieden in einer Situation zu erreichen, in der so viele verschiedene Ziele und Interessen mitspielen.

Also gingen die Angriffe weiter:

- Am 24. September wurde ein Israeli von einem *Fedajin* der Hamas in einem Obstgarten in der Nähe von Basra erstochen.
- Die Volksfront zur Befreiung Palästinas und der Islamische Dschihad bekannten sich zur Ermordung von zwei Israelis in der Wüste von Judäa zwei Wochen danach.
- Weitere zwei Wochen später erschoss die Hamas zwei IDF-Soldaten außerhalb einer jüdischen Siedlung in Gaza.

Doch keiner dieser Morde machte internationale Schlagzeilen, so wie das Massaker von Hebron am Freitag, den 25. Februar 1994.

Während des jüdischen Purimfestes (das in jenem Jahr in den für Muslime heiligen Monat Ramadan fiel) betrat ein in Amerika geborener Arzt namens Baruch Goldstein die Ibrahim-Moschee in Hebron, wo einer Überlieferung zufolge Adam und Eva, Abraham und Sara, Isaak und Rebekka sowie Jakob und Lea begraben liegen. Ohne Vorwarnung eröffnete Goldstein das Feuer, tötete neunundzwanzig Palästinenser, die zum Beten gekommen waren, und verwundete mehr als hundert Menschen, bevor er von einem aufgebrachten, vor Trauer blinden Mob zu Tode geprügelt wurde.

Wir saßen vor dem Fernseher und sahen zu, wie ein blutüberströmter Leichnam nach dem anderen von diesem heiligen Ort fortgetragen wurde. Ich stand völlig unter Schock. Alles schien in Zeitlupe abzulaufen. Mein Herz schlug mit einem Zorn, den ich nicht kannte, einem Zorn, der mich erst erschreckte und dann tröstete. Im nächsten Augenblick war ich starr vor Trauer. Dann war ich plötzlich wieder zornig – und dann wieder wie betäubt. Und damit war ich nicht allein. Es schien, als würden die Gefühle aller Bewohner der besetzten Gebiete die gleiche unwirkliche Achterbahnfahrt durchmachen. Wir waren erschöpft.

Weil Goldstein seine israelische Militäruniform trug und die IDF-Präsenz geringer als gewöhnlich war, waren die Palästinenser überzeugt, dass er von der Regierung in Jerusalem geschickt oder wenigstens gedeckt worden war. Für uns gab es keinen Unterschied zwischen schießwütigen Soldaten und verrückten Siedlern. Die Hamas sprach jetzt mit einer Stimme schrecklicher Entschlossenheit. Sie konnte nur noch an Rache für diesen Verrat, diese Gräueltat denken.

Am 6. April zerstörte eine Autobombe einen Bus in Afula. Dabei kamen acht Israelis ums Leben; vierundvierzig wurden verletzt. Laut Hamas war es ein Vergeltungsschlag für Hebron. Am gleichen Tag wurden zwei Israelis erschossen und vier weitere verwundet, als die Hamas eine Bushaltestelle in der Nähe von Aschdod angriff.

Eine Woche später wurde eine historische, entsetzliche Grenze überschritten, als Israel den ersten offiziellen Selbstmordanschlag erlebte. An einem Mittwochmorgen, dem 13. April 1994 – am gleichen Tag, als mein Vater nach seiner Haft im Libanon endlich aus dem Gefängnis entlassen wurde – kam der einundzwanzigjährige Amar Salah Diab Amarna an die Hadera-Bushaltestelle zwischen Haifa und Tel Aviv. Er hatte eine Tasche mit Metallteilen und zwei Kilogramm Azetonperoxid, einem selbst hergestellten Sprengstoff, bei sich. Um 9.30 Uhr stieg er in den Bus nach Tel Aviv. Zehn Minuten später, als der Bus abfuhr, stellte er die Tasche auf den Boden des Busses und brachte sie zur Explosion.

Die Splitter trafen die Fahrgäste mit tödlicher Wucht. Sechs Menschen kamen ums Leben, dreißig wurden verletzt. Eine zweite Rohrbombe explodierte am Tatort, als die Rettungskräfte eintrafen. Das war die »zweite in einer Reihe von fünf Anschlägen« als Rache für Hebron, verkündete ein Hamas-Pamphlet später.

Ich war stolz auf die Hamas, und ich betrachtete die Anschläge als großen Sieg gegen die israelische Besatzung. Mit meinen fünfzehn Jahren sah ich alles nur schwarz-weiß. Es gab die Guten und die Bösen. Und die Bösen verdienten alles, was sie bekamen.

Ich sah, was eine Zwei-Kilo-Bombe, ein Gemisch aus Nägeln und Kugellagern, aus Menschen machen konnte, und ich hoffte, dass diese Botschaft an die Israelis klar und deutlich war.

Sie war es.

Nach jedem Selbstmordanschlag trafen jüdisch-orthodoxe Freiwillige, die *ZAKA* (eine Organisation zur Identifizierung von Unfallopfern), am Tatort ein. Sie trugen neongelbe Westen und hatten die Aufgabe, Blutproben und Körperteile zu sichern – auch die der Nichtjuden und des Bombenattentäters –, die dann ins forensische Zentrum in Jaffa gebracht wurden. Die Pathologen dort hatten die Aufgabe, zusammenzusetzen, was noch übrig war, um die Toten identifizieren zu können. Oft waren DNA-Tests die einzige Möglichkeit, die Teile einander zuzuordnen.

Die Familien, die ihre Lieben nicht unter den Verwundeten in den örtlichen Krankenhäusern finden konnten, wurden nach Jaffa geschickt. Dort kamen sie oft völlig betäubt vor Trauer an.

Die Pathologen rieten den Familien häufig, sich die menschlichen Überreste nicht anzusehen. Sie sagten, es wäre besser, wenn sie ihre Lieben so in Erinnerung behalten würden, wie sie zu Lebzeiten waren. Doch die meisten wollten den Körper der Toten noch ein letztes Mal berühren, selbst wenn nicht mehr als ein Fuß von ihm übrig war.

Da das jüdische Gesetz verlangt, dass der ganze Leichnam möglichst noch am Todestag eines Menschen begraben wird, wurden die größeren Körperteile oft zuerst beigesetzt. Kleinere kamen später hinzu, nachdem die Identifizierung durch die DNA bestätigt worden war. So wurden die Wunden in den Seelen der trauernden Familien immer wieder aufgerissen.

Hadera war zwar der erste offizielle Bombenanschlag, aber tatsächlich war es der dritte Versuch. Er gehörte zu einer Versuchsphase, in welcher der Hamas-Bombenbauer Yahya Ayyash sein Handwerk perfektionierte. Ayyash war ein Ingenieurstudent an der Bir-Zait-Universität. Er war kein radikaler Muslim und auch kein nationalistischer Eiferer. Er war nur verbittert, weil er einmal den Antrag gestellt hatte, seine Studien in einem anderen Land fortsetzen zu dürfen, und die israelische Regierung seinen Antrag abgelehnt hatte. Also baute er Bomben, wurde ein Held der Palästinenser und einer der meistgesuchten Männer in Israel.

Zusätzlich zu den zwei fehlgeschlagenen Versuchen und den Bombenanschlägen am 6. und 13. April war Ayyash am Ende für den Tod von mindestens neununddreißig Menschen bei fünf Anschlägen verantwortlich. Er brachte auch anderen (wie seinem Freund Hassan Salameh) bei, wie man Bomben baut.

✳ ✳ ✳

Yasir Arafat hatte während des Golfkriegs Saddam Husseins Einmarsch in Kuwait unterstützt. Das hatte ihn sowohl in den USA als auch in den arabischen Staaten unbeliebt gemacht, welche die von Amerika angeführte Koalition unterstützten. Deshalb leiteten diese Staaten ihre finanzielle Unterstützung zunehmend von der PLO auf die Hamas um.

Nach dem Erfolg des Gaza-Jericho-Abkommens war Arafat allerdings wieder obenauf. Und im folgenden Jahr erhielt er gemeinsam mit dem israelischen Ministerpräsidenten Itzhak Rabin und dem israelischen Außenminister Schimon Peres den Friedensnobelpreis.

Das Gaza-Jericho-Abkommen verlangte, dass Arafat die Palästinensische Autonomiebehörde im Westjordanland und im Gazastreifen etabliere. Also reiste er am 1. Juli 1994 in den Gazastreifen – über den ägyptischen Grenzübergang in Rafah.

»Die nationale Einheit«, sagte er zu der Menschenmenge, die seine Rückkehr aus dem Exil feierte, »ist der Schild ... der Schild unseres Volkes. ... Einheit. Einheit. Einheit.«[3] Doch in den Palästinensergebieten herrschte alles andere als Einheit.

Die Hamas und ihre Anhänger waren wütend, dass Arafat heimliche Treffen mit Israel abgehalten und versprochen hatte, die Palästinenser würden nicht mehr um ihre Selbstbestimmung kämpfen. Unsere Männer saßen immer noch in israelischen Gefängnissen. Wir hatten keinen palästinensischen Staat. Unsere Autonomie erschöpfte sich in Jericho im Westjordanland – einer kleinen, unbedeutenden Stadt – und im Gazastreifen, einem riesigen, überfüllten Flüchtlingslager an der Küste.

Und jetzt saß Arafat mit den Israelis an einem Tisch und schüttelte ihnen die Hände. »Was ist mit all dem palästinensischen Blut?«, fragten sich unsere Leute. »Ist ihm das denn nicht mehr wert?«

Andererseits räumten einige Palästinenser ein, dass die PA uns wenigstens den Gazastreifen und Jericho geholt hatte. Was hatte die Hamas uns gebracht? Hatte sie auch nur das kleinste palästinensische Dorf befreit?

Vielleicht hatten sie damit nicht ganz unrecht. Doch die Hamas vertraute Arafat nicht – hauptsächlich deshalb, weil er bereit war, sich mit einem Palästinenserstaat innerhalb Israels zufriedenzugeben, statt die palästinensischen Gebiete zurückzuerobern, wie sie vor der Staatsgründung Israels existiert hatten.

»Was sollen wir denn eurer Meinung nach tun?«, argumentierten Arafat und seine Sprecher, wenn man sie unter Druck setzte. »Jahrzehntelang haben wir gegen Israel gekämpft und festgestellt, dass wir unter gar keinen Umständen gewinnen können. Wir wurden aus Jordanien und dem Libanon vertrieben und landeten schließlich mehr als 1 600 Kilometer entfernt in Tunesien. Die internationale Gemeinschaft war gegen uns. Wir hatten keine Macht. Die Sowjetunion brach zusammen und die USA blieben als einzige Weltmacht übrig. Und die USA unterstützen Israel. Wir erhielten die Gelegenheit, alles zurückzubekommen, was wir vor dem Sechs-Tage-Krieg von 1967 besaßen, und uns selbst zu verwalten. Und wir haben sie genutzt.«

Einige Monate nach seiner Ankunft im Gazastreifen besuchte Arafat zum ersten Mal Ramallah. Mein Vater und Dutzende einflussreiche Leute aus Wirtschaft, Politik und den religiösen Organisationen bildeten das Begrüßungskomitee. Als der PLO-Chef zu Scheich Hassan Yousef kam, küsste er die Hand meines Vaters und erkannte ihn damit sowohl als religiösen wie als politischen Führer an. Über das nächste Jahr hinweg trafen sich mein Vater und andere Anführer der Hamas häufiger mit Arafat in Gaza-Stadt, um sich um Versöhnung zwischen der PA und der Hamas und ihren gemeinsamen Schulterschluss zu bemühen. Doch die Gespräche endeten mit einem Fehlschlag, d. h. der endgültigen Weigerung der Hamas, sich am Friedensprozess zu beteiligen. Unsere Ideologien und unsere Ziele lagen noch lange nicht auf einer Linie.

✳ ✳ ✳

Der Wandel der Hamas zu einer eindeutig terroristischen Organisation war vollzogen. Viele ihrer Mitglieder hatten die Leiter des Islam erklommen und waren an der Spitze angekommen. Moderate politische Führer wie mein Vater sagten den militanten Hamasmitgliedern nicht, dass ihr Vorgehen falsch war. Sie konnten es nicht – auf welcher Grundlage hätten sie mit Mitgliedern ohne genauere theologische Kenntnisse diskutieren sollen? Die Militanten nahmen die Korantexte einfach Wort für Wort für ihre Argumentation in Anspruch.

Also stimmte mein Vater den Anschlägen zu, obwohl er nie persönlich jemanden getötet hatte. Und die Israelis, unfähig, die militanten jungen Hamasmitglieder zu finden und zu verhaften, stellten weiterhin »weichen Zielen« wie meinem Vater nach. Ich glaube, sie dachten sich, eine Inhaftierung meines Vaters würde den Anschlägen ein Ende setzen – immerhin war er doch ein Anführer der Hamas, die diese Anschläge verübte. Und es sollte noch viele leidvolle Jahre dauern, bevor die Israelis endlich anfingen zu begreifen, dass die Hamas keine Organisation im eigentlichen Sinn war, mit Regeln und Hierarchie. Sie war ein Geist. Eine Idee. Und eine Idee kann man nicht zerstören; man kann sie nur mit anderen Ideen bekämpfen oder sie gewähren lassen. Die Hamas war wie eine Hydra. Schlägt man einen Kopf ab, wächst einfach der nächste nach.

Das Problem war, dass das Grundanliegen und das Ziel der Hamas illusionär waren. Syrien, Libanon, Irak, Jordanien und Ägypten hatten wiederholt versucht, die Israelis ins Meer zu jagen und ihr Land in einen Palästinenserstaat umzuwandeln. *Versucht* – und versagt. Sogar Saddam Hussein und seine Scud-Raketen hatten versagt. Damit Millionen palästinensischer Flüchtlinge tatsächlich ihre Häuser, Höfe und Ländereien hätten zurückbekommen können, die sie vor mehr als einem halben Jahrhundert verloren hatten, hätte Israel sozusagen mit ihnen die Plätze tauschen müssen. Und weil das ganz sicher nicht passieren würde, war die Hamas – wie Sisyphus aus der griechischen Sage – dazu verdammt, auf ewig einen Felsbrocken einen steilen Hügel hinaufzurollen, nur um ihn wieder herunterrollen zu sehen und sein Ziel nie zu erreichen.

Nichtsdestotrotz klammerten sich selbst diejenigen, die erkannten, wie unerreichbar die Mission der Hamas war, an den Glauben, Allah würde Israel eines Tages besiegen; selbst wenn das auf übernatürliche Weise geschehen müsste.

Für Israel waren die Nationalisten der PLO lediglich ein politisches Problem gewesen, das eine politische Lösung verlangte. Die Hamas allerdings hatte das palästinensische Problem islamisiert und es somit zu einem religiösen Problem gemacht. Und dieses Problem konnte nur mit einer religiösen Lösung aus der Welt geschafft werden – was bedeutete, dass es gar nicht aus der Welt geschafft werden konnte, weil das Land unserem Glauben nach Allah gehörte. Punkt. Ende der Diskussion. Daher war für die Hamas das eigentliche Problem nicht die Politik Israels. Es war Israel selbst – die Existenz der jüdischen Nation als Staat.

Und was war mit meinem Vater? War auch er zu einem Terroristen geworden? Eines Nachmittags las ich in der Zeitung eine Schlagzeile über ein Bombenattentat (oder eine »Märtyrer-Operation«, wie einige in der Hamas diese Anschläge nannten), bei dem kürzlich viele Zivilisten ums Leben gekommen waren, darunter auch Frauen und Kinder. Es war mir innerlich unmöglich, die Güte und den Charakter meines Vaters mit seiner Führungsposition in einer Organisation, die solche Dinge tat, zu vereinbaren. Ich deutete auf den Artikel und fragte ihn, wie er solche Taten empfand.

»Einmal«, antwortete er, »ging ich aus dem Haus, und draußen saß ein Insekt. Ich kämpfte mit mir, ob ich es töten solle oder nicht. Und ich konnte es nicht töten.« Diese indirekte Antwort war seine Art und Weise zu sagen, dass er nie persönlich an solch schamlosen Mordanschlägen teilnehmen würde. Doch die israelischen Zivilisten waren keine Insekten.

Nein, mein Vater baute keine Bomben, schnallte sie den Attentätern um und suchte die Ziele aus. Doch Jahre später musste ich wieder an die Antwort meines Vaters denken, als ich in der Bibel die Geschichte las, die von der Steinigung eines jungen Mannes namens Stephanus handelt. Dort heißt es: »Saulus aber willigte in seine Tötung mit ein« (Apostelgeschichte 8,1; Elb).

Ich liebte meinen Vater sehr und bewunderte zutiefst, wer er war und wofür er stand. Doch dieser Mann, der es nicht einmal übers Herz brachte, einem Insekt etwas zuleide zu tun, hatte offenbar einen Weg gefunden, rein vom Verstand her den Gedanken zu billigen, dass jemand anderes Menschen in die Luft jagte – solange er sich nicht persönlich die Hände schmutzig machte.

In diesem Augenblick sah ich meinen Vater mit ganz anderem, schmerzerfülltem Blick.

Waffen

Winter 1995 bis Frühjahr 1996

Nach den Oslo-Abkommen erwartete die internationale Gemeinschaft, dass die Palästinensische Autonomiebehörde die Hamas in Schach hielt. Am Samstagabend, den 4. November 1995 sah ich gerade fern, als eine Nachrichtenmeldung das laufende Programm unterbrach. Itzhak Rabin war während einer Friedenskundgebung auf dem *Kings Square* in Tel Aviv angeschossen worden. Es klang ernst. Einige Stunden später wurde offiziell bekanntgegeben, dass er tot war.

»Wow«, sagte ich laut, ohne jemand Bestimmten anzusprechen. »Irgendeine Palästinensergruppe hat tatsächlich noch die Schlagkraft, den israelischen Ministerpräsidenten zu ermorden! Das hätte schon vor langer Zeit geschehen sollen.« Ich war sehr glücklich über seinen Tod und den Schaden, den er der PLO und ihrer verwässerten Kapitulation vor Israel zufügen würde.

Dann klingelte das Telefon. Die Stimme des Anrufers erkannte ich sofort. Es war Yasir Arafat, und er wollte mit meinem Vater sprechen.

Ich hörte zu, während mein Vater telefonierte. Er sagte nicht viel; er war freundlich und respektvoll, und größtenteils stimmte er dem zu, was Arafat am anderen Ende der Leitung sagte.

»Ich verstehe«, sagte er. »Auf Wiederhören.«

Dann wandte er sich mir zu. »Arafat hat darum gebeten, dass wir die Hamas davon abhalten, den Tod des Ministerpräsidenten zu feiern«, sagte er. »Die Ermordung ist ein sehr großer Verlust für Arafat, weil Rabin enormen politischen Mut bewiesen hat, als er Friedensverhandlungen mit der PLO aufnahm.«

Später erfuhren wir, dass Rabin doch nicht von einem Palästinenser ermordet worden war. Vielmehr hatte ihn ein israelischer Jurastudent in den Rücken geschossen. Viele in der Hamas waren enttäuscht über diese Information; ich persönlich fand es amüsant, dass jüdische Fanatiker mit der Hamas ein Ziel gemein hatten.

Dieser Mord machte die ganze Welt nervös, und die Welt setzte Arafat noch stärker unter Druck, die Palästinensergebiete unter Kontrolle zu bringen. Also ging er radikal gegen die Hamas vor. Polizisten der PA kamen zu uns ins Haus, baten meinen Vater, sich fertig zu machen, und steckten ihn in Arafats Gefängnis. Dabei behandelten sie ihn durchweg äußerst respektvoll und freundlich.

Und dennoch – es war das erste Mal, dass Palästinenser andere Palästinenser inhaftierten. Es war eine üble Sache, aber wenigstens behandelten sie meinen Vater anständig. Anders als viele der anderen bekam er ein komfortables Zimmer, und Arafat besuchte ihn von Zeit zu Zeit, um verschiedene Fragen zu besprechen.

Bald saßen alle wichtigen Anführer der Hamas mit Tausenden weiterer Hamasmitglieder in palästinensischen Gefängnissen. Viele wurden gefoltert, um Informationen aus ihnen herauszupressen. Einige starben. Doch andere entkamen der Verhaftung, wurden zu Flüchtlingen und setzten ihre Anschläge auf Israel fort.

Jetzt hatte mein Hass mehrere Brennpunkte. Ich hasste die PA und Yasir Arafat, ich hasste Israel und ich hasste die säkularen Palästinenser. Warum sollte mein Vater, der Allah und sein Volk liebte, einen so hohen Preis zahlen, während gottlose Männer wie Arafat und seine PLO den Israelis – die der Koran mit Schweinen und Affen verglich – einen großen Sieg bescherten? Und die internationale Gemeinschaft applaudierte Israel, weil es die Terroristen dazu gebracht hatte, sein Existenzrecht anzuerkennen.

Ich war siebzehn und mir fehlten nur noch wenige Monate bis zu meinem Schulabschluss. Immer wenn ich meinen Vater im Gefängnis besuchte oder ihm von daheim Essen und andere Dinge brachte, damit er es bequemer hatte, machte er mir Mut. »Du musst nur deine Prüfungen bestehen. Konzentrier dich auf die Schule. Mach dir keine Sorgen um mich. Ich möchte nicht, dass durch meine Situation irgendetwas beeinträchtigt wird.« Aber das Leben bedeutete mir nichts mehr. Ich konnte an nichts anderes denken, als mich dem militanten Flügel der Hamas anzuschließen und Rache an Israel und der Palästinensischen Autonomiebehörde zu nehmen. Ich dachte an alles, was ich in meinem Leben schon gesehen hatte. Sollte dieser ganze Kampf, sollten all die Opfer so enden: in einem billigen Frieden mit Israel? Wenn ich im Kampf umkam, würde ich wenigstens als Märtyrer sterben und ins Paradies kommen.

Mein Vater hatte mich nie gelehrt zu hassen, doch ich wusste nicht, wie ich anders empfinden sollte. Obwohl er leidenschaftlich gegen die Besatzung kämpfte – und ich glaube nicht, dass er gezögert hätte, den Befehl zum Abwurf einer Atombombe auf Israel zu geben, wenn er die Möglichkeit dazu gehabt hätte – hetzte er nie gegen jüdische Menschen, wie einige rassistische Anführer der Hamas. Er interessierte sich viel mehr für den Gott des Koran als für Politik. Allah hatte uns die Aufgabe übertragen, die Juden vom Erdboden zu vertilgen, und mein Vater stellte das nicht infrage, obwohl er persönlich nichts gegen sie hatte.

»Wie ist deine Beziehung zu Allah?«, fragte er mich jedes Mal, wenn ich ihn besuchte. »Hast du heute gebetet? Geweint? Zeit mit ihm verbracht?« Er sagte nie: »Ich möchte, dass du ein guter *Mujahid* (Kämpfer) wirst.« Seine Ermahnung an mich als seinen ältesten Sohn lautete immer: »Sei sehr gut zu deiner Mutter, sehr gut zu Allah und sehr gut zu deinem Volk.«

Ich verstand nicht, wie er so barmherzig und vergebungsbereit sein konnte, selbst den Soldaten gegenüber, die immer wieder kamen, um ihn zu verhaften. Er behandelte sie wie Kinder.

Wenn ich ihm Essen ins PA-Gefängnis brachte – Fleisch und Reis, von meiner Mutter eigens für meinen Vater zubereitet –, lud er die Wachen oft ein, mit uns zu essen. Und nach einigen Monaten liebten ihn sogar die PA-Wachen. Obwohl es mir sehr leicht fiel, meinen Vater zu lieben, war er für mich nur sehr schwer zu verstehen.

Voller Wut und dem Wunsch nach Rache, machte ich mich auf die Jagd nach Waffen. Auch wenn man inzwischen in den Palästinensergebieten an Waffen kommen konnte, waren sie sehr teuer, und ich war ein Schüler ohne Geld.

Ibrahim Kiswani, ein Klassenkamerad aus einem Dorf in der Nähe von Jerusalem, teilte mein Interesse und meinte, er könne an das nötige Geld kommen – nicht genug für schwere Waffen, aber für ein paar billige Gewehre und vielleicht eine Pistole. Ich fragte meinen Cousin Yousef Dawud, ob er wüsste, wo ich Waffen bekommen könne.

Yousef und ich standen uns nicht besonders nahe, aber ich wusste, dass er Verbindungen hatte, die ich nicht hatte.

»Ich habe ein paar Freunde in Nablus, die dir vielleicht helfen könnten«, sagte er. »Was willst du denn mit Waffen?«

»Jede Familie hat eigene Waffen«, log ich. »Ich möchte eine Waffe, um meine Familie zu beschützen.«

Das war immerhin keine direkte Lüge. Ibrahim lebte in einem Dorf, wo jede Familie tatsächlich ihre eigenen Waffen zur Selbstverteidigung hatte, und er war für mich wie ein Bruder.

Ich wollte auch nicht nur Rache üben. Ich dachte auch, es wäre cool, als Teenager eine Waffe zu besitzen. Die Schule kümmerte mich nicht mehr besonders. Warum überhaupt in diesem verrückten Land zur Schule gehen?

Eines Nachmittags endlich bekam ich einen Anruf von meinem Cousin Yousef. »Okay, wir fahren nach Nablus. Ich kenne da einen Kerl, der für die Sicherheitskräfte der PA arbeitet. Ich denke, er kann uns Waffen beschaffen«, sagte er.

Als wir in Nablus ankamen, empfing uns ein Mann an der Tür eines kleinen Hauses und führte uns hinein. Dort zeigte er uns schwedische *Carl-Gustav*-M/45-Maschinenpistolen und eine *Port Said*, eine ägyptische Version der gleichen Waffe. Er fuhr mit uns an einen entfernten Ort in den Bergen und zeigte uns, wie sie funktionierten. Als er mich fragte, ob ich es einmal versuchen wollte, begann mein Herz zu rasen. Ich hatte noch nie mit einem Maschinengewehr geschossen, und plötzlich hatte ich Angst.

»Nein, ich vertraue dir«, sagte ich zu ihm. Ich kaufte einige Maschinenpistolen und eine Handfeuerwaffe von dem Mann. Ich versteckte sie in der Tür meines Autos und streute schwarzen Pfeffer darüber, um die Hunde abzulenken, die eventuell an den Kontrollpunkten nach Waffen schnüffelten.

Auf dem Weg zurück nach Ramallah rief ich Ibrahim an. »Hey, ich hab das Zeug.«

»Echt?«

»Echt.«

Wir waren nicht so dumm, Wörter wie *Gewehre* oder *Waffen* zu verwenden, denn es war nicht ganz unwahrscheinlich, dass die Israelis jedes unserer Worte abhörten. Wir machten eine Zeit aus, wann Ibrahim seine »Sachen« abholen sollte, und verabschiedeten uns rasch.

Es war im Frühjahr 1996. Ich war gerade achtzehn geworden, und ich war bewaffnet.

∗ ∗ ∗

Eines Abends rief Ibrahim mich an, und ich hörte schon an seinem Ton, dass er sehr wütend war.

»Die Waffen funktionieren nicht!«, schnauzte er ins Telefon.

»Wovon redest du?«, schoss ich zurück und hoffte, dass niemand unser Gespräch belauschte.

»Die Waffen funktionieren nicht«, wiederholte er. »Man hat uns reingelegt!«

»Ich kann jetzt nicht reden«, sagte ich.

»Okay, aber ich will dich heute Abend sehen.«

Als er bei mir ankam, ging ich sofort auf ihn los. »Bist du wahnsinnig, so etwas am Telefon zu sagen?«, fragte ich.

»Ich weiß, aber die Waffen funktionieren nicht. Die Handfeuerwaffe ist okay, aber die Maschinenpistolen schießen nicht.«

»Okay, sie funktionieren nicht. Weißt du denn auch, wie man damit umgehen muss?«

Er versicherte mir, er wisse, was er tue. Also versprach ich, mich darum zu kümmern. Meine Abschlussprüfungen waren in zwei Wochen und eigentlich hatte ich keine Zeit für diesen Kram, aber ich organisierte trotzdem alles, um die unbrauchbaren Waffen zurück zu Yousef zu bringen.

»Es war ein Reinfall«, sagte ich, als ich ihn sah. »Die Handfeuerwaffe funktioniert, aber die Maschinenpistolen nicht. Ruf deine Freunde in Nablus an, damit wir wenigstens unser Geld zurückbekommen.« Er versprach mir, es zu versuchen.

Am nächsten Tag hatte mein Bruder ernüchternde Nachrichten für mich. »Gestern Abend waren israelische Sicherheitskräfte bei uns daheim und haben nach dir gesucht«, erzählte er mit besorgter, angespannter Stimme.

Mein erster Gedanke war: *Wir haben doch noch gar niemanden getötet!* Ich hatte Angst, aber ich fühlte mich auch ein bisschen wichtig, so als könnte ich Israel gefährlich werden. Als ich meinen Vater das nächste Mal besuchte, hatte er bereits gehört, dass die Israelis nach mir suchten.

»Was ist da los?«, fragte er streng. Ich sagte ihm die Wahrheit und er wurde sehr wütend. Bei all seiner Wut war mir jedoch klar, dass er hauptsächlich enttäuscht und besorgt war.

»Das ist sehr ernst«, warnte er mich. »Warum hast du dich in eine solche Lage gebracht? Du solltest für deine Mutter und deine Geschwister sorgen, nicht vor den Israelis auf der Flucht sein. Verstehst du denn nicht, dass sie dich erschießen werden?«

Ich ging nach Hause, packte ein paar Sachen und meine Schulbücher und bat einige Schüler aus der Muslimbruderschaft, mich zu verstecken, bis ich meine Abschlussprüfungen und den Schulabschluss hinter mich gebracht hätte.

Ibrahim verstand eindeutig nicht, wie ernst meine Lage war. Er rief mich weiterhin an, oft auf dem Mobiltelefon meines Vaters.

»Was geht? Was ist los mit dir? Ich hab dir das ganze Geld gegeben. Ich brauche es zurück.«

Ich erzählte ihm von den Sicherheitskräften, die bei uns daheim gewesen waren, und er wurde laut und sagte einige unvorsichtige Dinge. Ich legte schnell auf, bevor er sich oder mich noch mehr belasten konnte. Doch am nächsten Tag tauchten IDF-Soldaten bei ihm auf, durchsuchten das Haus und fanden die Handfeuerwaffe. Sie verhafteten ihn auf der Stelle.

Ich fühlte mich alleingelassen. Ich hatte jemandem vertraut, dem ich nicht hätte vertrauen dürfen. Mein Vater war im Gefängnis, und er war enttäuscht von mir. Meine Mutter war krank vor Sorge um mich. Ich musste mich auf meine Prüfungen vorbereiten. Und ich wurde von den Israelis gesucht.

Konnte es noch schlimmer kommen?

Das Schlachthaus

1996

Obwohl ich versucht hatte, Vorsichtsmaßnahmen zu treffen, kamen mir die israelischen Sicherheitskräfte auf die Spur. Sie hatten meine Gespräche mit Ibrahim abgehört. Hier war ich nun: In Handschellen, die Augen verbunden und in einen Militärjeep gepfercht, versuchte ich, so gut wie möglich den Schlägen mit dem Gewehrkolben auszuweichen.

Der Jeep hielt an. Die Fahrt war mir stundenlang vorgekommen. Die Handschellen schnitten mir tief in die Handgelenke, als die Soldaten mich an den Armen hochzogen und eine Treppe hinaufzerrten. Ich konnte meine Hände nicht mehr spüren. Um mich herum hörte ich Leute, die umherliefen, und lautes Rufen auf Hebräisch.

Man brachte mich in einen kleinen Raum, wo man mir die Augenbinde und die Handschellen abnahm. Ich blinzelte ins Licht und versuchte, mich zu orientieren. Mit Ausnahme eines kleinen Schreibtischs in der Ecke war der Raum leer. Ich fragte mich, was die Soldaten wohl als Nächstes für mich geplant hatten. Ein Verhör? Noch mehr Schläge? Folter? Ich musste nicht lange rätseln. Ein paar Minuten später öffnete ein junger Soldat die Tür. Er trug einen Ring in der Nase und ich erkannte seinen russischen Akzent wieder. Es war einer der Soldaten, die mich im Jeep verprügelt hatten. Er fasste meinen Arm und führte mich durch ein Labyrinth langer Korridore in einen weiteren kleinen Raum. Auf einem alten Schreibtisch lagen ein Blutdruckmessgerät, ein Computer und ein kleiner Fernseher. Ein unerträglicher Gestank stieg mir in die Nase, als ich eintrat. Ich würgte und war mir sicher, dass ich mich gleich wieder übergeben musste.

Ein Mann im Arztkittel trat hinter uns ein. Er sah müde und unzufrieden aus. Er wirkte überrascht, mein geschundenes Gesicht und Auge zu sehen, das jetzt auf die doppelte Größe angeschwollen war. Aber falls er um mein Wohlergehen besorgt war, zeigte er es zumindest nicht. Ich hatte schon Tierärzte gesehen, die bei einer Untersuchung freundlicher mit ihren Tieren umgingen, als dieser Arzt mit mir.

Ein Wachposten in Polizeiuniform kam herein. Er drehte mich um, legte mir die Handschellen wieder an und zog mir eine dunkelgrüne Kapuze über den Kopf. Ich hatte den Ursprung des Gestanks gefunden. Die Kapuze roch, als wäre sie noch nie gewaschen worden. Sie stank erbärmlich nach ungeputzten Zähnen und Mundgeruch von Hunderten Häftlingen. Ich würgte und versuchte, die Luft anzuhalten. Doch jedes Mal, wenn ich nach Luft schnappte, saugte sich der dreckige Stoff in meinen Mund. Ich bekam panische Angst und hatte das Gefühl, ich würde ersticken, wenn ich diese Kapuze nicht bald loswürde.

Der Wachposten durchsuchte mich und nahm mir alles ab, einschließlich Gürtel und Schnürsenkel. Er packte mich an der Kapuze und zerrte mich durch die Korridore. Rechtsherum. Linksherum. Wieder links. Rechts. Wieder rechts. Ich wusste nicht, wo ich war oder wohin er mich brachte.

Endlich blieben wir stehen, und ich hörte, wie er mit einem Schlüssel klapperte. Er öffnete eine Tür, die dick und schwer klang. »Treppe«, sagte er. Vorsichtig stieg ich mehrere Stufen hinunter. Durch die Kapuze konnte ich ein immer wieder aufblitzendes Licht sehen, ähnlich wie eine Rundumleuchte auf einem Polizeiwagen.

Er zog mir die Kapuze vom Kopf und ich sah, dass ich vor einem zweiteiligen Vorhang stand. Rechts von mir sah ich einen Korb mit Kapuzen. Wir warteten ein paar Minuten, bis eine Stimme von der anderen Seite des Vorhangs die Erlaubnis gab einzutreten. Der Wachposten legte mir Fußfesseln an und zog mir wieder die Kapuze über den Kopf. Dann packte er mich daran und zog mich durch den Vorhang.

Kalte Luft strömte aus den Lüftungsschächten und irgendwo in der Ferne dröhnte Musik. Es war wohl ein sehr enger Korridor, den ich jetzt entlangging, denn ich stieß immer wieder rechts und links an die Wand. Mir war schwindlig und ich war erschöpft. Endlich blieben wir stehen. Der Soldat öffnete eine Tür und schob mich hinein. Dann nahm er mir die Kapuze ab und ging. Die schwere Tür schloss er hinter sich ab.

Ich schaute mich um und begutachtete meine Umgebung. Die Zelle war nicht einmal zwei Quadratmeter groß – gerade genug Platz für eine kleine Matratze und zwei Decken. Wer auch immer vor mir in dieser Zelle gewesen war, hatte eine davon als Kopfkissen zusammengerollt. Ich setzte mich auf die Matratze. Sie war klebrig und die Decken rochen wie die Kapuze. Ich zog mir meinen Hemdkragen vor die Nase, doch meine Sachen stanken nach

Erbrochenem. Eine schwache Glühbirne hing an der Decke, aber ich fand keinen Schalter, um sie an- oder auszuschalten. Eine kleine Öffnung in der Tür war das einzige Fenster im Raum. Die Luft war feuchtkalt, der Boden nass, der Beton mit Schimmel überzogen. Überall wimmelte es nur so von Ungeziefer. Alles war widerlich und vermodert und hässlich.

Lange Zeit saß ich einfach nur so da, weil ich nicht wusste, was ich tun sollte. Ich musste mal und stand auf, um die rostige Toilette in der Ecke zu benutzen. Dann drückte ich den Spülknopf und wünschte sofort, ich hätte es gelassen. Das Abwasser ging nicht ins Abflussrohr, sondern sickerte auf den Fußboden und wurde von der Matratze aufgesaugt.

Ich setzte mich in die einzige trockene Ecke des Raumes und versuchte nachzudenken. Was für ein Ort, um die Nacht dort verbringen zu müssen! Mein Auge pochte und brannte. Es fiel mir schwer zu atmen, ohne dass mir der Gestank in dem Raum die Kehle zuschnürte. Die Hitze in meiner Zelle war unerträglich und meine schweißdurchtränkte Kleidung klebte mir am Körper.

Ich hatte seit der Ziegenmilch daheim bei meiner Mutter nichts mehr gegessen und getrunken. Und die klebte jetzt sauer überall auf meinem Hemd und meiner Hose. Aus der Wand ragte ein Rohr hervor und ich drehte an dem Wasserhahn in der Hoffnung, dass auch tatsächlich Wasser herauskam. Doch die Flüssigkeit war dick und braun.

Wie spät war es? Würden die mich die ganze Nacht hier lassen?

In meinem Kopf hämmerte es. Schlafen konnte ich nicht, das wusste ich. Das Einzige, was ich tun konnte, war zu Allah zu beten.

Bitte beschütze mich, bat ich. *Bewahre mich und bring mich schnell wieder zu meiner Familie zurück.*

Durch die dicke Stahltür konnte ich weit entfernt laute Musik hören – das gleiche Band, immer und immer und immer wieder. Anhand der nervtötenden Wiederholungen versuchte ich abzuschätzen, wie viel Zeit verging.

Immer wieder sang Leonard Cohen:

They sentenced me to twenty years of boredom
For trying to change the system from within.
I'm coming now, I'm coming to reward them.
First we take Manhattan, then we take Berlin!

I'm guided by a signal in the heavens.
I'm guided by this birthmark on my skin.
I'm guided by the beauty of our weapons.
First we take Manhattan, then we take Berlin!

Sie haben mich zu zwanzig Jahren Langeweile verurteilt,
weil ich versuchte, das System von innen heraus zu verändern.
Ich komme jetzt, ich komme, um sie zu belohnen.
Zuerst erobern wir Manhattan, dann erobern wir Berlin!
Mich leitet ein Signal am Himmel.
Mich leitet das Muttermal auf meiner Haut.
Mich leitet die Schönheit unserer Waffen.
Zuerst erobern wir Manhattan, dann erobern wir Berlin![4]

Weit entfernt öffneten und schlossen sich Türen - viele Türen. Langsam kam das Geräusch näher. Dann öffnete jemand auch meine Zellentür, schob ein blaues Tablett hinein und schlug die Tür wieder zu. Ich schaute das Tablett an, das dort in dem Abwasser stand, das vorhin aus der Toilette ausgetreten war. Darauf lagen ein gekochtes Ei, ein einzelnes Stück Brot, ungefähr ein Löffel sauer riechender Joghurt und drei Oliven. Ein Plastikbehälter mit Wasser stand daneben, aber als ich ihn an die Lippen hob, roch der Inhalt ganz und gar nicht nach Wasser. Ich trank einen Schluck und wusch mir mit dem Rest die Hände. Ich aß alles, was auf dem Tablett lag, aber ich hatte immer noch Hunger. War das das Frühstück? Wie spät war es? Ich vermutete, dass es Nachmittag war.

Während ich noch versuchte auszurechnen, wie lange ich schon hier war, öffnete sich die Tür zu meiner Zelle. Jemand - oder etwas - stand davor. War es ein Mensch? Er war klein, sah aus wie 75 und wirkte wie ein buckliger Menschenaffe. Er schnauzte mich mit russischem Akzent an, verfluchte mich, verfluchte Gott und spuckte mir ins Gesicht. Ich konnte mir nichts Hässlicheres vorstellen.

Offenbar war dieses Wesen ein Wachposten, denn er schleuderte mir eine jener stinkenden Kapuzen zu und befahl mir, sie über meinen Kopf zu ziehen. Dann packte er mich daran und zerrte mich grob durch die Korridore. Er öffnete die Tür zu einem Büro, stieß mich hinein und zwang mich auf einen niedrigen Plastikstuhl. Er kam mir vor wie ein Kinderstuhl aus dem Klassenzimmer einer Grundschule. Der Stuhl war auf dem Fußboden befestigt.

Der Wachposten zerrte meinen einen Arm zwischen den Stuhlbeinen hindurch, während der andere außen daneben herunterhing. Dann legte er mir Handschellen an und fesselte meine Beine. Der kleine Stuhlsitz war schräg, sodass ich mich nach vorn beugen musste. Anders als in meiner Zelle war es hier eisig kalt. Man hatte die Klimaanlage wohl auf null Grad eingestellt.

So saß ich stundenlang da, heftig zitternd vor Kälte, in einer entsetzlich verkrümmten Haltung und unfähig, mich irgendwie bequemer hinzusetzen. Ich versuchte, durch die stinkende Kapuze zu atmen, ohne einen ganzen Atemzug zu holen. Ich war hungrig, erschöpft und mein Auge war immer noch blutig zugeschwollen.

Die Tür öffnete sich und jemand zog mir die Kapuze vom Kopf. Ich war überrascht, einen Zivilisten zu sehen und nicht einen Soldaten oder Wachposten. Er setzte sich auf die Schreibtischkante. Mein Kopf war etwa auf Höhe seiner Knie.

»Wie heißt du?«, fragte er.

»Ich bin Mosab Hassan Yousef.«

»Weißt du, wo du bist?«

»Nein.«

Er schüttelte den Kopf und sagte: »Manche nennen es *Dunkle Nacht*. Andere nennen es *Schlachthaus*. Du steckst in riesigen Schwierigkeiten, Mosab.«

Ich versuchte, keinerlei Gefühlsregung zu zeigen und hielt den Blick fest auf einen Fleck an der Wand hinter dem Kopf des Mannes gerichtet.

»Wie geht es deinem Vater in dem PA-Gefängnis?«, fragte er. »Ist es schöner als die israelischen Gefängnisse?«

Ich verlagerte leicht mein Gewicht und weigerte mich zu antworten.

»Weißt du, dass du jetzt am gleichen Ort bist, an den dein Vater nach seiner ersten Verhaftung gebracht wurde?«

Hier war ich also: im Moskobiyeh-Untersuchungsgefängnis in Westjerusalem. Mein Vater hatte mir davon erzählt. Es war früher einmal eine russisch-orthodoxe Kirche gewesen, erbaut auf sechs Jahrtausenden Weltgeschichte. Die israelische Regierung hatte diese Kirche zum Hochsicherheitskomplex umfunktioniert, in dem das Polizeihauptquartier untergebracht war, Büros und ein Verhörzentrum für den Schin Beth.

Tief unter der Erde lag ein altes Labyrinth, das als Gefängnis diente. Schwarz und dreckig und dunkel, wie die rattenverseuchten mittelalterlichen Verliese, die man aus Filmen kennt, hatte Moskobiyeh einen üblen Ruf.

Jetzt machte ich die gleiche Bestrafung durch wie mein Vater. Es waren die gleichen Männer, die ihn all die Jahre verprügelt und gefoltert hatten. Sie hatten viel Zeit damit verbracht, ihn zu bearbeiten, und sie kannten ihn gut. Sie hatten ihn nie gebrochen. Er blieb stark und wurde nur noch stärker.

»Sag mir, warum du hier bist.«

»Ich habe keine Ahnung.« Natürlich vermutete ich, dass ich hier war, weil ich diese blöden Waffen gekauft hatte, die nicht mal funktionierten. Mein Rücken fühlte sich an, als stünde er in Flammen. Der Fragesteller hob mein Kinn an.

»Du willst ein harter Mann sein wie dein Vater? Du hast keine Ahnung, was dich außerhalb dieser vier Wände erwartet. Sag mir, was du über die Hamas weißt! Welche Geheimnisse kennst du? Erzähl mir von dieser islamischen Schülerbewegung! Ich will alles wissen!«

Hielt er mich wirklich für so gefährlich? Das konnte ich kaum glauben. Aber andererseits ... je mehr ich darüber nachdachte, desto klarer wurde mir, dass er wahrscheinlich tatsächlich so dachte. Von seinem Standpunkt aus war die Tatsache, dass ich Scheich Hassan Yousefs Sohn war und automatische Waffen kaufte, Grund genug, mir zu misstrauen.

Diese Männer hatten meinen Vater gefangen genommen und gefoltert, und auch mich würden sie foltern. Glaubten sie wirklich, dass mich das dazu bringen würde, ihr Existenzrecht anzuerkennen? Mein Standpunkt war ein ganz anderer. Unser Volk kämpfte um unsere Freiheit, unser Land.

Als ich seine Frage nicht beantwortete, schlug der Mann mit der Faust auf den Schreibtisch. Dann hob er noch einmal mein Kinn.

»Ich gehe jetzt nach Hause zu meiner Familie. Viel Spaß hier.«

Ich saß stundenlang auf dem kleinen Stuhl, immer noch sehr unangenehm nach vorn gebeugt. Endlich kam ein Wachmann, schloss meine Hand- und Fußfesseln auf, warf mir eine Kapuze über den Kopf und zog mich wieder durch die Korridore. Leonard Cohens Stimme wurde immer lauter.

Wir blieben stehen und der Wachmann schnauzte mich an, ich solle mich hinsetzen.

Die Musik war jetzt ohrenbetäubend. Wieder wurde ich mit Händen und Füßen an einen niedrigen Stuhl gefesselt, der im erbarmungslosen Rhythmus von *First we take Manhattan, then we take Berlin* vibrierte.

Meine Muskeln waren von der Kälte und der unbequemen Haltung verkrampft. Ich konnte den Gestank der Kapuze förmlich schmecken. Dieses Mal allerdings war ich eindeutig nicht allein. Selbst über die Stimme von Leonard Cohen hinweg konnte ich hören, wie Menschen vor Schmerz schrien.

»Ist da jemand?«, rief ich durch den fettigen Stoff hindurch.

»Wer bist du?«, brüllte eine Stimme dicht neben mir über die Musik hinweg.

»Ich bin Mosab.«

»Wie lang bist du schon hier?«

»Zwei Tage.«

Einige Minuten lang schwieg er. »Ich sitze seit drei Wochen auf diesem Stuhl«, sagte er endlich. »Sie lassen mich jede Woche vier Stunden schlafen.«

Ich war fassungslos. Das war das Letzte, was ich hören wollte. Ein anderer Mann erzählte, dass er ungefähr zur gleichen Zeit wie ich verhaftet worden war. Ich vermutete, dass wir ungefähr zwanzig Leute in dem Raum waren.

Unser Gespräch wurde jäh unterbrochen, als mir jemand einen Schlag auf den Hinterkopf versetzte – ein heftiger Schmerz schoss durch meinen ganzen Schädel und ich kämpfte unter der Kapuze mit den Tränen.

»Nicht reden!«, brüllte ein Wachposten.

Jede Minute kam mir wie eine Stunde vor, doch ich wusste sowieso nicht mehr, was eine Stunde war. Meine Welt war stehen geblieben. Draußen standen Leute auf, gingen arbeiten und wieder heim zu ihren Familien. Meine Mitschüler lernten für ihre Abschlussprüfungen. Meine Mutter kochte und putzte das Haus und küsste meine kleinen Geschwister. Doch in diesem Raum saßen alle. Keiner bewegte sich.

First we take Manhattan, then we take Berlin!
First we take Manhattan, then we take Berlin!
First we take Manhattan, then we take Berlin!

Ein paar der Männer um mich herum schluchzten laut, doch ich war fest entschlossen, nicht zu weinen. Ich war mir sicher, dass mein Vater nie geweint hatte. Er war stark. Er gab nicht auf.

»*Schomer! Schomer!*« (Hebräisch für »Wache! Wache!«), rief einer der Männer. Niemand antwortete ihm, weil die Musik so laut war. Endlich, nach einer Weile, kam der *Schomer*.

»Was willst du?«

»Ich will auf die Toilette. Ich muss auf die Toilette!«

»Keine Toilette. Es ist keine Toilettenpause.« Und er ging.

»*Schomer! Schomer!*«, schrie der Mann.

Eine halbe Stunde später kam der *Schomer* wieder. Der Mann war nicht mehr zu bändigen. Mit einem Fluch öffnete der *Schomer* seine Ketten und zerrte ihn fort. Nach wenigen Minuten brachte er ihn zurück, kettete ihn wieder an den kleinen Stuhl und ging.

»*Schomer! Schomer!*«, schrie ein anderer.

Ich war erschöpft und mir war schlecht. Mein Nacken schmerzte. Mir war nie klar gewesen, wie schwer mein Kopf war. Ich versuchte, mich an die Wand neben mir zu lehnen. Aber gerade, als ich am Eindämmern war, kam ein Wachmann und versetzte mir einen Schlag gegen den Kopf, um mich zu wecken. Seine einzige Aufgabe war es scheinbar, uns wach und ruhig zu halten. Ich fühlte mich, als wäre ich lebendig begraben worden und würde von den Engeln Munkar und Nakir schmerzhaft bestraft, weil ich die falschen Antworten gegeben hatte.

Es muss Morgen gewesen sein, als ich hörte, wie ein Wachposten herumging. Er öffnete bei einem nach dem anderen die Hand- und Fußfesseln und führte ihn weg. Nach einigen Minuten brachte er ihn zurück, kettete ihn wieder an die kleinen Stühle und ging zum nächsten. Schließlich kam er zu mir.

Nachdem er meine Ketten aufgeschlossen hatte, packte er mich an der Kapuze und zog mich durch die Flure. Er öffnete eine Zellentür und befahl mir hineinzugehen. Als er mir die Kapuze vom Kopf zog, sah ich, dass es wieder der gleiche bucklige, affenähnliche Wachmann war, und er hatte mein Frühstück dabei. Er schob das blaue Tablett mit einem Ei, Brot, Joghurt und Oliven mit dem Fuß zu mir. Zwei Zentimeter tiefes stinkendes Wasser bedeckte den Fußboden und spritzte auf das Tablett. Ich wäre lieber verhungert, als irgendwas davon zu essen.

»Du hast zwei Minuten zum Essen und für die Toilette«, sagte er.

Doch ich wollte nichts weiter als mich strecken, hinlegen und schlafen, nur für zwei Minuten. So stand ich einfach da, während die Sekunden verstrichen.

»Los, komm! Herkommen!«

Bevor ich auch nur einen Happen essen konnte, zog mir der Wachposten wieder die Kapuze über den Kopf, führte mich durch die Flure zurück und kettete mich an den kleinen Stuhl.

First we take Manhattan, then we take Berlin!

Das Angebot

1996

Den ganzen Tag lang öffneten und schlossen sich Türen, wenn die Gefangenen an ihren stinkenden Kapuzen von einem Verhör zum nächsten gezerrt wurden. Fesseln ab, Fesseln dran, Verhör. Schläge. Manchmal wurde ein Gefangener auch heftig durchgeschüttelt. Spätestens nach dem zehnten Schütteln verlor der Häftling meist das Bewusstsein. Fesseln ab, Fesseln dran, Verhör. Türen öffneten sich und Türen schlossen sich.

Jeden Morgen wurden wir zu unserem Zwei-Minuten-Frühstück vom blauen Tablett abgeholt, und dann, Stunden später, zu unserem Zwei-Minuten-Abendbrot vom orangefarbenen Tablett. Stunde um Stunde. Tag für Tag. Blaues Frühstückstablett. Orangefarbenes Abendbrotstablett. Ich lernte rasch, mich nach den Essenszeiten zu sehnen. Nicht weil ich essen wollte, sondern einfach, weil ich dann einmal aufrecht stehen durfte.

Abends, wenn wir alle abgefüttert waren, hörte das Öffnen und Schließen von Türen auf. Die Verhörspezialisten gingen nach Hause. Der Arbeitstag war um. Und die endlose Nacht begann. Die Leute weinten und stöhnten und schrien. Sie hörten sich nicht mehr wie Menschen an. Manche wussten nicht einmal, was sie sagten. Muslime rezitierten Koranverse und flehten Allah um Kraft an. Ich betete auch, aber ich bekam keine Kraft. Ich dachte an den blöden Ibrahim und die blöden Waffen und die blöden Anrufe auf dem Mobiltelefon meines Vaters.

Ich dachte an meinen Vater. Mir tat das Herz weh, als ich begriff, was er alles während seiner Haft hatte ertragen müssen. Doch ich kannte die Persönlichkeit meines Vaters gut. Selbst bei aller Folter und Demütigung hätte er sein Schicksal still und bereitwillig akzeptiert. Wahrscheinlich hatte er sich sogar mit den Wachposten angefreundet, die dazu abgestellt waren, ihn zu schlagen. Er hätte sich ehrlich für sie als Menschen interessiert, nach ihren Familien gefragt, ihrer Geschichte, ihren Hobbys.

Mein Vater war ein Vorbild an Demut, Liebe und Hingabe. Obwohl er nur eins siebzig groß war, überragte er durch seine innere Größe jeden anderen, den ich kannte. Ich wollte so sehr wie er sein, doch ich wusste, es war noch ein weiter Weg bis dahin.

Eines Nachmittags wurde meine Routine unerwartet unterbrochen. Ein Wachmann kam in die Zelle und kettete mich von meinem Stuhl los. Ich wusste, dass es viel zu zeitig fürs Abendbrot war, aber ich stellte keine Fragen. Ich war nur froh, dass ich irgendwo hingehen konnte, meinetwegen sogar in die Hölle, wenn das hieß, dass ich von diesem Stuhl runterkam. Der Wachposten brachte mich in ein kleines Büro, wo ich wieder angekettet wurde, aber dieses Mal an einen normalen Stuhl. Ein Offizier des Schin Beth betrat den Raum und musterte mich von oben bis unten. Obwohl es nicht mehr so sehr schmerzte wie am Anfang, wusste ich, dass mein Gesicht immer noch Spuren von den Gewehrkolben der Soldaten trug.

»Wie geht es dir?«, fragte der Offizier. »Was ist mit deinem Auge passiert?«

»Sie haben mich geschlagen.«

»Wer?«

»Die Soldaten, die mich hergebracht haben.«

»Das ist nicht erlaubt. Es ist gegen das Gesetz. Ich werde das überprüfen und herausfinden, wie es dazu kam.«

Er wirkte sehr selbstbewusst und sprach freundlich und respektvoll mit mir. Ich fragte mich, ob das ein Spiel war, um mich zum Reden zu bringen.

»Du hast bald Prüfungen. Warum bist du hier?«

»Ich weiß nicht.«

»Natürlich weißt du es. Du bist doch nicht dumm, und wir sind es auch nicht. Ich bin Loai, der für deine Region zuständige Offizier vom Schin Beth. Ich weiß alles über deine Familie und deine Nachbarschaft. Und ich weiß alles über dich.«

Das stimmte tatsächlich. Offenbar war er für jede Person in meiner Nachbarschaft zuständig. Er wusste, wer wo arbeitete, wer an der Oberschule war, wer was studierte, wessen Frau gerade ein Baby bekommen hatte und zweifellos auch, was dieses Baby wog. Alles.

»Du hast die Wahl. Ich bin extra hierher gekommen, um mit dir zu reden. Ich weiß, dass die anderen, die dich verhört haben, nicht so nett waren.«

Ich studierte sein Gesicht und versuchte, zwischen den Zeilen zu lesen. Er hatte helle Haut, blondes Haar und sprach mit einer Ruhe, die mir noch nie begegnet war. Sein Gesichtsausdruck war freundlich, sogar etwas um mich besorgt. Ich fragte mich, ob das zur Strategie der Israelis gehörte: den Gefangenen aus der Fassung zu bringen, indem sie ihn erst verprügelten und im nächsten Augenblick freundlich behandelten.

»Was wollen Sie wissen?«, fragte ich.

»Hör mal, du weißt doch, warum wir dich hierher gebracht haben. Du musst uns alles sagen, alles was du weißt.«

»Ich habe keine Ahnung, wovon Sie reden.«

»Okay, dann will ich es dir etwas leichter machen.«

Auf eine Tafel hinter dem Schreibtisch schrieb er drei Worte: *Hamas*, *Waffen* und *Organisation*.

»Erzähl mir von der Hamas. Was weißt du über die Hamas? Inwiefern hast du mit der Hamas zu tun?«

»Ich weiß nicht.«

»Weißt du etwas über die Waffen, die sie haben, woher sie kommen und wie sie die bekommen?«

»Nein.«

»Weißt du etwas über die islamische Jugendbewegung?«

»Nein.«

»Okay. Es liegt ganz bei dir. Ich weiß nicht, was ich dir noch sagen soll, aber du entscheidest dich gerade für den falschen Weg ... Kann ich dir was zu essen bringen?«

»Nein. Ich will nichts.«

Loai verließ den Raum und kam Minuten später mit einem dampfenden Teller mit Hühnchen und Reis und einer Tasse Suppe wieder. Es roch wunderbar und mein Magen knurrte unfreiwillig. Zweifellos war das Essen eigentlich für die Vernehmungsbeamten zubereitet worden.

»Bitte iss etwas, Mosab. Versuch nicht, ein harter Kerl zu sein. Iss etwas und entspann dich ein bisschen. Weißt du, ich kenne deinen Vater schon sehr lange. Dein Vater ist ein netter Kerl. Er ist kein Fanatiker, und wir wissen nicht, warum du dich so in Schwierigkeiten gebracht hast. Wir wollen dich nicht foltern, aber du musst verstehen, dass du dich gegen Israel stellst. Israel ist ein kleines Land, und wir müssen uns schützen. Wir können nicht zulassen, dass jemand israelischen Bürgern Schaden zufügt. Wir haben in unserem Leben genug gelitten, und mit Leuten, die uns schaden wollen, werden wir nicht zimperlich umgehen.«

»Ich habe keinem einzigen Israeli je etwas getan. *Ihr* habt *uns* verletzt. Ihr habt meinen Vater verhaftet.«

»Ja. Er ist ein guter Mensch, aber auch er stellt sich gegen Israel. Er bringt Leute dazu, gegen Israel zu kämpfen. Dafür müssen wir ihn ins Gefängnis bringen.«

Ich sah, dass Loai wirklich glaubte, dass ich gefährlich war. Ich wusste aus Gesprächen mit anderen, die in israelischen Gefängnissen gewesen waren, dass nicht alle Palästinenser so grob behandelt wurden wie ich. Und auch nicht alle wurden so ausführlich verhört.

Was ich damals nicht wusste, war, dass Hassan Salameh ungefähr zur gleichen Zeit verhaftet worden war wie ich.

Salameh hatte mehrere Anschläge verübt, als Rache für die Ermordung des Bombenbauers Yahya Ayyash. Und als der Schin Beth hörte, dass ich auf dem Mobiltelefon meines Vaters mit Ibrahim über die Beschaffung von Waffen sprach, nahmen sie an, dass ich nicht allein arbeitete. Genau genommen waren sie sich sicher, dass ich von den Qassam-Brigaden rekrutiert worden war.

Schließlich sagte Loai: »Das ist das letzte Mal, dass ich dir dieses Angebot mache; dann bin ich weg. Ich habe viel zu tun. Du und ich können diese Situation sofort lösen. Wir können etwas arrangieren. Du musst keine weiteren Verhöre durchmachen. Du bist noch ein halbes Kind und du brauchst Hilfe.«

Ja, ich hatte gefährlich sein wollen, und ich hatte gefährliche Ideen. Aber offenbar war ich kein besonders guter Radikaler. Ich war die kleinen Plastikstühle leid und die stinkenden Kapuzen. Der israelische Geheimdienst traute mir mehr zu, als den Tatsachen entsprach. Also erzählte ich ihm die ganze Geschichte. Den Teil, dass ich die Waffen wollte, um Israelis umbringen zu können, ließ ich aus. Ich erzählte ihm, ich hätte die Waffen gekauft, um meinem Freund Ibrahim zu helfen, seine Familie zu beschützen.

»Es gibt jetzt also Waffen. Verstehe.«

»Ja, es gibt Waffen.«

»Und wo genau sind diese Waffen?«

Ich wünschte, sie wären bei uns daheim gewesen, weil ich sie den Israelis liebend gern geliefert hätte. Doch jetzt musste ich meinen Cousin in die ganze Sache hineinziehen.

»Okay, es ist Folgendes: Jemand, der nichts mit der Sache zu tun hat, hat die Waffen.«

»Wer ist das?«

»Mein Cousin Yousef hat sie. Er ist mit einer Amerikanerin verheiratet, und sie haben gerade ein Baby bekommen.« Ich hoffte, dass sie Rücksicht auf seine Familie nehmen und sich einfach die Waffen holen würden. Doch so einfach ist es niemals.

Zwei Tage später hörte ich etwas auf der anderen Seite meiner Zellenwand poltern. Ich beugte mich hinunter zu dem durchgerosteten Rohr, das meine Zelle mit der Nachbarzelle verband.

»Hallo?«, rief ich. »Ist da jemand?«

Schweigen. Und dann ... »Mosab?«

Was?! Ich traute meinen Ohren kaum. Es war mein Cousin!

»Yousef? Bist du das?«

Ich war begeistert, seine Stimme zu hören. Mein Herz begann wie wild zu schlagen. Es war Yousef! Doch dann fing er an, mich zu beschimpfen.

»Warum hast du das getan? Ich habe eine Familie ...«

Ich begann zu weinen. Ich hatte mich so sehr nach einem Menschen gesehnt, mit dem ich hier in diesem schrecklichen Gefängnis reden konnte. Jetzt saß ein Mitglied meiner eigenen Familie in der Zelle direkt neben mir und schrie mich an.

Und dann traf es mich wie ein Schlag: Die Israelis hörten uns zu. Sie hatten Yousef in die Zelle neben mir gesteckt, damit sie unser Gespräch abhören und herausfinden konnten, ob ich die Wahrheit sagte. Meinetwegen. Ich hatte Yousef erzählt, dass ich die Waffen wollte, um meine Familie zu beschützen, also machte ich mir keine Sorgen.

Als dem Schin Beth klar wurde, dass meine Geschichte stimmte, verlegte man mich in eine andere Zelle. Ich war wieder allein und dachte darüber nach, wie ich das Leben meines Cousins kaputt gemacht, meiner Familie wehgetan und zwölf Jahre Schule weggeworfen hatte – und alles nur, weil ich einem Idioten wie Ibrahim vertraut hatte!

Ich blieb wochenlang ohne menschlichen Kontakt in dieser Zelle. Die Wachen schoben die Mahlzeiten unter der Tür hindurch, doch keiner sprach ein Wort mit mir. Ich begann sogar, Leonard Cohen zu vermissen. Ich hatte nichts zu lesen, und mein einziges Zeitgefühl bestand darin, dass die Tabletts mit dem Essen, je nach Tageszeit, unterschiedliche Farben hatten. Ich hatte nichts zu tun als nachzudenken und zu beten.

Schließlich wurde ich eines Tages wieder in ein Büro gebracht, und wieder wartete Loai auf mich, um mit mir zu reden.

»Wenn du dich dafür entscheidest, mit uns zu kooperieren, Mosab, werde ich mein Bestes tun, um dafür zu sorgen, dass du nicht noch länger im Gefängnis bleiben musst.«

Ein Augenblick der Hoffnung. Vielleicht konnte ich ihm vorspielen, dass ich kooperieren würde, und dann würde er mich rauslassen.

Wir redeten über ein paar allgemeine Sachen. Dann fragte er: »Wie wär's, wenn ich dir einen Job bei uns anbiete? Die israelische und die palästinensische Führungsriege verhandeln miteinander. Sie haben lange gegeneinander gekämpft, aber schließlich werden sie sich die Hände reichen und miteinander essen gehen.«

»Der Islam verbietet es mir, für euch zu arbeiten.«

»Irgendwann, Mosab, wird sogar dein Vater kommen und mit uns reden, und wir werden mit ihm reden. Lass uns doch zusammenarbeiten und den Menschen Frieden bringen.«

»Bringen wir ihnen auf diese Weise wirklich Frieden? Wir bringen Frieden, indem wir die Besatzung beenden.«

»Nein. Wir bringen Frieden durch mutige Menschen, die etwas verändern wollen.«

»Ich glaube nicht. Das ist es nicht wert.«

»Befürchtest du, als Kollaborateur umgebracht zu werden?«

»Darum geht es nicht. Nach allem, was wir erlitten haben, könnte ich mich nie hinsetzen und mit euch als Freunden reden, geschweige denn mit euch zusammenarbeiten. Ich darf das nicht tun. Das geht gegen alles, was ich glaube.«

Ich hatte immer noch einen großen Hass auf die ganze Situation. Die Besatzung. Die PA. Aus mir war ein Radikaler geworden, weil ich einfach etwas zerstören wollte. Doch genau dieser Impuls hatte mich in meine gegenwärtige Lage gebracht. Hier saß ich, in einem israelischen Gefängnis, und jetzt fragte mich dieser Mann, ob ich für sie arbeiten wolle. Wenn ich Ja sagte, würde ich einen schrecklichen Preis zahlen, das wusste ich – in diesem Leben und im nächsten.

»Okay. Ich muss darüber nachdenken«, hörte ich mich sagen.

Ich ging zurück in meine Zelle und dachte über Loais Angebot nach. Ich hatte Geschichten über Leute gehört, die für die Israelis arbeiteten, aber Doppelagenten waren. Sie töteten ihre Führungsoffiziere, bunkerten Waffen und nutzten jede Gelegenheit, um den Israelis noch empfindlicher zu schaden. Wenn ich Ja sagte, würde Loai mich höchstwahrscheinlich freilassen. Er würde mir vermutlich sogar Zugang zu richtigen Waffen geben, und mit diesen Waffen würde ich ihn töten.

Das Feuer des Hasses brannte in mir. Ich wollte mich an dem Soldaten rächen, der mich derartig verprügelt hatte. Ich wollte mich an Israel rächen. Der Preis war mir egal; selbst wenn es mein Leben kosten sollte.

Doch für den Schin Beth zu arbeiten, wäre viel riskanter, als Waffen zu kaufen. Ich sollte es wahrscheinlich einfach vergessen, meine Zeit im Gefängnis absitzen, nach Hause gehen und für die Schule lernen, in der Nähe meiner Mutter sein und mich um meine Geschwister kümmern.

Am folgenden Tag brachte mich der Wachposten ein letztes Mal in jenes Büro, und wenige Minuten später kam Loai herein.

»Wie geht es dir heute? Du scheinst dich besser zu fühlen. Möchtest du etwas trinken?«

Wir saßen da und tranken Kaffee wie zwei alte Freunde.

»Was, wenn ich dabei ums Leben komme?«, fragte ich, obwohl es mir eigentlich egal war, ob ich ums Leben kam. Das wollte ich ihn nur glauben lassen, damit er überzeugt war, dass ich es ernst meinte.

»Ich will dir mal was sagen, Mosab«, sagte Loai. »Ich arbeite jetzt seit achtzehn Jahren für den Schin Beth, und in dieser ganzen Zeit ist mir nur der Fall eines Agenten bekannt, der enttarnt wurde. Die Leute, die du meinst ... die Leute, die ums Leben gekommen sind, hatten alle nichts mit uns zu tun. Sie wurden verdächtigt, weil sie keine Familie hatten und sich verdächtig verhielten; deshalb wurden sie umgebracht. Niemand wird von dir erfahren. Wir werden dich decken, und du wirst nicht enttarnt werden. Wir werden dich schützen und für dich sorgen.«

Ich starrte ihn lange an.

»Na gut«, sagte ich. »Ich mach's. Lasst ihr mich jetzt frei?«

»Das ist toll«, sagte Loai mit einem breiten Lächeln. »Leider können wir dich nicht sofort freilassen. Da man dich und deinen Cousin verhaftet hat, direkt nachdem Salameh hochgenommen wurde, war die Geschichte eurer Festnahme auf der Titelseite von *al-Quds* (der wichtigsten palästinensischen Zeitung). Jeder denkt, dass du verhaftet wurdest, weil du etwas mit einem Bombenbauer zu tun hattest. Wenn wir dich zu schnell freilassen, werden die Leute misstrauisch und du wirst vielleicht als Kollaborateur enttarnt. Die beste Möglichkeit, dich zu schützen, ist das Gefängnis – aber keine Sorge, es wird nicht allzu lang dauern. Wir werden sehen, ob es einen Gefangenenaustausch gibt oder eine andere Vereinbarung, die wir nutzen können, um dich freizulassen. Im Gefängnis wird die Hamas sich um dich kümmern, insbesondere, weil du der Sohn von Hassan Yousef bist. Wir sehen uns nach deiner Freilassung wieder.«

Man brachte mich zu meiner Zelle zurück, wo ich noch einige Wochen blieb. Ich konnte es kaum erwarten, aus Moskobiyeh rauszukommen. Eines Morgens endlich sagte mir der Wachposten, es wäre Zeit zu gehen. Er legte mir Handschellen an, doch dieses Mal hatte ich die Hände *vor* dem Körper. Keine stinkende Kapuze. Und zum ersten Mal seit fünfundvierzig Tagen sah ich die Sonne und spürte frische Luft. Ich atmete tief ein. Die Luft füllte meine Lungen und ich genoss den Wind auf meinem Gesicht. Dann stieg ich in einen Kleinbus und durfte mich tatsächlich setzen! Es war ein heißer Sommertag und der Metallsitz, an den ich gekettet war, war siedend heiß. Doch das war mir egal. Ich fühlte mich frei.

Zwei Stunden später kamen wir am Gefängnis in Megiddo an, doch dort mussten wir noch eine Stunde im Auto warten, bis wir die Einfahrtgenehmigung erhielten.

Als wir endlich drin waren, untersuchte mich ein Gefängnisarzt und erklärte mich für vollkommen gesund. Ich durfte duschen – mit richtiger Seife! – und bekam dann saubere Kleidung und einige Toilettenartikel. Zum Mittag aß ich meine erste warme Mahlzeit seit Wochen.

Man fragte mich, zu welcher Organisation ich gehörte.

»Hamas«, erwiderte ich.

In israelischen Gefängnissen durfte jede Organisation ihre eigenen Leute beaufsichtigen. So sollten einerseits die sozialen Probleme verringert und andererseits die Konflikte zwischen den einzelnen Gruppen verstärkt werden. Wenn die Häftlinge ihre Wut gegeneinander richteten, hatten sie weniger Energie, gegen die Israelis zu kämpfen.

Bei der Ankunft in einem neuen Gefängnis mussten alle Häftlinge angeben, zu welcher Organisation sie gehörten. Wir *mussten* uns für eine Variante entscheiden: Hamas oder Fatah oder *Islamischer Dschihad* oder *Volksfront zur Befreiung Palästinas* (PFLP) oder *Demokratische Front zur Befreiung Palästinas* (DFLP), oder was auch immer zutraf. Wir konnten nicht einfach sagen, dass wir »nichts« waren. Die Häftlinge, die *tatsächlich* zu keiner Organisation gehörten, bekamen ein paar Tage, um sich für eine zu entscheiden. In Megiddo hatte die Hamas die totale Kontrolle. Die Hamas war hier die größte und stärkste Organisation. Die Hamas machte die Regeln und alle spielten ihr Spiel mit.

Als ich ankam, begrüßten die anderen Häftlinge mich herzlich. Sie klopften mir auf den Rücken und gratulierten mir, dass ich nun zu ihnen gehörte. Am Abend saßen wir beieinander und erzählten uns gegenseitig unsere Geschichten. Nach einer Weile begann ich mich allerdings etwas unbehaglich zu fühlen. Einer der Männer schien eine Art Anführer unter den Insassen zu sein, und er stellte viele Fragen – zu viele. Obwohl er der Emir war – der Hamasführer im Gefängnis – traute ich ihm einfach nicht über den Weg. Ich hatte viele Geschichten über sogenannte »Vögel« gehört, ein anderes Wort für Gefängnisspione.

Wenn er ein Spion des Schin Beth ist, dachte ich, *warum vertraut er mir dann nicht? Ich bin doch jetzt einer von ihnen.* Ich entschied mich für die sicherste Variante und sagte nicht mehr, als ich im Verhör im Untersuchungsgefängnis gesagt hatte.

Ich blieb zwei Wochen in Megiddo, betete, fastete und las im Koran. Wenn neue Häftlinge kamen, warnte ich sie vor dem Emir.

»Ihr müsst vorsichtig sein«, sagte ich. »Dieser Kerl und seine Freunde sehen für mich ganz nach ›Vögeln‹ aus.« Die Neuankömmlinge erzählten dem Emir sofort von meinem Verdacht, und am nächsten Tag wurde ich nach Moskobiyeh zurückgeschickt. Am folgenden Morgen brachte man mich ins Büro.

»Wie war dein Ausflug nach Megiddo?«, fragte Loai.

»Nett«, erwiderte ich sarkastisch.

»Weißt du, nicht jeder erkennt einen ›Vogel‹ sofort, wenn er ihn sieht. Jetzt ruh dich erst mal aus. Wir schicken dich bald zurück und du bleibst noch ein Weilchen dort. Und eines Tages machen wir etwas zusammen.«

Ja, und eines Tages werde ich dir in den Kopf schießen, dachte ich, als ich ihn weggehen sah. Ich war stolz auf mich, dass ich so radikale Gedanken hatte.

Ich blieb noch fünfundzwanzig Tage in Moskobiyeh, doch dieses Mal war ich in einer Zelle mit drei anderen Gefangenen, darunter auch mein Cousin Yousef. Wir verbrachten die Zeit mit Gesprächen und Geschichten. Einer der Männer erzählte uns, wie er jemanden umgebracht habe. Der andere prahlte damit, dass er Selbstmordattentäter losgeschickt habe. Jeder hatte eine interessante Geschichte zu erzählen. Wir saßen zusammen, beteten, sangen und versuchten uns zu amüsieren. Alles, um uns von unserer momentanen Umgebung abzulenken. Es war kein Ort für Menschen.

Endlich wurden wir alle – außer meinem Cousin – nach Megiddo verlegt. Doch dieses Mal waren wir nicht auf der Seite mit den »Vögeln«; wir kamen in das richtige Gefängnis. Und das veränderte alles.

Nummer 823

1996

Sie konnten riechen, dass wir kamen.

Nach drei Monaten ohne Schere und Rasierer hatten wir alle langes Haar und lange Bärte. Unsere Kleidung war verdreckt. Es dauerte ungefähr zwei Wochen, um den Gestank von Moskobiyeh loszuwerden. Schrubben nützte nichts. Der Geruch verflog erst mit der Zeit.

Die meisten Gefangenen kamen zum Anfang ihrer Haftstrafe ins *Mi'var*, eine Sektion, in der jeder durchleuchtet wurde, bevor er zur restlichen Lagerbevölkerung kam. Einige Häftlinge wurden allerdings als zu gefährlich angesehen, um mit den restlichen Gefangenen zusammengelassen zu werden, und verbrachten Jahre im *Mi'var*. Diese Männer hatten - wen überraschte es? - alle mit der Hamas zu tun. Einige von ihnen erkannten mich und kamen herüber, um uns zu begrüßen.

Als Scheich Hassans Sohn war ich daran gewöhnt, überall erkannt zu werden. Wenn er der König war, war ich der Prinz - der Thronerbe. Und als solcher wurde ich auch behandelt.

»Wir haben vor einem Monat gehört, dass du hier bist. Dein Onkel ist hier. Er wird dich bald besuchen kommen.«

Das Mittagessen war heiß und nahrhaft, wenn auch nicht ganz so gut wie das, was ich bei den »Vögeln« bekommen hatte. Trotzdem war ich zufrieden. Obwohl ich im Gefängnis war, fühlte ich mich im Grunde frei. Wenn ich einmal allein war, dachte ich über den Schin Beth nach. Ich hatte versprochen, mit ihnen zusammenzuarbeiten, aber sie hatten mir nichts gesagt. Sie hatten mir nicht erklärt, wie wir miteinander kommunizieren würden oder was es eigentlich bedeutete, mit ihnen zusammenzuarbeiten. Sie hatten mich einfach allein gelassen, ohne Tipps, wie ich mich verhalten sollte. Ich war total verloren. Ich wusste nicht einmal mehr, wer ich war. Ich fragte mich, ob man mich vielleicht reingelegt hatte.

Das *Mi'var* war in zwei große Schlafsäle unterteilt - Raum Acht und Raum Neun - die mit Pritschen gesäumt waren. Die Schlafsäle formten ein L und beherbergten je zwanzig Häftlinge. In der Ecke dieses L's gab es einen

Hof mit farbig gestrichenem Betonboden und einer kaputten Tischtennisplatte, die vom Roten Kreuz gespendet worden war. Wir durften zweimal täglich zum Hofgang raus.

Mein Bett stand am Ende von Raum Neun, direkt neben dem Bad. Wir teilten uns zwei Toiletten und zwei Duschen. Jede Toilette war einfach ein Loch im Boden, über das wir uns stellten oder hockten, und wenn wir fertig waren, spülten wir uns mit Wasser aus einem Eimer ab. Es war heiß und feucht und stank entsetzlich.

Genau genommen war der ganze Schlafsaal so. Einige Männer waren krank und husteten; andere machten sich nie die Mühe zu duschen. Alle hatten Mundgeruch. Gegen den Zigarettenrauch konnte auch der schwache Ventilator nichts ausrichten. Und es gab keine Fenster zum Lüften.

Wir wurden jeden Morgen um vier Uhr geweckt, damit wir uns für das Gebet vor Sonnenaufgang fertig machen konnten. Wir standen mit unseren Handtüchern in der Schlange, sahen so aus, wie Männer früh am Morgen eben aussehen, und rochen so, wie Männer eben riechen, wenn es keine Ventilatoren oder Lüftung gibt. Dann war es Zeit für die rituelle Waschung (arab. *wudu'*). Zu Beginn dieses Reinigungsrituals wuschen wir uns die Hände bis zum Handgelenk, spülten den Mund aus und zogen das Wasser die Nasenlöcher hoch. Wir wuschen uns das Gesicht mit beiden Händen von der Stirn bis zum Kinn und von Ohr zu Ohr, wuschen uns die Arme bis zu den Ellenbogen und strichen uns einmal mit der nassen Hand von der Stirn bis zum Nacken über den Kopf. Schließlich feuchteten wir unsere Finger an und strichen uns von innen und außen über die Ohren, strichen mit den nassen Händen über den Hals und wuschen beide Füße bis zu den Knöcheln. Dann wiederholten wir den ganzen Vorgang noch zweimal.

Um 4.30 Uhr, wenn alle fertig waren, rief der Imam – ein großer, robuster Mann mit einem riesigen Bart – zum Gebet. Dann rezitierte er die *Fatiha* (die Eröffnungssure des Korans) und wir vollzogen vier Niederwerfungen im Gebet (arab. *ruku'*).

Die meisten von uns Häftlingen waren Muslime, die zur Hamas oder zum Islamischen Dschihad gehörten, also war das sowieso Routine für uns. Doch selbst die Mitglieder der säkularen und kommunistischen Organisationen mussten zur gleichen Zeit aufstehen, auch wenn sie nicht beteten. Und sie waren gar nicht glücklich darüber.

Einer dieser Männer hatte bereits etwa die Hälfte seiner fünfzehnjährigen Strafe verbüßt. Er hatte die ganze islamische Routine satt, und wir brauchten morgens ewig, um ihn zu wecken. Einige der Häftlinge stupsten oder stießen ihn an und brüllten: »Aufwachen!« Am Ende mussten sie ihm Wasser über den Kopf gießen. Er tat mir leid. Die Reinigung, das Gebet und die Koranrezitationen dauerten etwa eine Stunde. Dann gingen alle wieder zu Bett. Sprechen war nicht erlaubt. Es war Ruhezeit.

Es fiel mir immer schwer, wieder einzuschlafen, und meistens döste ich erst kurz vor sieben ein. Aber immer, wenn ich endlich wieder eingeschlafen war, rief jemand: »*Adad! Adad!*« (Zahl! Zahl!), eine Warnung, dass es an der Zeit war, sich aufs Durchzählen vorzubereiten.

Wir saßen auf unseren Pritschen. Dem Soldaten, der uns zählte, mussten wir den Rücken zudrehen, weil er unbewaffnet war. Er brauchte nur fünf Minuten, und dann durften wir weiterschlafen.

»*Jalsa! Jalsa!*«, rief der Emir um 8.30 Uhr. Es war Zeit für die Gruppentreffen, welche die Hamas und der Islamische Dschihad zweimal täglich abhielten. Dass bloß keiner mal ein paar Stunden am Stück schlief. Mit der Zeit wurde es wirklich lästig. Wieder bildete sich eine Schlange vor den Toiletten, damit alle zur *Jalsa* um 9 Uhr fertig waren.

Während der ersten Hamas-*Jalsa* des Tages studierten wir die Regeln fürs Lesen des Korans. Ich hatte das alles von meinem Vater gelernt, aber die meisten Häftlinge wussten gar nichts darüber. Bei der zweiten täglichen *Jalsa* ging es mehr um die Hamas selbst, unsere eigene Disziplin im Gefängnis, Mitteilungen über Neuankömmlinge und Neuigkeiten aus dem Leben außerhalb der Gefängnismauern. Keine Geheimnisse, keine Pläne, nur allgemeine Nachrichten.

Nach der *Jalsa* verbrachten wir unsere Zeit oft mit Fernsehen. Der Apparat stand am anderen Ende des Raumes, den Toiletten gegenüber. Eines Morgens schaute ich einen Zeichentrickfilm, der an einer Stelle von einem Werbespot unterbrochen wurde.

Bumm!

Ein großes Holzbrett sauste vor den Bildschirm herunter.

Ich sprang auf und schaute mich um. »Was war das?«

Dann sah ich, dass das Brett an einem schweren Seil an der Decke hing. An der Seite des Raumes hielt ein Häftling das andere Ende des Seiles fest.

Seine Aufgabe bestand offenbar darin aufzupassen, ob irgendetwas Unsittliches im Fernsehen kam, und gegebenenfalls das Brett vor den Fernseher herunterzulassen, um uns zu schützen.

»Warum hast du das Brett runtergelassen?«, fragte ich.

»Zu deinem eigenen Schutz«, antwortete der Mann barsch.

»Schutz? Wovor?«

»Vor dem Mädchen im Werbespot«, erklärte der »Brettwärter«. »Sie trug kein Kopftuch.«

Ich wandte mich zum Emir um. »Meint er das ernst?«

»Ja, natürlich«, antwortete der Emir.

»Aber wir haben alle Fernseher daheim, und da machen wir das nicht. Warum also hier?«

»Die Haft bringt ungewöhnliche Herausforderungen mit sich«, erklärte er. »Wir haben hier keine Frauen. Und das, was im Fernsehen läuft, kann zum Problem für die Häftlinge werden und zu Beziehungen zwischen ihnen führen, die wir nicht wünschen. Das ist die Regel. So sehen wir das.«

Natürlich war nicht jeder der gleichen Ansicht. Was wir sehen durften, hing sehr davon ab, wer das Seil in der Hand hatte. Wenn der Mann aus Hebron kam, ließ er das Brett sogar dann herunter, wenn eine weibliche Zeichentrickfigur kein Kopftuch trug. Wenn er aus dem liberaleren Ramallah kam, bekamen wir sehr viel mehr zu sehen. Eigentlich sollten wir uns als Brettwärter abwechseln, aber ich weigerte mich, das blöde Ding anzufassen.

Nach dem Mittagessen kam das Mittagsgebet, gefolgt von einer weiteren Ruhezeit. Die meisten Häftlinge machten während dieser Zeit ein Nickerchen. Ich las meistens ein Buch. Am Abend durften wir auf den Hof zu einem kleinen Spaziergang oder einfach zum Rumstehen und zum Unterhalten.

Das Leben im Gefängnis war für die Hamasleute ziemlich langweilig. Wir durften keine Karten spielen. Wir sollten unsere Lektüre auf den Koran oder islamische Bücher begrenzen. Die anderen Gruppen besaßen sehr viel mehr Freiheit als wir.

Eines Nachmittags tauchte endlich mein Cousin Yousef auf und ich war glücklich, ihn zu sehen. Die Israelis gaben uns eine Haarschneidemaschine, und wir schoren ihm den Kopf, damit er den Moskobiyeh-Gestank schneller loswurde.

Yousef gehörte nicht zur Hamas; er war Sozialist. Er glaubte nicht an

Allah, aber er glaubte auch nicht *nicht* an Gott. Damit fiel er mehr oder weniger unter die Kriterien, die ihn der *Demokratischen Front zur Befreiung Palästinas* zuordneten. Die DFLP kämpfte für einen palästinensischen Staat, im Gegensatz zur Hamas und dem Islamischen Dschihad, die für einen islamischen Staat kämpften.

Einige Tage nach Yousefs Ankunft kam mein Onkel Ibrahim Abu l-Salem zu Besuch. Er war seit zwei Jahren in Verwaltungshaft, obwohl er nie offiziell angeklagt worden war. Und weil er eine Bedrohung für die Sicherheit Israels darstellte, würde er noch lange dort bleiben. Als prominentes Hamasmitglied durfte er sich frei zwischen dem *Mi'var* und dem eigentlichen Gefangenenlager hin- und herbewegen und auch zwischen den einzelnen Lagerabschnitten, den Sektionen. Also kam er in den *Mi'var*, um nach seinem Neffen zu sehen. Er wollte sich vergewissern, dass es mir gut ginge, und mir frische Kleidung bringen. Diese fürsorgliche Geste wirkte untypisch für den Mann, der mich verprügelt und unsere Familie im Stich gelassen hatte, als mein Vater im Gefängnis war.

Mit seinen eins achtzig Körpergröße war Ibrahim Abu l-Salem beinahe überlebensgroß. Sein dicker Bauch – Beweis seiner Leidenschaft für gutes Essen – gab ihm den Anschein eines gut aufgelegten Genießers. Doch ich wusste es besser: Mein Onkel Ibrahim war ein gemeiner, egoistischer Mann, ein Lügner und Heuchler – das genaue Gegenteil von meinem Vater.

Doch innerhalb der Gefängnismauern von Megiddo wurde mein Onkel Ibrahim wie ein König behandelt. Alle Häftlinge respektierten ihn, egal zu welcher Fraktion sie gehörten – wegen seines Alters, seiner Fähigkeiten als Lehrer, seiner Arbeit an verschiedenen Universitäten und seiner politischen und akademischen Leistungen. Meistens ergriffen die Anführer der einzelnen Gruppen die Gelegenheit beim Schopf, wenn er zu Besuch kam und baten ihn um eine Unterrichtsstunde.

Jeder hörte Ibrahim gern zu, wenn er unterrichtete. Er hielt keine trockenen Vorträge, sondern redete eher wie ein Entertainer. Er brachte Leute gern zum Lachen, und wenn er etwas über den Islam lehrte, verwendete er dafür einfache Worte, die jeder verstehen konnte.

An diesem Tag allerdings lachte niemand. Stattdessen saßen alle Häftlinge mit großen Augen schweigend da, während Ibrahim über die Kollaborateure wetterte, wie sie ihre Familien verrieten und blamierten und dass sie

Feinde des palästinensischen Volkes waren. So, wie er redete, bekam ich das Gefühl, dass er mir mitteilen wollte: »Wenn du etwas verheimlichst, Mosab, dann sag es mir lieber jetzt gleich.«

Natürlich tat ich das nicht. Selbst wenn Ibrahim vermutete, dass ich eine Verbindung zum Schin Beth hatte, hätte er es nicht gewagt, dies direkt zum Sohn von Scheich Hassan Yousef zu sagen.

»Wenn du etwas brauchst«, sagte er, bevor er ging, »dann gib mir einfach Bescheid. Ich werde versuchen zu erreichen, dass du in meine Nähe verlegt wirst.«

Es war der Sommer des Jahres 1996. Ich war zwar erst achtzehn Jahre alt, aber ich fühlte mich, als hätte ich innerhalb dieser wenigen Monate mehrere Leben durchlebt. Einige Wochen nach dem Besuch meines Onkels kam ein Häftlingsvertreter, ein *Schawisch*, in Raum Neun und rief: »Acht dreiundzwanzig!« Ich schaute auf, überrascht, meine Nummer zu hören. Dann rief er noch drei oder vier andere Nummern auf und befahl uns, unsere Habseligkeiten zusammenzupacken.

Als wir aus dem *Mi'var* in die Wüste traten, traf mich die Hitze wie der feurige Atem eines Drachen und benebelte mich für einen Augenblick. Vor uns lagen, so weit ich blicken konnte, nichts weiter als die Dächer von großen braunen Zelten. Wir marschierten an der ersten, zweiten und dritten Sektion des Megiddo-Gefängnisses vorbei. Hunderte Häftlinge rannten zu dem hohen Maschendrahtzaun, um die Neuankömmlinge zu sehen. Wir erreichten Sektion Fünf und die Tore öffneten sich. Mehr als fünfzig Leute drängten sich um uns, umarmten uns und schüttelten uns die Hände.

Wir wurden zu einem Zelt der Verwaltung gebracht und noch einmal gefragt, zu welcher Organisation wir gehörten. Dann wurde ich zum Hamaszelt geführt, wo mich der Emir empfing und mir die Hand schüttelte.

»Willkommen«, sagte er. »Schön, dich zu sehen. Wir sind sehr stolz auf dich. Wir werden gleich ein Bett für dich vorbereiten und dir Handtücher geben und andere Dinge, die du brauchst.« Dann setzte er mit typischem Gefängnishumor hinzu: »Mach's dir einfach bequem und genieße deinen Aufenthalt.«

Zu jeder Sektion des Gefängnislagers gehörten zwölf Zelte. In jedem Zelt standen zwanzig Betten und Truhen. Die größtmögliche Belegung jeder Sektion belief sich somit auf zweihundertvierzig Häftlinge.

Stellen Sie sich einen rechteckigen Bilderrahmen aus Klingendraht vor: Sektion Fünf war in vier Viertel oder Quadranten unterteilt. Eine Mauer, die oben mit Klingendraht gesichert war, durchlief die Sektion von Norden nach Süden, und ein niedriger Zaun zog sich von Osten nach Westen.

Die Quadranten Eins und Zwei (rechts und links oben) umfassten je drei Hamaszelte. Quadrant Drei (rechts unten) hatte vier Zelte – je eins für die Hamas, die Fatah, die DFLP/PFLP und den Islamischen Dschihad. Und in Quadrant Vier (links unten) standen zwei Zelte, eins für die Fatah und eins für die DFLP/PFLP.

In Quadrant Vier lagen auch die Küche, Toiletten, Duschen, ein Bereich für den *Schawisch* und die Küchenarbeiter und die Waschbecken für die rituelle Waschung. Zum Gebet stellten wir uns auf einem freien Platz in Quadrant Zwei in Reihen auf. Und natürlich gab es Wachtürme an jeder Ecke. Das Haupttor zu Sektion Fünf befand sich im Zaun zwischen Quadrant Drei und Vier.

Noch ein Detail: Der Zaun, der von Ost nach West verlief, hatte Tore zwischen Quadrant Eins und Drei und zwischen Quadrant Zwei und Vier. Tagsüber wurden sie meist offen gelassen, außer beim Durchzählen. Dann waren sie geschlossen, damit die Beamten je einen halben Abschnitt isolieren konnten.

Ich wurde dem Hamaszelt in der oberen Ecke von Quadrant Eins zugeordnet und bekam die dritte Pritsche auf der rechten Seite. Nach dem ersten Durchzählen saßen wir alle beieinander und unterhielten uns, als in der Ferne eine Stimme rief: »*Barid ya mujahidin! Barid!*« (»Post, ihr Kämpfer! Post!«)

Es war ein Mann in der benachbarten Sektion, der diesen Warnruf brüllte. Ein Spion für den Sicherheitsdienst der Hamas im Gefängnis, der Nachrichten zwischen den Abschnitten hin- und hertransportierte.

Bei diesem Ruf rannten einige Männer aus ihren Zelten und blickten mit gestreckten Armen zum Himmel. Wie aufs Stichwort schien eine Kugel aus dem Nichts in ihre geöffneten Hände zu fallen. So erhielten die Anführer der Hamas in unserer Sektion verschlüsselte Befehle oder Informationen von anderen Sektionen. Jede palästinensische Organisation im Gefängnis verwendete diese Kommunikationsmethode. Jede hatte ihren eigenen Codenamen, sodass die richtigen »Fänger« bereit waren, wenn die Ankündigung kam.

Die Kugeln bestanden aus in Wasser eingeweichtem Brot. Die Nachricht wurde in den Teig gedrückt, der dann zu einer Kugel in der Größe eines Tennisballs geformt, getrocknet und gehärtet wurde. Natürlich wählte man nur die besten Werfer und Fänger als »Postboten«.

So rasch, wie die Aufregung begonnen hatte, war sie auch wieder vorüber. Es war Zeit fürs Mittagessen.

Traue niemandem

1996

Nachdem man mich so lange in unterirdischen Räumen festgehalten hatte, war es wunderbar, wieder unter offenem Himmel zu stehen. Es schien mir, als hätte ich die Sterne schon jahrelang nicht mehr gesehen. Sie waren wunderschön, trotz der riesigen Flutlichter, die ihre Helligkeit dämpften. Doch Sterne bedeuteten auch, dass es Zeit war, zu unseren Zelten zu gehen und uns aufs Durchzählen und Zubettgehen vorzubereiten. Und das verwirrte mich ziemlich.

Meine Nummer war 823, und wir waren unseren Nummern entsprechend untergebracht. Das hieß, ich hätte im Hamaszelt in Quadrant Drei sein sollen. Doch dieses Zelt war voll, also hatte man mich dem Eckzelt in Quadrant Eins zugeteilt.

Wenn es ans Durchzählen ging, war ich verpflichtet, trotzdem am entsprechenden Platz in Quadrant Drei zu stehen. So musste der Wachposten, wenn er seine Liste durchging, nicht alle Änderungen der Unterbringung im Kopf haben, die man der Ordnung halber vorgenommen hatte.

Jede Bewegung beim Durchzählen war haargenau einstudiert. Mit ihren M16-Sturmgewehren im Anschlag kamen fünfundzwanzig Soldaten zu Quadrant Eins und gingen dann von Zelt zu Zelt. Wir alle standen mit dem Gesicht zur Zeltwand, mit dem Rücken zu den Soldaten. Niemand wagte es, sich zu bewegen, aus Angst, erschossen zu werden.

Wenn die Soldaten hier fertig waren, gingen sie weiter zu Quadrant Zwei. Danach schlossen sie beide Tore im Zaun, sodass sich niemand aus Eins oder Zwei nach Drei oder Vier stehlen konnte, um für einen fehlenden Häftling einzuspringen.

An meinem ersten Abend in Sektion Fünf stellte ich fest, dass hier ein geheimnisvolles Hütchenspiel veranstaltet wurde. Als ich meinen Platz in Drei einnahm, stand ein sehr krank aussehender Häftling neben mir. Er sah schrecklich aus, beinahe als könnte er jeden Moment sterben. Sein Kopf war rasiert und er war sichtlich erschöpft. Er schaute nie jemandem in die Augen. *Wer ist dieser Mann und was ist los mit ihm?*, fragte ich mich.

Als die Soldaten mit dem Durchzählen in Quadrant Eins fertig waren und zu Zwei weitergingen, packte jemand den Mann, zerrte ihn aus dem Zelt und ein anderer Häftling nahm seinen Platz neben mir ein. Später erfuhr ich, dass sie in den Zaun zwischen Eins und Drei eine kleine Öffnung geschnitten hatten, damit sie diesen Häftling gegen einen anderen austauschen konnten.

Offenbar wollte niemand, dass die Soldaten den kahl geschorenen Mann sahen. Doch warum?

An dem Abend, als ich im Bett lag, hörte ich in der Ferne jemanden stöhnen, jemanden, der offenbar große Schmerzen hatte. Doch bald darauf war ich eingeschlafen.

Der Morgen kam viel zu schnell, und bevor ich mich versah, wurden wir zum Gebet vor Tagesanbruch geweckt. Von den zweihundertvierzig Häftlingen in Sektion Fünf standen hundertvierzig Männer auf und stellten sich vor den sechs Toiletten an – genauer gesagt: vor den sechs Löchern mit Sichtschutz über einer gemeinsamen Grube. Acht Becken für die rituelle Waschung. Dreißig Minuten.

Dann stellten wir uns zum Gebet in Reihen auf. Die tägliche Routine war mehr oder weniger die gleiche wie im *Mi'var*. Allerdings gab es hier zwölfmal so viele Häftlinge. Und doch fiel mir auf, wie reibungslos alles vor sich ging, selbst bei so vielen Leuten. Niemand schien jemals einen Fehler zu machen. Es war beinahe unheimlich.

Alle schienen Angst zu haben. Niemand wagte, eine Regel zu brechen. Niemand wagte, auch nur etwas zu lange auf der Toilette zu bleiben. Niemand wagte, einem unter Beobachtung stehenden Häftling oder einem israelischen Soldaten in die Augen zu sehen. Niemand stand jemals zu dicht am Zaun.

Es dauerte allerdings nicht lange, bis ich zu verstehen begann. Die Hamas flog unter dem Radar der Gefängnisverwaltung und machte ihr eigenes Ding, und das war ein Spiel nach Punkten. Brich eine Regel, und du bekommst einen roten Punkt. Sammle genug rote Punkte, und du musst dich vor dem *Maj'd* verantworten, dem Sicherheitsdienst der Hamas – harte Jungs, die nicht lächelten und keine Witze machten.

Meistens sahen wir sie überhaupt nicht, weil sie damit beschäftigt waren, Informationen zu sammeln. Die Nachrichtenkugeln, die von einem Abschnitt in den anderen geworfen wurden, waren von ihnen und für sie.

Eines Tages saß ich auf meinem Bett, als der Sicherheitsdienst hereinkam und rief: »Alle raus aus diesem Zelt!« Niemand sagte auch nur ein Wort. Binnen Sekunden war das Zelt leer. Sie brachten einen Mann in das jetzt leere Zelt, schlossen die Zelttür und stellten zwei Wachen auf. Jemand schaltete den Fernseher an. Laut. Andere fingen an zu singen und Lärm zu machen.

Ich wusste nicht, was im Zelt vor sich ging, aber ich hatte noch nie einen Menschen so schreien hören wie diesen Mann. *Was hatte er getan, dass er so eine Behandlung verdiente?*, fragte ich mich. Die Folterprozedur dauerte etwa eine halbe Stunde. Dann brachten ihn zwei Männer vom Sicherheitsdienst heraus und in ein anderes Zelt, wo das Verhör erneut begann.

Als wir das Zelt verlassen mussten, unterhielt ich mich mit einem Freund, Akel Sorour, der aus einem Dorf in der Nähe von Ramallah kam.

»Was geht in diesem Zelt vor sich?«, fragte ich.

»Ach, er ist ein Verbrecher«, sagte er einfach.

»Ich weiß, dass er ein Verbrecher ist, aber was machen sie mit ihm? Und was hat er getan?«

»Im Gefängnis hat er nichts gemacht«, erklärte Akel. »Aber sie sagen, dass er den Israelis Informationen über ein Hamasmitglied zugespielt habe, als er in Hebron war, und es hörte sich so an, als ob er viel reden würde. Also foltern sie ihn ab und zu.«

»Wie?«

»Meistens stecken sie ihm Nadeln unter die Fingernägel und schmelzen Plastiktabletts auf seiner nackten Haut. Oder sie brennen ihm das Körperhaar ab. Manchmal legen sie ihm einen großen Stock in die Kniekehlen, zwingen ihn, stundenlang auf seinen Knöcheln zu sitzen, und lassen ihn nicht schlafen.«

Jetzt verstand ich, warum alle sich so ängstlich an die Regeln hielten und was mit dem kahl geschorenen Mann geschehen war, den ich bei meiner Ankunft gesehen hatte. Der Sicherheitsdienst hasste Kollaborateure, und bis wir das Gegenteil beweisen konnten, wurden wir alle als Kollaborateure verdächtigt, als Spione für die Israelis.

Weil Israel so erfolgreich Hamaszellen ausfindig machte und ihre Mitglieder gefangen setzte, nahm der Sicherheitsdienst an, dass die Organisation nur so von Spionen wimmelte, und sie waren fest entschlossen, sie zu enttarnen. Sie beobachteten jede unserer Bewegungen. Sie beobachteten unser Verhalten und belauschten alles, was wir sagten. Und sie vergaben die Punkte. Wir wussten, wer sie waren, doch wir wussten nicht, wer ihre Spione waren. Jemand, den ich für einen Freund hielt, konnte mit dem Sicherheitsdienst zusammenarbeiten, und schon morgen konnte ich selbst unter Beobachtung stehen.

Ich entschied, dass es das Beste war, mich so viel wie möglich abseits zu halten und sehr vorsichtig abzuwägen, wem ich vertraute. Als ich erst einmal die Atmosphäre des Misstrauens und Verrats im Lager begriffen hatte, veränderte sich mein Leben drastisch. Ich hatte das Gefühl, mich in einem völlig anderen Gefängnis zu befinden – in einem Gefängnis, in dem ich mich nicht frei bewegen konnte, nicht frei sprechen, keinem vertrauen, mit keinem eine Beziehung oder Freundschaft aufbauen konnte. Ich hatte Angst, einen Fehler zu machen, mich zu verspäten, das Wecken zu verschlafen oder während der *Jalsa* einzunicken.

Wenn jemand vom Sicherheitsdienst als Kollaborateur »überführt« worden war, war sein Leben vorbei. Das Leben seiner Familie war vorbei. Seine Kinder, seine Frau – alle ließen ihn im Stich. Als Kollaborateur bekannt zu sein, war der schlimmste Ruf, den man haben konnte. Zwischen 1993 und 1996 wurden mehr als hundertfünfzig mutmaßliche Kollaborateure in israelischen Gefängnissen von der Hamas überwacht. Etwa sechzehn wurden ermordet.

Weil ich schnell und ordentlich schreiben konnte, fragten mich die Sicherheitsdienstleute, ob ich ihr Sekretär sein wolle. Die Informationen, mit denen ich zu tun haben werde, seien streng geheim, sagten sie. Und sie mahnten mich eindringlich, sie für mich zu behalten.

Ich verbrachte meine Tage damit, Häftlingsakten abzuschreiben. Wir achteten peinlich darauf, diese Information vor den Gefängnisbeamten zu verstecken. Wir benutzten niemals Namen, nur Codenummern.

Auf dem dünnsten Papier niedergeschrieben, das erhältlich war, lasen sich diese Akten wie die allerschlimmste Pornografie. Männer gestanden, Sex mit ihrer Mutter gehabt zu haben. Einer sagte, er hätte Sex mit einer Kuh gehabt. Ein anderer mit seiner Tochter. Wieder ein anderer hatte Sex mit seiner Nachbarin gehabt, das Ganze mit einer versteckten Kamera gefilmt und den Israelis die Fotos gegeben. Die Israelis, so hieß es in dem

Bericht, zeigten die Bilder der Nachbarin und drohten, sie ihrer Familie zu schicken, wenn sie sich weigerte, mit ihrem Spion zusammenzuarbeiten. Also hatten die beiden weiterhin Sex und sammelten Informationen und hatten Sex mit anderen und filmten es, bis anscheinend das ganze Dorf für die Israelis arbeitete. Und das war nur die erste Akte, die ich abschreiben sollte.

Das Ganze kam mir verrückt vor. Je mehr Akten ich abschrieb, desto klarer wurde mir, dass die Verdächtigen unter Folter Dinge gefragt wurden, die sie keinesfalls wissen konnten, und ihren Peinigern die Antworten gaben, die sie hören wollten. Es war offensichtlich, dass sie alles gesagt hätten, nur damit die Folter aufhört. Ich vermutete auch, dass einige dieser bizarren Verhöre einzig und allein dem Zweck dienten, die sexuellen Fantasien der inhaftierten Sicherheitsdienstleute anzuheizen.

Dann wurde eines Tages mein Freund Akel Sorour zu ihrem Opfer. Er war Mitglied einer Hamaszelle und schon oft verhaftet worden, doch aus irgendeinem Grund wurde er von den Hamashäftlingen, die aus der Stadt stammten, nicht akzeptiert. Akel war ein einfacher Farmer. Die Art, wie er sprach und aß, fanden sie seltsam, und sie nutzten ihn aus. Er versuchte sein Bestes, um sich ihr Vertrauen und ihren Respekt zu verdienen, indem er für sie kochte und putzte, doch sie behandelten ihn wie Dreck, weil sie wussten, dass er ihnen aus Angst diente.

Und Akel hatte Grund, sich zu fürchten. Seine Eltern waren tot. Seine Schwester war die einzige Familie, die er noch hatte. Das machte ihn extrem angreifbar, weil es keinen gab, der Rache üben konnte, wenn er gefoltert wurde. Außerdem war ein Freund aus seiner Zelle vom Sicherheitsdienst verhört worden und hatte unter Folter Akels Namen erwähnt. Er tat mir sehr leid, doch wie konnte ich ihm helfen? Ich war ein junger Mann ohne Einfluss, der keine Ahnung hatte, wie er das alles einordnen sollte. Ich wusste, dass der einzige Grund, der mich vor der gleichen Behandlung schützte, mein Vater war.

Einmal im Monat durften unsere Familien uns besuchen. Die israelische Gefängnisküche ließ viel zu wünschen übrig, also brachten sie uns meistens hausgemachtes Essen und persönliche Dinge mit. Weil Akel und ich aus der gleichen Region kamen, kamen unsere Familien am gleichen Tag.

Nach einem langwierigen Antragsprozess sammelte das Rote Kreuz alle

Familienmitglieder aus einer bestimmten Region in Sonderbussen ein. Es waren nur zwei Stunden Fahrt nach Megiddo. Aber weil die Busse an jedem Kontrollpunkt anhielten und alle Passagiere bei jedem Halt durchsucht wurden, mussten unsere Familien um vier Uhr morgens das Haus verlassen, um mittags am Gefängnis zu sein.

Eines Tages, nach einem schönen Besuch seiner Schwester, kehrte Akel mit den Tüten voller Essen, die sie ihm mitgebracht hatte, in Abschnitt Fünf zurück. Er war glücklich und hatte keine Ahnung, was ihn erwartete. Mein Onkel Ibrahim war zum Unterricht gekommen – das war immer ein schlechtes Zeichen. Ich hatte mitbekommen, dass Ibrahim oft alle versammelte und predigte, um den Sicherheitsdienst zu decken, wenn sie jemanden zum Verhör mitnahmen. Dieses Mal traf es Akel. Sie nahmen ihn mit und führten ihn in ein Zelt. Er verschwand hinter einem Vorhang, wo sein schlimmster Albtraum begann.

Ich schaute meinen Onkel an. Warum hielt er sie nicht auf? Er war schon oft mit Akel im Gefängnis gewesen. Sie hatten gemeinsam gelitten. Akel hatte für ihn gekocht und sich um ihn gekümmert. Mein Onkel kannte diesen Mann. Lag es daran, dass Akel ein armer, stiller Farmer vom Lande war und mein Onkel aus der Stadt kam?

Egal, was die Gründe waren: Ibrahim Abu l-Salem saß beim Sicherheitsdienst, lachte und verspeiste das Essen, das Akels Schwester ihrem inhaftierten Bruder gebracht hatte. Ganz in der Nähe schoben andere Hamasmitglieder – Araber, Palästinenser und Muslime wie er – Nadeln unter Akels Fingernägel.

In den nächsten Wochen sah ich Akel nur selten. Kopfhaar und Bart hatte man ihm abrasiert; sein Blick klebte am Boden. Er war dünn und sah aus wie ein alter Mann an der Schwelle des Todes.

Später sollte ich seine Akte abschreiben. Er hatte gestanden, Sex mit jeder Frau in seinem Dorf gehabt zu haben, ebenso wie mit Eseln und anderen Tieren. Ich wusste, dass jedes Wort gelogen war, doch ich schrieb die Akte ab, und der Sicherheitsdienst schickte sie in sein Dorf. Seine Schwester verstieß ihn. Seine Nachbarn mieden ihn.

Für mich waren die Sicherheitsdienstleute viel schlimmer als jeder Kollaborateur. Aber sie besaßen Macht und Einfluss im Gefängnissystem. Ich dachte, ich könnte sie vielleicht benutzen, um eigene Ziele zu erreichen.

Anas Rasras war ein Anführer des Sicherheitsdienstes. Sein Vater war Dozent an einem College im Westjordanland und ein enger Freund meines Onkels Ibrahim. Nachdem ich nach Megiddo gekommen war, hatte mein Onkel Anas gebeten, mir zu helfen mich zurechtzufinden und mich an die Gepflogenheiten zu gewöhnen. Anas war aus Hebron, ungefähr vierzig Jahre alt, sehr verschwiegen, sehr intelligent – und sehr gefährlich. Wenn er nicht gerade im Gefängnis war, stand er jede Sekunde unter Beobachtung des Schin Beth. Er hatte wenige Freunde, doch er beteiligte sich nie an Folter. Deshalb lernte ich, ihn zu respektieren und sogar, ihm zu vertrauen.

Ich erzählte ihm davon, dass ich einer Zusammenarbeit mit den Israelis zugestimmt hatte, damit ich ein Doppelagent werden konnte, Zugang zu schweren Waffen bekam und sie umbringen konnte. Ich fragte ihn, ob er mir helfen könne.

»Ich muss das erst prüfen«, sagte er. »Ich werde niemandem davon erzählen, aber ich werde mal sehen ...«

»Was soll das heißen, du wirst mal sehen? Kannst du mir helfen oder nicht?«

Ich hätte es besser wissen sollen. Diesem Mann konnte man nicht vertrauen. Statt mir zu helfen, erzählte er sofort meinem Onkel Ibrahim und einigen anderen Sicherheitsdienstleuten von meinem Plan.

Am nächsten Morgen kam mich mein Onkel besuchen. »Was meinst du eigentlich, was du da tust?«

»Jetzt mal keine Panik. Es ist nichts passiert. Ich habe einen Plan. Du musst dich nicht daran beteiligen.«

»Das ist sehr gefährlich, Mosab, für deinen Ruf und für den deines Vaters – für deine ganze Familie. Andere Leute machen solche Sachen, aber du nicht.«

Er begann, mich auszufragen. Hatte der Schin Beth mir einen Kontaktmann im Gefängnis gegeben? Traf ich mich mit diesem speziellen Israeli oder jenem Geheimdienstler? Was sagten sie mir? Was sagte ich den anderen? Je mehr er mich verhörte, desto wütender wurde ich. Schließlich explodierte ich einfach.

»Warum kümmerst du dich nicht einfach um deinen religiösen Kram und hältst dich aus dem Geheimdienstzeug raus? Diese Kerle foltern Menschen für nichts und wieder nichts. Sie haben keine Ahnung, was sie tun. Hör zu, ich habe dir nichts weiter zu sagen. Ich mache, was ich will, und du machst, was du willst.«

Ich wusste, dass es nicht gut für mich aussah. Ich war mir ziemlich sicher, dass man mich wegen meines Vaters nicht foltern oder verhören würde. Doch ich merkte, dass mein Onkel Ibrahim sich nicht sicher war, ob ich die Wahrheit sagte oder nicht.

Und zu diesem Zeitpunkt wusste ich das selbst nicht.

Mir wurde klar, dass es töricht von mir gewesen war, dem Sicherheitsdienst zu vertrauen. War es ebenso töricht gewesen, den Israelis zu vertrauen? Sie hatten mir immer noch nichts gesagt. Sie hatten mir keine Kontakte gegeben. Spielten sie ein Spiel mit mir?

Ich ging in mein Zelt und merkte, wie ich im Kopf und im Herzen dichtmachte. Ich traute keinem mehr. Andere Häftlinge sahen, dass irgendetwas mit mir nicht stimmte, doch sie wussten nicht was. Obwohl die Sicherheitsdienstleute das, was ich ihnen gesagt hatte, für sich behielten, ließen sie mich nie aus den Augen. Alle verdächtigten mich. Und ich verdächtigte alle anderen ebenso. Und wir alle lebten zusammen in einem Freiluftkäfig ohne Ausweg. Kein Ort, um sich zurückzuziehen oder zu verstecken.

Die Tage zogen sich hin. Das Misstrauen wuchs. Jeden Tag Schreie, jede Nacht Folter. Die Hamas folterte ihre eigenen Leute! So sehr ich es auch wollte, ich fand keine Möglichkeit, das zu rechtfertigen.

Bald wurde es noch schlimmer. Statt nur einer Person kamen immer drei Leute gleichzeitig unter Beobachtung. Eines Morgens um vier Uhr rannte ein Mann durch den Abschnitt, kletterte über den Lagerzaun und war binnen zwanzig Sekunden vor dem Lager. Der Klingendraht hatte seine Kleidung und ihn selbst zerfetzt. Ein israelischer Posten auf einem Wachturm schwenkte sein Maschinengewehr herum und zielte.

»Nicht schießen!«, schrie der Mann. »Nicht schießen! Ich will nicht fliehen! Ich will nur weg von denen!« Und er deutete in Richtung des keuchenden Mannes vom Sicherheitsdienst, der ihn durch den Zaun hindurch grimmig anstarrte. Soldaten rannten zum Tor hinaus, warfen den Häftling auf die Erde, durchsuchten ihn und brachten ihn weg.

War das die Hamas? War das der Islam?

Aufstand

1996 bis 1997

Islam – für mich war das mein Vater.

Mit Allahs Waage gemessen, würde er mehr wiegen als jeder andere Muslim, den ich kenne. Er verpasste nie eine Gebetszeit. Selbst wenn er spät und müde nach Hause kam, hörte ich ihn oft mitten in der Nacht beten und Allah anflehen. Er war demütig, liebevoll und nachsichtig – meiner Mutter gegenüber, seinen Kindern gegenüber, und sogar Menschen gegenüber, die er nicht kannte.

Mein Vater war nicht nur ein Verteidiger des Islam; er führte sein Leben als Vorbild dafür, wie ein Muslim sein sollte. Er spiegelte die schöne Seite des Islam wider, nicht seine grausame Seite, die von seinen Anhängern verlangte, die Erde zu erobern und zu versklaven.

In den zehn Jahren, die meinem Gefängnisaufenthalt folgten, sollte ich allerdings seinen Kampf mit einem inneren, mit dem Verstand nicht lösbaren Dilemma miterleben. Einerseits war er nicht der Ansicht, dass die Muslime, die jüdische Siedler und Soldaten, unschuldige Frauen und Kinder töteten, etwas Falsches taten. Er glaubte, dass Allah ihnen die Berechtigung dazu gab. Andererseits konnte er selber nicht tun, was sie taten. Irgendetwas in seiner Seele lehnte dies ab. Was er für sich selbst nicht rechtfertigen konnte, rechtfertigte er mit rationalen Argumenten bei anderen.

Doch als Kind sah ich nur die Tugenden meines Vaters und zog die Schlussfolgerung, dass sie die Frucht seines Glaubens an Allah waren. Weil ich so sein wollte wie er, übernahm ich seinen Glauben, ohne Fragen zu stellen. Eines wusste ich damals allerdings noch nicht: Egal, wie viel gute Werke wir auf die Waage legen, unsere ganze Gerechtigkeit ist für Gott nichts weiter als dreckige Lumpen.

Trotzdem hatten die Muslime, die ich in Megiddo erlebte, keinerlei Ähnlichkeit mit meinem Vater. Sie verurteilten andere Menschen, als ob sie sich für größer als Allah selbst hielten. Sie waren gemein und kleinlich – sie verdeckten einen Fernsehbildschirm, damit wir keine Schauspielerin ohne Kopfbedeckung sahen. Sie waren Fanatiker und Heuchler und folterten diejenigen, die zu viele rote Punkte sammelten – obwohl nur die Schwächsten und Schutzlosesten diese Punkte zu sammeln schienen. Häftlinge, die gute Beziehungen hatten, genossen Immunität – selbst ein erklärter israelischer Kollaborateur, wenn er der Sohn von Scheich Hassan Yousef war. Zum ersten Mal begann ich, Dinge infrage zu stellen, an die ich immer geglaubt hatte.

»Acht dreiundzwanzig!«

Es war Zeit für meinen Prozess. Ich saß seit sechs Monaten im Gefängnis. Die Armee brachte mich nach Jerusalem, wo der Staatsanwalt eine Haftstrafe von sechzehn Monaten beantragte.

Sechzehn Monate! Der Schin-Beth-Captain hatte mir versprochen, ich müsse nicht lange im Gefängnis bleiben! Womit hatte ich eine so harte Strafe verdient? Sicher, ich hatte eine verrückte Idee gehabt und ein paar Waffen gekauft. Doch es waren wertlose Waffen, die nicht einmal funktionierten!

»Sechzehn Monate.«

Das Gericht rechnete die bereits verbüßte Haftstrafe an, und ich wurde zu meinen letzten zehn Monaten nach Megiddo zurückgeschickt.

»Okay«, sagte ich zu Allah. »Ich kann schon noch zehn Monate absitzen, aber bitte, nicht dort! Nicht in der Hölle!« Doch es gab keinen, bei dem ich mich beschweren konnte – schon gar nicht bei den israelischen Geheimdienstlern, die mich erst rekrutiert und dann im Stich gelassen hatten.

Wenigstens durfte ich meine Familie einmal im Monat sehen. Meine Mutter nahm die strapaziöse Reise nach Megiddo alle vier Wochen auf sich. Sie durfte jeweils nur drei meiner Geschwister mitbringen, also wechselten sie sich ab. Und jedes Mal brachte sie mir einen frischen Schwung köstlicher Spinatpastetchen und Baklava mit. Meine Familie ließ keinen Besuch aus.

Sie zu sehen, war eine große Erleichterung für mich, obwohl ich nicht über das reden konnte, was innerhalb der Gefängnismauern und hinter den Kulissen vor sich ging. Mich zu sehen, schien ihren Kummer auch ein wenig zu stillen. Für meine kleinen Geschwister war ich wie ein Vater gewesen – ich hatte für sie gekocht, ihnen hinterhergeräumt, sie gebadet und angezogen, sie in die Schule gebracht und abgeholt – und im Gefängnis war ich außerdem zu einem Held der Widerstandsbewegung geworden. Sie waren sehr stolz auf mich.

Bei einem Besuch erzählte mir meine Mutter, dass die Palästinensische

Autonomiebehörde meinen Vater freigelassen hatte. Ich wusste, dass er schon immer eine *Hadsch* machen wollte – eine Pilgerreise nach Mekka –, und meine Mutter sagte, er hätte sich kurz nach seiner Heimkehr auf den Weg nach Saudi-Arabien gemacht. Die *Hadsch* ist die fünfte Säule des Islam, und jeder Muslim, der körperlich und finanziell dazu in der Lage ist, muss diese Reise mindestens einmal im Leben machen. Über zwei Millionen Muslime unternehmen sie jedes Jahr.

Doch mein Vater kam nie so weit. Beim Überqueren der Allenby-Brücke zwischen Israel und Jordanien wurde er erneut verhaftet, dieses Mal von den Israelis.

* * *

Eines Nachmittags präsentierte die Hamasfraktion in Megiddo der Gefängnisleitung eine Liste kleinlicher Forderungen und gab ihr vierundzwanzig Stunden, um sie zu erfüllen. Falls nicht, drohte sie mit einem Aufstand.

Natürlich wollte die Gefängnisleitung keinen Aufstand. Ein Aufstand könnte damit enden, dass Häftlinge erschossen wurden, und die Regierungsbürokraten in Jerusalem wollten sich nicht mit dem riesigen Wirbel auseinandersetzen müssen, den das Rote Kreuz und die Menschenrechtsorganisationen veranstalten würden, falls das geschah. Bei einem Aufstand konnten alle Seiten nur verlieren. Also trafen sich die Israelis mit dem leitenden *Schawisch*, der in unserem Abschnitt untergebracht war.

»So können wir nicht arbeiten«, sagte die Gefängnisleitung zu ihm. »Gebt uns mehr Zeit und wir werden etwas arrangieren.«

»Nein«, beharrte er. »Ihr habt vierundzwanzig Stunden.«

Natürlich durften die Israelis keine Schwäche zeigen und nachgeben. Und ehrlich gesagt verstand ich nicht, worum sich der ganze Wirbel drehte. Obwohl es mir hier nicht gut ging, war Megiddo im Vergleich zu anderen Haftanstalten, von denen ich gehört hatte, ein Fünf-Sterne-Gefängnis. Die Forderungen erschienen mir albern und sinnlos – mehr Telefonzeiten, längere Besuchszeiten, solche Sachen.

Den ganzen Tag über warteten wir, während die Sonne allmählich über den Himmel zog. Und als das Ultimatum verstrichen war, sagte die Hamas, wir sollten uns auf den Aufstand vorbereiten.

»Was sollen wir denn tun?«, fragten wir.

»Einfach alles zerstören. Zeigt euch so gewalttätig wie möglich. Reißt den Asphalt auf und bewerft die Soldaten damit. Werft mit Seife. Bombardiert sie mit heißem Wasser. Werft mit allem, was ihr hochheben könnt!«

Einige Männer füllten Behälter mit Wasser, sodass wir, falls die Soldaten Gaskartuschen einsetzen sollten, diese nehmen und in die Wassereimer werfen konnten. Wir fingen an, den Hof aufzureißen. Plötzlich heulten die Sirenen und es wurde sehr gefährlich. Hunderte Soldaten in Kampfausrüstung verteilten sich im Lager und zielten durch die Zäune mit ihren Waffen auf uns.

Das Einzige, das mir immer wieder durch den Kopf ging, war, wie irrsinnig ich das alles fand. *Warum machen wir das?*, überlegte ich. *Das ist doch Wahnsinn! Nur wegen dieses verrückten* Schawisch*?* Ich war kein Feigling, aber das hier war sinnlos. Die Israelis waren schwer bewaffnet und gut geschützt, und wir sollten Teerklumpen werfen?

Die Hamas gab das Signal und Häftlinge in jedem Abschnitt fingen an, mit Holz, Asphalt und Seife zu werfen. Sekunden später flogen hundert schwarze Gaskartuschen in die Abschnitte und explodierten. Das Lager begann, sich mit dickem weißen Nebel zu füllen. Ich konnte nichts sehen, und der Gestank war entsetzlich. Überall um mich herum fielen Männer zu Boden und schnappten nach Luft.

All das spielte sich in gerade einmal drei Minuten ab. Und die Israelis hatten gerade erst angefangen.

Die Soldaten richteten große Rohre auf uns, aus denen Schwaden von gelbem Gas drangen. Doch dieses Zeug verteilte sich nicht in der Luft wie das Tränengas. Es war schwerer als Luft, sackte an den Boden und verdrängte allen Sauerstoff. Immer mehr Häftlinge verloren das Bewusstsein.

Ich versuchte gerade, wieder zu Atem zu kommen, da sah ich plötzlich das Feuer.

Das Zelt des Islamischen Dschihads in Quadrant Drei brannte. Binnen weniger Sekunden loderten die Flammen sechs Meter hoch. Die Zelte waren mit einer Wasser abweisenden Chemikalie auf Erdölbasis behandelt und brannten, als wären sie mit Benzin getränkt. Die Holzpfosten und -rahmen, die Matratzen, die Truhen – alles ging in Flammen auf. Der Wind ließ das

Feuer auf die Zelte der DFLP/PFLP und der Fatah übergreifen, und zehn Minuten später wurden auch sie von dem Inferno verschlungen.

Das heftige Feuer kam schnell auf uns zu. Ein großes, brennendes Stück Zeltplane flog in die Luft und über den Klingendraht. Die Soldaten kreisten uns ein. Es gab keinen Fluchtweg, außer durch die Flammen.

Also rannten wir.

Ich bedeckte mein Gesicht mit einem Handtuch und rannte zum Küchenareal. Zwischen den brennenden Zelten und der Mauer lagen nur drei Meter. Mehr als zweihundert von uns versuchten gleichzeitig hinauszukommen, während die Soldaten weiterhin das gelbe Gas in den Sektor pumpten.

Nur Minuten später war die Hälfte von Abschnitt Fünf verschwunden – alles, was wir besaßen, so wenig es auch gewesen sein mochte. Nichts war davon übrig als Asche.

Viele Häftlinge waren verletzt. Wie durch ein Wunder war niemand ums Leben gekommen. Krankenwagen kamen und holten die Verletzen ab, und nach dem Aufstand wurden diejenigen von uns, deren Zelte gebrannt hatten, umverteilt. Ich wurde ins mittlere Hamaszelt in Quadrant Zwei verlegt.

Das einzig Gute, das der Aufstand von Megiddo brachte, war, dass die Folter durch die Hamasführer aufhörte. Wir wurden weiterhin überwacht, aber wir fühlten uns ein wenig entspannter und gestatteten uns, etwas sorgloser zu sein. Ich freundete mich mit ein paar Männern an, denen ich meinte, vertrauen zu können. Doch meistens wanderte ich stundenlang umher, ganz allein, und tat gar nichts – Tag für Tag.

* * *

»Acht dreiundzwanzig!«

Am 1. September 1997 gab mir eine Gefängniswache meine Habseligkeiten zurück und das bisschen Geld, das ich bei meiner Verhaftung bei mir gehabt hatte. Ich bekam Handschellen angelegt und wurde in einen Kleinbus gesetzt. Die Soldaten fuhren bis zum ersten Kontrollpunkt auf palästinensischem Territorium, der sich in Dschenin im Westjordanland befand. Sie öffneten die Autotür und nahmen mir die Handschellen ab.

»Du kannst gehen«, sagte einer der Männer. Und dann fuhren sie wieder in die Richtung davon, aus der wir gekommen waren. Mich ließen sie allein am Straßenrand stehen.

Ich konnte es kaum glauben. Es war wunderbar, einfach draußen herumzulaufen. Ich konnte es kaum erwarten, meine Mutter und Geschwister wiederzusehen. Ich war noch zwei Stunden Autofahrt von daheim entfernt, aber ich wollte nicht zu schnell laufen. Ich wollte meine Freiheit in vollen Zügen genießen.

Ich wanderte ein paar Kilometer weit. Frische Luft füllte meine Lungen und wunderbare Stille meine Ohren. Langsam fühlte ich mich wieder wie ein Mensch. Ich hielt ein Taxi an, das mich bis zur Stadtmitte mitnahm. Ein weiteres Taxi brachte mich bis nach Nablus, und dann ging es weiter nach Ramallah und nach Hause.

Als wir durch die Straßen von Ramallah fuhren und ich die vertrauten Geschäfte und Menschen sah, wäre ich am liebsten aus dem Taxi gesprungen und in die Stadt eingetaucht. Noch bevor ich vor unserem Haus aus dem Taxi stieg, sah ich schon von Weitem meine Mutter an der Tür stehen. Tränen rollten ihr über die Wangen, als sie meinen Namen rief. Sie rannte auf das Taxi zu und warf ihre Arme um mich. Während sie sich an mich klammerte und meinen Rücken tätschelte, meine Schultern, mein Gesicht, meinen Kopf, kam all der Schmerz zum Vorschein, den sie eineinhalb Jahre lang zurückgehalten hatte.

»Wir haben die Tage bis zu deiner Rückkehr gezählt«, sagte sie. »Wir hatten solche Angst, wir würden dich nie wiedersehen. Wir sind sehr stolz auf dich, Mosab. Du bist ein wahrer Held.«

Wie mein Vater wusste auch ich, dass ich ihr und meinen Geschwistern nicht erzählen konnte, was ich durchgemacht hatte. Es wäre zu schmerzhaft für sie gewesen. Für sie war ich ein Held, der in einem israelischen Gefängnis gewesen war, zusammen mit all den anderen Helden, und jetzt war ich wieder daheim. Sie betrachteten es als gute Erfahrung für mich, beinahe als Initiationsritual. Hatte meine Mutter von den Waffen erfahren? Ja. Fand sie, dass ich eine Dummheit gemacht hatte? Wahrscheinlich, aber das alles fiel unter die Kategorie »Widerstand« und wurde wegerklärt.

Bei meiner Rückkehr feierten wir den ganzen Tag, aßen wunderbare Speisen, scherzten und hatten Spaß – so wie immer, wenn wir zusammen waren. Es war fast so, als wäre ich nie fortgewesen. Und in den nächsten

Tagen kamen viele meiner Freunde und viele Freunde meines Vaters, um sich mit uns zu freuen.

Ich blieb ein paar Wochen einfach nur im Haus, saugte die Liebe meiner Familie auf wie ein Schwamm – und auch das gute Essen meiner Mutter. Dann ging ich hinaus und genoss all die vielfältigen Bilder, Geräusche und Gerüche, die ich so sehr vermisst hatte. Abends traf ich mich in der Stadt mit meinen Freunden. Wir aßen Falafel bei *Mays al-Reem* und tranken Kaffee im *Kit Kat* mit Basam Huri, dem Inhaber. Wenn ich durch die geschäftigen Straßen lief und mit meinen Freunden redete, atmete ich Frieden und schlichte Freiheit.

Zwischen der Entlassung meines Vaters aus dem PA-Gefängnis und seiner erneuten Verhaftung durch die Israelis war meine Mutter noch einmal schwanger geworden. Das war eine große Überraschung für meine Eltern, da sie ihre Familienplanung eigentlich nach der Geburt meiner Schwester Anhar vor sieben Jahren abgeschlossen hatten. Als ich nach Hause kam, war meine Mutter etwa im sechsten Monat und das Baby war schon ziemlich groß. Dann brach sie sich den Knöchel, und die Heilung schritt nur sehr langsam voran, da unser kleiner Bruder in ihrem Bauch ihr gewissermaßen alles Kalzium aus den Knochen saugte. Wir hatten keinen Rollstuhl, also musste ich sie tragen, wenn sie irgendwohin musste. Sie hatte große Schmerzen und es brach mir das Herz, sie so leiden zu sehen. Ich machte jetzt auch offiziell den Führerschein, damit wir für unsere Erledigungen und Einkäufe das Auto benutzen konnten. Und als Naser geboren wurde, übernahm ich es, ihn zu füttern, zu baden und ihm die Windeln zu wechseln. Der kleine Kerl musste wohl denken, ich wäre sein Vater.

Natürlich hatte ich meine Abschlussprüfungen verpasst und meinen Schulabschluss nicht gemacht. Man hatte uns allen im Gefängnis angeboten, die Prüfung abzulegen, aber ich war der Einzige, der durchfiel. Ich verstand den Grund nicht, denn Vertreter des Bildungsministeriums waren ins Gefängnis gekommen und hatten jedem vor der Prüfung die Blätter mit den Antworten in die Hand gedrückt. Das war verrückt. Ein Mann, der sechzig Jahre alt und Analphabet war, musste jemand anderen die Antworten aufschreiben lassen – und selbst *er* bestand! Ich hatte die Antwortblätter ebenfalls, und außerdem war ich zwölf Jahre zur Schule gegangen und mit dem Stoff vertraut. Doch als die Ergebnisse kamen, hatten alle bestanden, außer mir. Ich konnte mir das nur so erklären, dass Allah nicht wollte, dass ich die Prüfung auf betrügerische Art und Weise bestand.

Als ich nach Hause kam, fing ich also an, an der *al-Ahlia*, einer katholischen Schule in Ramallah, Abendkurse zu belegen. Die meisten Schüler waren traditionelle Muslime, die dorthin gingen, weil es die beste Schule in der Stadt war. Und die Abendkurse ermöglichten es mir auch, tagsüber im *Checkers*-Schnellrestaurant zu arbeiten, um meine Familie zu unterstützen.

Ich erreichte bei den Prüfungen nach unserer Notengebung nur vierundsechzig Prozent, aber ich hatte bestanden. Ich hatte mich nicht angestrengt, weil mich der Unterrichtsstoff nicht besonders interessiert hatte. Das Ergebnis war mir egal. Ich war nur dankbar, dass ich es hinter mir hatte.

Straße nach Damaskus

1997 bis 1999

Zwei Monate nach meiner Haftentlassung klingelte mein Mobiltelefon.
»Gratulation«, sagte eine Stimme auf Arabisch.
Ich erkannte den Akzent. Es war mein »treuer« Schin-Beth-Captain Loai.
»Wir würden dich gern sehen«, sagte Loai, »aber wir können am Telefon nicht so lange reden. Können wir uns treffen?«
»Natürlich.«
Er gab mir eine Telefonnummer, ein Passwort und einige Anweisungen. Ich fühlte mich wie ein richtiger Spion. Er sagte mir, ich solle an einen bestimmten Ort gehen und dann an einen anderen, und ihn dann von dort aus anrufen.

Ich folgte seinen Instruktionen, und als ich ihn anrief, bekam ich weitere Anweisungen. Ich ging etwa zwanzig Minuten lang zu Fuß, bis neben mir ein Auto hielt. Ein Mann im Auto befahl mir einzusteigen. Ich stieg ein und wurde durchsucht. Dann befahl man mir, mich auf den Boden des Wagens zu legen und legte eine Decke über mich.

Die Fahrt dauerte etwa eine Stunde und die ganze Zeit über sagte niemand ein Wort. Als wir endlich anhielten, befanden wir uns in einer normalen Hausgarage.

Ich war froh, dass es nicht wieder ein Militärstützpunkt oder ein Gefängnis war. Später erfuhr ich, dass es ein Haus in einer israelischen Siedlung war, das der Regierung gehörte. Bei unserer Ankunft wurde ich noch einmal durchsucht – dieses Mal viel gründlicher – und in ein geschmackvoll eingerichtetes Wohnzimmer geführt. Ich saß eine Weile dort. Dann kam Loai herein. Er schüttelte mir die Hand und umarmte mich.

»Wie geht es dir? Was hast du im Gefängnis erlebt?«
Ich antwortete, dass es mir gut ging, mein Gefängnisaufenthalt aber nicht besonders angenehm gewesen war – besonders, weil er mir versprochen hatte, ich müsste nur kurze Zeit dort bleiben.
»Es tut mir leid. Wir mussten das machen, um dich zu schützen.«

Ich dachte daran, dass ich zu dem Mann vom Sicherheitsdienst gesagt hatte, ich sei ein Doppelagent, und fragte mich, ob Loai davon wusste. Wahrscheinlich sollte ich mich absichern, dachte ich.

»Hör mal«, sagte ich, »die haben dort Leute gefoltert, und ich hatte keine andere Wahl. Ich musste ihnen sagen, dass ich zugestimmt hatte, für euch zu arbeiten. Ich hatte Angst. Ihr habt mich nicht vorgewarnt, was in diesem Gefängnis läuft. Ihr habt mir nie gesagt, ich würde vor meinen eigenen Leuten auf der Hut sein müssen. Ihr habt mich nicht ausgebildet, und ich hatte panische Angst. Also hab ich denen erzählt, ich hätte versprochen, mit euch zusammenzuarbeiten, um ein Doppelagent zu werden und euch umzubringen.«

Loai sah überrascht aus, aber er war nicht wütend. Obwohl der Schin Beth die Folter im Gefängnis nicht gutheißen konnte, wusste er sicher davon – und verstand meine Angst.

Er rief seinen Vorgesetzten an und erzählte ihm alles, was ich gesagt hatte. Und aus irgendeinem Grund – vielleicht, weil es für Israel so schwer war, Hamasmitglieder zu rekrutieren, oder vielleicht, weil ich als Sohn von Scheich Hassan Yousef eine besonders »fette Beute« war – ließen sie es dabei bewenden.

Diese Israelis waren total anders, als ich erwartet hatte!

Loai gab mir ein paar hundert Dollar. Ich solle mir ein paar neue Klamotten kaufen, auf mich aufpassen und mein Leben genießen.

»Wir nehmen später wieder Kontakt zu dir auf«, sagte er.

Was? Kein Geheimauftrag? Kein Codebuch? Keine Waffe? Nur ein Bündel Geldscheine und eine Umarmung? Das ergab in meinen Augen überhaupt keinen Sinn.

Einige Wochen später trafen wir uns wieder, dieses Mal in einem Schin-Beth-Haus im Herzen Jerusalems. Jedes ihrer Häuser war komplett eingerichtet, bis unters Dach mit Alarmanlagen und Wachposten versehen und so geheim, dass nicht einmal die direkten Nachbarn auch nur die leiseste Ahnung hatten, was darin vor sich ging. Die meisten Räume waren für geheime Treffen ausgestattet. Und ich durfte nie ohne Eskorte von einem Raum in den anderen gehen – nicht, weil sie mir nicht vertraut hätten, sondern weil sie nicht wollten, dass andere Schin-Beth-Agenten mich sahen. Wieder eine reine Vorsichtsmaßnahme.

Bei diesem zweiten Treffen waren die Schin-Beth-Mitglieder äußerst freundlich. Ihr Arabisch war gut und ich merkte, dass sie mich, meine Familie und meine Kultur zweifellos gut verstanden. Ich hatte keinerlei Informationen zu bieten und sie verlangten auch keine. Wir sprachen einfach über das Leben im Allgemeinen.

Das hatte ich überhaupt nicht erwartet. Ich wollte wirklich wissen, was sie von mir wollten. Ich hatte zwar wegen der Akten, die ich im Gefängnis gelesen hatte, auch Angst, dass sie von mir etwas verlangten wie mit meiner Schwester oder Nachbarin zu schlafen und ihnen das Video zu bringen. Doch von so etwas war nie die Rede.

Nach dem zweiten Treffen gab mir Loai doppelt so viel Geld wie beim ersten Mal. Im Verlauf eines Monats hatte ich etwa achthundert Dollar von ihm erhalten, damals ein unglaublicher Verdienst für einen Einundzwanzigjährigen. Genau genommen lernte ich in meinen ersten Monaten als Schin-Beth-Agent viel mehr, als ich selbst an Informationen lieferte.

Meine Ausbildung begann mit einigen Grundregeln. Ich durfte keinen Ehebruch begehen, weil ich dadurch enttarnt werden - »auffliegen« - könnte. Genauer gesagt, durfte ich keinerlei außereheliche Beziehung mit einer Frau haben - egal ob Palästinenserin oder Israelin -, während ich für den Schin Beth arbeitete. Falls doch, wäre ich weg vom Fenster. Und ich sollte niemandem mehr meine Doppelagenten-Geschichte erzählen.

Jedes Mal, wenn wir uns trafen, lernte ich etwas Neues über das Leben und Gerechtigkeit und Sicherheit. Der Schin Beth versuchte nicht, meinen Willen zu brechen, um mich dazu zu bringen, schlechte Dinge zu tun. Eigentlich versuchten sie vielmehr alles, was in ihrer Macht stand, um mich aufzubauen, mich stärker und klüger zu machen.

Mit der Zeit begann ich meinen Plan, die Israelis umzubringen, infrage zu stellen. Diese Leute waren so freundlich. Ihnen lag ganz eindeutig etwas an mir. *Warum sollte ich sie umbringen?* Ich war überrascht, als mir klar wurde, dass ich das gar nicht mehr wollte.

Die Besatzung hatte sich nicht in Luft aufgelöst. Der Friedhof in al-Bira füllte sich weiterhin mit den Leichnamen palästinensischer Männer, Frauen und Kinder, die von israelischen Soldaten getötet worden waren. Und ich hatte nicht die Schläge vergessen, die ich auf dem Weg ins Gefängnis eingesteckt hatte, oder die Tage, die ich an diesen kleinen Stuhl gekettet war.

Aber ich erinnerte mich auch an die Schreie aus den Folterzelten in Megiddo und den Mann, der sich beinahe an dem Klingendraht aufgeschlitzt hatte, als er versuchte, seinen Peinigern der Hamas zu entkommen. Ich gewann immer mehr Verständnis und Erkenntnis. Wer waren meine Mentoren? Meine Feinde! Doch waren sie das wirklich? Oder waren sie nur nett zu mir, damit sie mich benutzen konnten? Ich war noch verwirrter als zuvor.

Bei einem Treffen sagte Loai: »Da du mit uns zusammenarbeitest, denken wir darüber nach, deinen Vater freizulassen. So kannst du in seiner Nähe sein und sehen, was in den Palästinensergebieten los ist.« Ich wusste nicht, dass diese Möglichkeit überhaupt bestanden hatte, aber ich war glücklich, dass ich meinen Vater zurückbekam.

Einige Jahre später tauschten mein Vater und ich uns manchmal über unsere Erfahrungen aus. Er ging nicht gern ins Detail über seine leidvollen Erfahrungen. Doch er wollte mich wissen lassen, dass er während seiner Zeit in Megiddo einiges in Ordnung gebracht hatte. Auch ihm war es beim Fernsehen im *Mi'var* einmal passiert, dass mitten in der Sendung ein Brett vor dem Bildschirm heruntergesaust war.

»Ich werde hier nicht fernsehen, wenn ihr weiterhin den Bildschirm mit diesem Brett verdeckt«, erklärte er dem Emir. Sie zogen das Brett hoch, und damit war das Thema erledigt. Und als er ins Gefängnislager umgezogen war, konnte er sogar der Folter ein Ende setzen. Er ordnete an, dass der Sicherheitsdienst ihm alle Akten gab, studierte sie und stellte fest, dass mindestens sechzig Prozent der vermeintlichen Kollaborateure unschuldig waren. Also sorgte er dafür, dass ihre Familien und Nachbarn von den falschen Anschuldigungen erfuhren.

Einer der zu Unrecht Beschuldigten war Akel Sorour. Die Unschuldsbescheinigung, die mein Vater in Akels Dorf schickte, konnte nicht auslöschen, was er erlitten hatte. Doch wenigstens konnte er wieder in Frieden und ehrenvoll leben.

Nachdem mein Vater aus dem Gefängnis entlassen worden war, kam mein Onkel Ibrahim uns besuchen. Mein Vater gab auch ihm zu verstehen, dass er den Folterungen in Megiddo ein Ende gesetzt und festgestellt hatte, dass die meisten der Männer, deren Leben und Familien der Sicherheitsdienst zerstört hatte, unschuldig waren. Ibrahim täuschte Erschütterung vor. Und als mein Vater Akel erwähnte, erklärte mein Onkel, er habe versucht ihn zu verteidigen und dem Sicherheitsdienst versichert, Akel könne unmöglich ein Kollaborateur sein.

»Allah sei gepriesen«, sagte Ibrahim, »dass du ihm geholfen hast!«

So viel Heuchelei konnte ich nicht ertragen und verließ den Raum.

Mein Vater teilte mir auch mit, dass ihm in Megiddo die Doppelagenten-Geschichte zu Ohren gekommen war, die ich dem Sicherheitsdienst aufgetischt hatte. Aber er war nicht wütend auf mich. Er sagte mir nur, es sei töricht von mir gewesen, überhaupt mit diesen Männern zu reden.

»Ich weiß, Vater«, sagte ich. »Ich verspreche dir, dass du dir darum keine Sorgen mehr machen musst. Ich kann auf mich selbst aufpassen.«

»Das ist gut«, sagte er. »Bitte sei von jetzt an vorsichtiger. Es gibt keinen, dem ich mehr vertraue als dir.«

Als ich mich später im gleichen Monat mit Loai traf, sagte dieser: »Jetzt solltest du anfangen. Ich habe einen Auftrag für dich.«

Endlich, dachte ich.

»Dein Auftrag besteht darin, ans College zu gehen und deinen Bachelor-Abschluss zu machen.«

Er reichte mir einen Umschlag voller Geld. »Das sollte für die Studiengebühren und alle anderen Ausgaben reichen«, sagte er. »Wenn du mehr brauchst, dann sag mir bitte Bescheid.«

Ich konnte es kaum glauben. Doch für die Israelis war das alles vollkommen logisch. Meine Bildung, innerhalb und außerhalb des Hörsaals, war eine gute Investition für sie. Es wäre nicht sehr klug vom Inlandsgeheimdienst, mit jemandem zusammenzuarbeiten, der ungebildet war und keine Zukunftsaussichten hatte. Es war außerdem gefährlich für mich, als Verlierer angesehen zu werden. Immerhin hieß es in den Palästinensergebieten landläufig, dass nur Verlierer mit den Israelis zusammenarbeiteten. Natürlich war diese Meinung nicht besonders gut durchdacht, denn Verlierer hatten dem Schin Beth nichts zu bieten.

Also bewarb ich mich an der Bir-Zait-Universität, doch ich wurde abgelehnt, weil mein Schulabschluss zu schlecht war. Ich erklärte, dass es außergewöhnliche Umstände gegeben hatte und ich im Gefängnis gewesen war. Ich sei ein intelligenter junger Mann und würde ein guter Student werden. Doch sie machten keine Ausnahmen. Meine einzige Möglichkeit bestand in einem Fernstudium an der al-Quds-Universität von zu Hause aus.

Dieses Mal bekam ich gute Noten. Ich war inzwischen ein bisschen klüger geworden - und viel motivierter. Und wem hatte ich das zu verdanken? Meinem Feind.

Immer, wenn ich mich mit meinen Schin-Beth-Führungsoffizieren traf, sagten sie: »Wenn du irgendetwas brauchst, dann gib uns einfach Bescheid. Du kannst die vorgeschriebenen Reinigungsrituale vollziehen. Du kannst beten gehen. Du musst keine Angst haben.« Das Essen und die Getränke, die sie mir anboten, verstießen nicht gegen das islamische Gesetz. Meine Führungsoffiziere achteten sehr darauf, nichts zu tun, das anstößig für mich wäre: Sie trugen keine kurzen Hosen. Sie saßen nicht mit den Beinen auf dem Schreibtisch da und streckten mir die Füße ins Gesicht. Sie waren immer respektvoll.

Und deswegen wollte ich mehr von ihnen lernen. Sie benahmen sich nicht wie »Militärroboter«. Sie waren Menschen und sie behandelten mich als Mensch. Fast immer, wenn wir uns trafen, zerfiel ein weiterer Stein im Fundament meiner Weltanschauung zu Staub.

Meine Kultur - nicht mein Vater - hatte mich gelehrt, dass die IDF und die israelischen Menschen meine Feinde seien. Mein Vater sah nicht die Soldaten; er sah individuelle Menschen, die taten, was sie als Soldaten für ihre Pflicht hielten. Er hatte kein Problem mit den Menschen, sondern mit den Ideen, welche die Menschen motivierten und antrieben.

Loai ähnelte meinem Vater mehr als jeder Palästinenser, den ich kannte. Er glaubte nicht an Allah, doch er respektierte mich trotzdem.

Also wer war jetzt mein Feind?

Ich sprach mit dem Schin Beth über die Folter in Megiddo. Sie sagten mir, dass sie alles darüber wüssten. Jede Bewegung der Häftlinge, alles, was jemand sagte, wurde aufgezeichnet. Sie wussten von den geheimen Nachrichten in den Teigbällen und von den Folterzelten und dem Loch im Zaun.

»Warum habt ihr dann nichts dagegen getan?«

»Erstens können wir diese Mentalität nicht ändern. Es ist nicht unsere Aufgabe, der Hamas beizubringen, dass sie einander lieben sollten. Wir können nicht dort hingehen und sagen, ›Hey, foltert euch nicht gegenseitig; bringt euch nicht gegenseitig um‹, und alles in Ordnung bringen. Und zweitens zerstört die Hamas sich selbst von innen heraus stärker als alles, was Israel von außen tun kann.«

Die Welt, die ich kannte, zerbröckelte gnadenlos und legte eine andere Welt frei, die ich gerade erst zu verstehen begann. Jedes Mal, wenn ich mich mit dem Schin Beth traf, lernte ich etwas Neues: über mein Leben und über andere. Es war keine Gehirnwäsche durch nervtötende Wiederholung, Hunger und Schlafentzug. Was die Israelis mir beibrachten, war logischer und authentischer als alles, was ich bisher von meinen eigenen Leuten gehört hatte.

Mein Vater konnte mir das alles nicht beibringen, weil er immer im Gefängnis gewesen war. Und ehrlich gesagt vermutete ich, dass er mir diese Dinge sowieso nicht hätte beibringen können, weil er vieles davon selbst nicht wusste.

* * *

Unter den sieben alten Toren, die durch die Stadtmauer hindurch Zugang zur Altstadt von Jerusalem bieten, gibt es eines, das alle anderen an Kunstfertigkeit übertrifft. Das Damaskustor, angelegt von Sulaiman dem Prächtigen vor fast fünfhundert Jahren, befindet sich etwa in der Mitte der Nordmauer. Bezeichnenderweise führt es die Menschen genau dort in die Altstadt, wo die Grenze zwischen dem historischen muslimischen Viertel und dem christlichen Viertel verläuft.

Im ersten Jahrhundert nach Christus reiste ein Mann namens Saulus von Tarsus durch das Tor, das früher an dieser Stelle stand. Er war unterwegs nach Damaskus, um dort eine neue jüdische Sekte, die er als gotteslästerlich betrachtete, brutal zu verfolgen. Diese Verfolgten würde man später »Christen« nennen. Eine überraschende Begegnung hielt Saulus nicht nur davon ab, sein Ziel zu erreichen, sondern veränderte auch sein Leben für immer.

Bei all der Geschichte, die die Atmosphäre an diesem uralten Platz atmet, hätte ich vielleicht nicht überrascht sein sollen, dort selbst eine lebensverändernde Begegnung zu erleben. Tatsächlich gingen mein bester Freund Jamal und ich eines Tages am Damaskustor vorbei, als ich plötzlich eine Stimme hörte, die mich ansprach.

»Wie heißt du?«, fragte ein junger Mann, ungefähr dreißig Jahre alt, auf Arabisch, obwohl er eindeutig kein Araber war.

»Ich heiße Mosab.«

»Wo willst du hin, Mosab?«

»Wir wollen nach Hause. Wir sind aus Ramallah.«

»Ich bin aus Großbritannien«, sagte er und wechselte in seine Muttersprache. Er redete weiter, aber er sprach mit einem solch schweren Akzent, dass ich ihn kaum verstehen konnte. Nach einer Weile reimte ich mir zusammen, dass er über etwas sprach, das mit dem Christentum zu tun hatte und mit einer Studiengruppe, die sich im CVJM-Gebäude in der Nähe des King-David-Hotels in Westjerusalem traf.

Ich wusste, wo das war. Mir war gerade etwas langweilig und ich dachte mir: Vielleicht wäre es wirklich interessant, etwas übers Christentum zu lernen. Wenn ich so viel von den Israelis lernen konnte, hatten andere »Ungläubige« mir vielleicht auch etwas Wertvolles beizubringen. Außerdem - nachdem ich mit so vielen Leuten, die nur dem Namen nach Muslime waren, mit so viel Eiferern und Atheisten, Gebildeten und Ungebildeten, Rechten und Linken, Juden und Heiden zu tun gehabt hatte, war ich nicht mehr wählerisch. Und dieser Typ wirkte auf mich wie ein einfacher junger Mann, der mich nur zu einem Gespräch einlud - nicht dazu, bei der nächsten Wahl für Jesus zu stimmen.

»Was meinst du?«, fragte ich Jamal. »Sollten wir hingehen?«

Jamal und ich kannten uns seit unserer Kindheit. Wir waren zusammen in die Schule gegangen, hatten zusammen Steine geworfen und waren zusammen in die Moschee gegangen. Jamal war eins neunzig und sah sehr gut aus, aber er redete nicht viel. Er fing selten ein Gespräch an, aber war ein ausgezeichneter Zuhörer. Und wir stritten uns nie - nicht ein einziges Mal.

Jamal und ich waren nicht nur zusammen aufgewachsen, wir hatten auch zusammen im Gefängnis von Megiddo gesessen. Nachdem Sektion Fünf bei dem Aufstand abgebrannt war, wurde Jamal mit meinem Cousin Yousef in Sektion Sechs verlegt und von dort aus entlassen.

Allerdings hatte das Gefängnis ihn verändert. Er hörte auf zu beten und in die Moschee zu gehen, und er fing an zu rauchen. Er war depressiv und verbrachte die meiste Zeit daheim vor dem Fernseher. Ich hatte wenigstens einen Glauben, an dem ich mich festhalten konnte, während ich im Gefängnis war. Aber Jamal kam aus einer säkularen Familie, die den Islam nicht praktizierte. So war sein Glaube zu schwach, um ihm Halt zu geben.

Jetzt schaute mich Jamal an, und ich sah, dass er gern zu der Bibelgruppe gehen wollte. Er war ganz eindeutig ebenso neugierig – und gelangweilt – wie ich. Aber etwas in ihm sträubte sich.

»Du kannst ohne mich gehen«, sagte er. »Ruf mich an, wenn du nach Hause kommst.«

Es waren ungefähr fünfzig Leute, die sich an jenem Abend in einem alten Laden trafen, hauptsächlich Studenten in meinem Alter, alle mit unterschiedlichem ethnischen und religiösen Hintergrund. Ein paar Leute übersetzten den englischen Vortrag ins Arabische und Hebräische.

Ich rief Jamal an, als ich nach Hause kam.

»Wie war's?«, fragte er.

»Es war toll«, sagte ich. »Sie haben mir ein Neues Testament auf Arabisch und Englisch geschenkt. Neue Leute, neue Kultur – es hat Spaß gemacht.«

»Ich weiß nicht, Mosab«, sagte Jamal. »Es könnte gefährlich für dich werden, wenn die Leute herausbekommen, dass du dich mit Christen abgibst.«

Ich wusste, dass Jamal es gut meinte, aber ich machte mir eigentlich keine großen Sorgen. Mein Vater hatte uns immer gelehrt, jedem offen und liebevoll zu begegnen, selbst denen, die nicht das Gleiche glaubten wie wir. Ich schaute herunter auf die Bibel, die auf meinem Schoß lag. Mein Vater hatte eine riesige Bibliothek von fünftausend Büchern, darunter auch eine Bibel. Als Jugendlicher hatte ich einmal die interessanten Passagen im Hohelied Salomos gelesen, aber weiter war ich nie gekommen. Dieses Neue Testament allerdings war ein Geschenk. Da Geschenke in der arabischen Kultur geschätzt und respektiert werden, beschloss ich, dass es das Mindeste wäre, es einmal zu lesen.

Ich begann vorne, und als ich zur Bergpredigt kam, dachte ich: *Wow, dieser Jesus ist wirklich beeindruckend! Alles, was er sagt, ist so schön!* Ich konnte das Buch gar nicht mehr aus der Hand legen. Jeder Vers schien eine tiefe Wunde in meinem Leben zu berühren. Es war eine sehr einfache Botschaft, aber irgendwie hatte sie die Kraft, meine Seele zu heilen und mir Hoffnung zu geben.

Dann stieß ich auf den Satz: »Ihr habt gehört, dass es im Gesetz von Mose heißt: ›Liebe deinen Nächsten‹ und hasse deinen Feind. Ich aber sage: Liebt eure Feinde! Betet für die, die euch verfolgen! So handelt ihr wie wahre Kinder eures Vaters im Himmel« (Matthäus 5,43-45).

Das war es! Diese Worte trafen mich wie ein Blitz. Noch nie zuvor hatte ich so etwas gehört, aber ich wusste: Das war die Botschaft, nach der ich mein Leben lang gesucht hatte.

Jahrelang hatte ich darum gerungen zu wissen, wer mein Feind war, und ich hatte nach Feinden außerhalb des Islam und außerhalb Palästinas gesucht. Doch plötzlich wurde mir klar, dass die Israelis nicht meine Feinde waren. Es waren auch weder mein Onkel Ibrahim noch der junge Soldat, der mich mit dem Kolben seiner M16 geschlagen hatte, und auch nicht der affenähnliche Wachmann in Moskobiyeh. Ich sah auf einmal, dass weder Nationalität, Religion noch die Hautfarbe definierten, wer mein Feind war. Ich begriff, dass wir alle die gleichen Feinde haben: Gier, Stolz und all die schlechten Gedanken und die Finsternis des Teufels in uns.

Das hieß, dass ich jeden lieben konnte. Der einzige wahre Feind war der Feind in mir.

Noch vor fünf Jahren hätte ich die Worte von Jesus gelesen und gedacht: *Was für ein Idiot!*, und die Bibel weggeworfen. Doch all meine Erfahrungen – mit meinem Nachbarn, dem verrückten Metzger; den Familienmitgliedern und religiösen Führern, die mich geschlagen hatten, als mein Vater im Gefängnis war und meine eigene Zeit in Megiddo – sie alle hatten mich auf die Macht und Schönheit dieser Wahrheit vorbereitet. Ich konnte nur denken: *Wow! Was für ein weiser Mann dieser Jesus war!*

Jesus sagte: »Hört auf, andere zu verurteilen, dann werdet auch ihr nicht verurteilt« (Matthäus 7,1). Was für ein Unterschied zwischen ihm und Allah! Gott war nach islamischer Vorstellung sehr verurteilend, und die arabische Gesellschaft folgte Allahs Vorbild.

Jesus tadelte die Heuchelei der Schriftgelehrten und Pharisäer, und ich dachte an meinen Onkel. Ich erinnerte mich daran, dass er einmal eine Einladung zu einem besonderen Ereignis erhalten hatte, und wie wütend er war, dass er nicht den besten Platz bekam. Es war, als meinte Jesus Ibrahim und jeden islamischen Scheich und Imam.

Alles, was Jesus auf den Seiten dieses Buches sagte, leuchtete mir vollkommen ein. Ich war völlig überwältigt und mir kamen die Tränen.

Gott gebrauchte den Schin Beth, um mir zu zeigen, dass Israel nicht mein Feind war, und jetzt legte er die Antworten auf meine restlichen Fragen in diesem kleinen Neuen Testament direkt in meine Hände. Doch es war noch ein langer Weg, bis ich die Bibel verstand. Muslime werden gelehrt, an jedes von Gottes Büchern zu glauben, sowohl an die Thora als auch an das Evangelium. Doch wir werden auch gelehrt, dass Menschen das Evangelium verändert hätten und dass es deshalb unzuverlässig sei. Der Koran war laut Mohammed Gottes letztes und unfehlbares Wort an die Menschheit. Also musste ich erst die Überzeugung aufgeben, dass die Bibel verfälscht worden war. Dann musste ich einen Weg finden, wie ich beide Bücher in meinem Leben anwenden und wie ich irgendwie den Islam und das Christentum miteinander verbinden könnte. Keine kleine Herausforderung – das Unvereinbare miteinander zu vereinbaren.

Auf der einen Seite glaubte ich zwar an die Lehren von Jesus, andererseits konnte ich immer noch nicht glauben, dass er wirklich Gott sei. Trotzdem hatten sich meine Maßstäbe plötzlich und drastisch verändert, weil sie von der Bibel anstatt vom Koran beeinflusst wurden.

Ich las weiter in meinem Neuen Testament und ging in die Bibelgruppe. Ich besuchte Gottesdienste und dachte: *Das ist nicht dieses formelle Christentum, das ich in Ramallah sehe. Das hier ist echt.* Die Christen, die ich früher gekannt hatte, unterschieden sich nicht von traditionellen Muslimen. Sie schrieben sich zwar eine Religion auf die Fahne, doch lebten sie nicht.

Ich verbrachte immer mehr Zeit mit den Leuten aus der Bibelgruppe und stellte fest, dass ich diese Gemeinschaft wirklich genoss. Wir konnten uns so gut über unser Leben, unsere Herkunft und unseren Glauben unterhalten. Sie waren meiner Kultur und meinem muslimischen Erbe gegenüber immer respektvoll. Und ich merkte, dass ich bei ihnen wirklich ich selbst sein konnte.

Ich sehnte mich danach, das Gelernte in meine eigene Kultur einzubringen, weil ich erkannte, dass die Besatzung nicht für unser Leid verantwortlich war. Unser Problem war viel größer als Armeen und Politik.

Ich fragte mich, was die Palästinenser wohl tun würden, wenn Israel tatsächlich verschwände – wenn alles nicht nur wieder so wäre wie vor 1948, sondern wenn die Juden das Heilige Land verließen und wieder in alle Himmelsrichtungen zerstreut würden. Und zum ersten Mal kannte ich die Antwort.

Wir würden uns immer noch streiten. Wegen nichts und wieder nichts. Wegen eines Mädchens ohne Kopftuch. Darüber, wer der Stärkste und Wichtigste war. Wer die Regeln machte und den besten Platz bekam.

Es war Ende 1999. Ich war einundzwanzig Jahre alt. Mein Leben begann sich zu verändern, und je mehr ich lernte, desto mehr verwirrte es mich.

»Gott, mein Schöpfer, zeig mir die Wahrheit«, betete ich Tag für Tag. »Ich bin durcheinander. Ich weiß nicht weiter. Und ich weiß nicht, welchen Weg ich einschlagen soll.«

Zweite Intifada

Sommer bis Herbst 2000

Die Hamas – einst die aufstrebende Macht unter den Palästinensern – war nur noch ein Trümmerhaufen. Der erbittertste Rivale im Kampf um die Herzen und die Köpfe der Menschen hatte jetzt alles fest unter Kontrolle.

Durch Intrigen und Verhandlungen hatte die Palästinensische Autonomiebehörde erreicht, was Israel durch bloße Gewalt nicht erreicht hatte: den militanten Flügel der Hamas zu zerstören und seine Anführer und Kämpfer hinter Gitter zu bringen. Nach ihrer Haftentlassung gingen die Hamasmitglieder nach Hause und unternahmen nichts mehr gegen die PA oder die Besatzung. Die jungen *Fedajin* waren erschöpft. Ihre Führerschaft war gespalten und tief sitzendes Misstrauen bestimmte ihr Verhältnis zueinander.

Mein Vater war wieder auf sich selbst gestellt und nahm seine Arbeit in der Moschee und den Flüchtlingslagern auf. Wenn er jetzt sprach, tat er es im Namen Allahs, nicht als Anführer der Hamas. Nach Jahren der Trennung durch unsere jeweiligen Haftstrafen genoss ich die Möglichkeit, wieder mit ihm zu reisen und Zeit zu verbringen. Ich hatte unsere langen Gespräche über das Leben und den Islam vermisst.

Ich las weiterhin in der Bibel und lernte immer mehr über das Christentum. Dabei stellte ich fest, dass ich mich von der Gnade, Liebe und Demut, von der Jesus sprach, wirklich angezogen fühlte. Überraschenderweise waren es auch genau diese Charaktereigenschaften, von denen sich andere Menschen bei meinem Vater angezogen fühlten – einem der hingebungsvollsten Muslime, die ich kenne.

Was meine Beziehung zum Schin Beth betraf: Jetzt, da die Hamas im Prinzip aus dem Rennen war und die PA für Ruhe sorgte, sah es so aus, als gäbe es für mich nichts zu tun. Wir waren einfach Freunde. Sie konnten mich entlassen, wenn sie wollten, und auch ich konnte mich jederzeit von ihnen verabschieden.

Der Nahostgipfel in Camp David zwischen Yasir Arafat, dem amerikanischen Präsidenten Bill Clinton und dem israelischen Ministerpräsidenten

Ehud Barak endete am 25. Juli 2000. Barak hatte Arafat etwa neunzig Prozent des Westjordanlandes, den ganzen Gazastreifen und Ostjerusalem als Hauptstadt eines neuen palästinensischen Staates angeboten. Zusätzlich sollte ein neuer internationaler Fonds eingerichtet werden, um die Palästinenser für das Land zu entschädigen, das sie verloren hatten. Dieses Angebot »Land für Frieden« stellte eine historische Gelegenheit für das seit Langem leidende palästinensische Volk dar – was kaum ein Palästinenser auch nur in seinen kühnsten Träumen für möglich gehalten hätte. Doch für Arafat war es nicht genug.

Yasir Arafat war international zum Inbegriff der Opferrolle des palästinensischen Volkes geworden – und dabei außerordentlich reich. Er wollte diesen Status auf keinen Fall aufgeben und die Aufgabe übernehmen, tatsächlich einen funktionierenden Staat aufzubauen. Also bestand er darauf, dass allen Flüchtlingen gestattet werden sollte, auf das Land zurückzukehren, das ihnen vor 1967 gehört hatte – eine Bedingung, von der er wusste, dass Israel sie aller Wahrscheinlichkeit nach nicht akzeptieren würde.

Obwohl Arafats Ablehnung des Angebots Baraks eine historische Katastrophe für sein Volk darstellte, kehrte der Palästinenserführer als Held zurück – zumindest in den Augen der Hardliner. Er hatte dem Präsidenten der Vereinigten Staaten eine lange Nase gedreht. Er hatte nicht nachgegeben und sich nicht mit weniger zufriedengegeben. Ein politischer Führer, der seine Haltung gegenüber der ganzen Welt durchsetzte.

Arafat kam ins Fernsehen, und die Welt schaute zu, wie er von seiner Liebe zum palästinensischen Volk sprach und von seiner Trauer über die Millionen Familien, die unter unerträglichen Bedingungen in den Flüchtlingslagern leben mussten. Jetzt, da ich mit meinem Vater unterwegs war und seinen Treffen mit Arafat beiwohnte, begann ich selbst zu sehen, wie sehr der Mann die Aufmerksamkeit der Medien liebte. Er schien es zu genießen, als eine Art palästinensischer Che Guevara, Königen, Präsidenten und Ministerpräsidenten ebenbürtig, dargestellt zu werden.

Yasir Arafat zeigte, dass er ein Held sein wollte, von dem man einst in den Geschichtsbüchern schreiben würde. Aber wenn ich ihn beobachtete, dachte ich oft: *Ja, man soll sich in unseren Geschichtsbüchern an ihn erinnern, aber nicht als Held, sondern als Verräter, der sein Volk für den Jubel der Massen verkaufte. Als Anti-Robin-Hood, der die Armen ausraubte und sich selbst bereicherte. Als ein Schmierenkomödiant, der seinen Platz im Rampenlicht mit palästinensischem Blut erkaufte.*

Es war außerdem interessant, Arafat durch die Augen meiner Kontaktmänner im israelischen Geheimdienst zu sehen. »Wir hätten nie gedacht, dass unsere Regierung das aufgeben würde, was sie Arafat angeboten hat. Nie! Und er hat Nein gesagt?«

Tatsächlich waren Arafat die Schlüssel zum Frieden im Nahen Osten gereicht worden, zusammen mit einem echten Nationalstaat für das palästinensische Volk – und er hatte beides weggeworfen. Infolgedessen ging es so schlimm weiter wie bisher. Doch es sollte nicht lange so ruhig bleiben. Für Arafat gab es mehr zu gewinnen, wenn palästinensisches Blut floss. Eine weitere Intifada würde ganz sicher zu neuem Blutvergießen führen und die Medien der westlichen Welt wären mit ihren Kameras dabei.

Die gängige Meinung der Regierungen der Welt und der Nachrichtenagenturen lautet, dass der blutige Aufstand, auch als Zweite Intifada bekannt, ein spontaner palästinensischer Gewaltausbruch war, für den der Besuch von General Ariel Scharon auf dem Tempelberg (so der israelische Name) der Zündfunke war. Und wie üblich ist die gängige Meinung im Unrecht.

* * *

Am Abend des 27. September klopfte mein Vater an meine Tür und fragte, ob ich ihn am nächsten Morgen nach dem Frühgebet zum Haus von Marwan Barghuthi fahren könne.

Marwan Barghuthi war zu dieser Zeit Generalsekretär der Fatah, der größten politischen Fraktion der PLO. Ein charismatischer junger Palästinenserführer, starker Verfechter eines Palästinenserstaates und Feind der Korruption und Menschenrechtsverletzungen der PA und von Arafats Geheimdienst. Marwan, ein kleiner, lässiger Mann, der meistens Jeans trug, war Favorit für die nächsten palästinensischen Präsidentschaftswahlen.

»Was ist los?«, fragte ich meinen Vater.

»Scharon soll morgen die al-Aqsa-Moschee besuchen und die PA meint, das wäre ein guter Zeitpunkt, um einen Aufstand zu starten.«

Ariel Scharon war der Vorsitzende der konservativen Likud-Partei und der politische Erzfeind von Ministerpräsident Ehud Baraks tendenziell linker Arbeiterpartei. Scharon steckte mitten in einem politischen Kopf-an-Kopf-Rennen, in dem er Barak die Führung der israelischen Regierung abjagen wollte.

Ein Aufstand? War das ihr Ernst? Die PA-Anführer, die meinen Vater ins Gefängnis gesteckt hatten, baten ihn jetzt um Hilfe, um eine weitere Intifada in Gang zu setzen. Das war höchst ärgerlich, obwohl es nicht schwer zu erraten war, warum sie mit diesem Plan ausgerechnet auf meinen Vater zukamen. Sie wussten, dass die Menschen ihn mindestens so sehr liebten und ihm vertrauten, wie sie die PA hassten und ihr misstrauten. Sie würden meinem Vater überallhin folgen, und die PA-Führung wusste das.

Sie wusste ebenfalls, dass die Hamas wie ein erschöpfter Boxer am Boden lag und ausgezählt wurde. Die Anführer der PA wollten, dass mein Vater die Hamas bildlich gesprochen hochhob, ihr Wasser ins Gesicht spritzte und in eine weitere Runde schickte, damit die PA sie noch einmal vor der jubelnden Menge k.o. schlagen konnte. Selbst die Anführer der Hamas – müde von den vielen Jahren des Konflikts – warnten meinen Vater, er solle auf der Hut sein.

»Arafat will uns nur für seine Politik verheizen«, sagten sie zu ihm. »Unterstütze seine neue Intifada nicht zu entschieden.«

Doch mein Vater begriff, wie wichtig diese Geste war. Wenn es nicht wenigstens so aussah, als arbeitete er mit der PA zusammen, würde diese einfach mit dem Finger auf die Hamas zeigen und ihr die Schuld am Scheitern des Friedensprozesses geben.

Egal, was wir taten – in dieser Situation konnten wir nur verlieren, und so beunruhigte mich der Plan zutiefst. Doch ich wusste, dass mein Vater es tun musste. Also fuhr ich ihn am nächsten Morgen zu Marwan Barghuthi. Wir klopften, zunächst vergeblich, und erfuhren schließlich, dass Marwan noch im Bett lag.

Typisch, sagte ich zu mir selbst. *Die Fatah zieht meinen Vater in ihre dämlichen Pläne mit rein, und dann können sie sich nicht einmal aus dem Bett bequemen, um die Pläne umzusetzen.*

»Macht nichts«, sagte ich zu meinem Vater. »Kümmer dich nicht weiter drum. Steig ein, ich bring dich nach Jerusalem.«

Natürlich war es riskant, meinen Vater zu dem Ort zu fahren, den Scharon besuchen würde. Die meisten palästinensischen Autos durften überhaupt nicht nach Jerusalem hineinfahren. Wenn die Polizei einen palästinensischen Fahrer erwischte, belegte sie ihn mit einer Geldstrafe – doch angesichts dessen, wer wir waren, würde man meinen Vater und mich wahrscheinlich auf der Stelle verhaften. Ich musste sehr vorsichtig sein, in den Seitenstraßen bleiben und mich im Ernstfall auf meine Verbindungen zum Schin Beth verlassen.

Die al-Aqsa-Moschee und der Felsendom sind auf dem Schutt und den Überresten von zwei sehr alten jüdischen Tempeln erbaut – dem Tempel Salomos aus dem zehnten Jahrhundert vor Christus, und dem Tempel Herodes' des Großen aus der Zeit von Jesus. Daher betrachten manche diesen felsigen Hügel aus gutem Grund als die vierzehn explosivsten Hektar Boden der Welt. Er ist allen drei großen monotheistischen Weltreligionen heilig. Doch vom wissenschaftlichen sowie historischen Standpunkt aus ist es auch ein Ort mit enormer archäologischer Bedeutung – selbst für den eingefleischtesten Atheisten.

In den Wochen vor Scharons Besuch dort hatte der muslimische *Waqf* – die leitende islamisch-religiöse Instanz vor Ort – den Tempelberg jeder archäologischen Aufsicht durch die israelische Altertumsbehörde entzogen. Dann hatte sie für die Bauarbeiten an den neuen unterirdischen Moscheen schweres Gerät für die Erdarbeiten aufgefahren. In den Abendnachrichten in Israel kamen Bilder von Bulldozern, Löffelbaggern und Kippladern, die im und auf dem Tempelberg arbeiteten. Im Lauf der nächsten Wochen brachten die Kipplader ungefähr dreizehntausend Tonnen Schutt von der Tempelberganlage auf die städtische Müllhalde. Nachrichtensendungen von der Müllhalde zeigten Archäologen, die ungläubig den Kopf schüttelten, als sie Reste von Artefakten aus dem Schutt zogen, von denen einige aus der Zeit des ersten und zweiten Tempels stammten.

Viele Israelis sahen dies als eindeutiges Zeichen dafür an, dass die gesamte vierzehn Hektar große Anlage in eine ausschließlich muslimische Kultstätte verwandelt werden sollte, indem jegliche Erinnerung an ihre jüdische Vergangenheit beseitigt wurde. Dazu gehörte auch die Zerstörung aller archäologischen Fundstücke als geschichtliche Belege.

Scharons Besuch sollte den israelischen Wählern eine wortlose, aber deutliche Nachricht übermitteln: »Ich werde dieser sinnlosen Zerstörung ein Ende setzen.« Bei der Planung dieses Besuchs hatten Scharons Mitarbeiter vom palästinensischen Sicherheitschef Jibril Rajub die Zusicherung erhalten, sein Besuch sei kein Problem, solange er keine Moschee beträte.

Mein Vater und ich erreichten den Tempelberg einige Minuten vor Scharons Ankunft. Es war ein ruhiger Morgen. Etwa einhundert Palästinenser waren zum Gebet gekommen. Scharon traf zur normalen Öffnungszeit für Touristen ein, zusammen mit einer Delegation der Likud und etwa tausend Bereitschaftspolizisten. Er kam, schaute sich um und ging wieder. Er sagte nichts. Er betrat keine Moschee.

Für mich wirkte das alles wie ein riesiger Schlag ins Wasser. Auf dem Rückweg nach Ramallah fragte ich meinen Vater, was nun das große Problem gewesen war.

»Was ist passiert?«, fragte ich. »Du hast keine Intifada in Gang gesetzt.«

»Noch nicht«, antwortete er. »Aber ich habe einige Aktivisten in der islamischen Studentenbewegung angerufen und sie gebeten, sich hier mit mir zu einer Protestversammlung zu treffen.«

»In Jerusalem ist nichts passiert, also wollt ihr jetzt in Ramallah demonstrieren? Das ist verrückt«, sagte ich.

»Wir müssen tun, was wir tun müssen. Die al-Aqsa ist unsere Moschee und Scharon hat dort nichts zu suchen. Wir können das nicht zulassen.«

Ich fragte mich, ob er mich zu überzeugen versuchte – oder sich selbst.

Die Demonstration in Ramallah war alles andere als ein dramatisches Schauspiel ungeplanter Massenunruhen. Es war noch früh morgens, und die Leute in der Stadt gingen ihrer üblichen Wege. Vielleicht fragten sie sich, was mit diesen Studenten und Männern von der Hamas los war, die nicht einmal zu wissen schienen, wogegen sie protestierten.

Einige Männer mit Megafonen hielten Reden und eine kleine Gruppe von Palästinensern brach hin und wieder in Sprechchöre und Geschrei aus. Doch größtenteils schien keiner mit besonders viel Energie bei der Sache zu sein. In den Palästinensergebieten hatte sich die Lage etwas beruhigt. Jeder Tag war nicht mehr als ein weiterer Tag unter israelischer Besatzung – palästinensischer Alltag. Die israelischen Soldaten gehörten zum Inventar. Palästinenser durften in Israel arbeiten und studieren. Ramallah bot mit seinem regen Nachtleben einiges an Freizeitmöglichkeiten, also konnte man sich nur schwer zusammenreimen, weshalb diese Männer so aufgebracht waren.

Was mich betraf, war die Demonstration ein weiterer Schlag ins Wasser. Also rief ich ein paar Freunde aus der Bibelgruppe an und wir fuhren nach Galiläa, um am See Genezareth zu campen.

Da wir dort von allen Nachrichtenquellen abgeschnitten waren, wusste ich nicht, dass es am folgenden Morgen einen Zusammenstoß in der Nähe des Tempelbergs gegeben hatte – zwischen einer großen Gruppe steinewerfender palästinensischer Demonstranten und der israelischen Bereitschaftspolizei. Aus den Steinen wurden Molotowcocktails, und dann folgten Schüsse aus Kalaschnikows. Die Polizei setzte Gummigeschosse ein, und einigen Berichten zufolge auch scharfe Munition, um die Demonstranten auseinanderzutreiben. Vier Demonstranten wurden getötet und etwa zweihundert verletzt. Vierzehn Polizisten erlitten ebenfalls Verletzungen. Und genau darauf hatte die Palästinensische Autonomiebehörde spekuliert.

Am nächsten Tag bekam ich einen Anruf vom Schin Beth. »Wo bist du?«
»Ich bin in Galiläa, beim Camping mit ein paar Freunden.«
»Galiläa? Was? Du bist ja verrückt!« Loai fing an zu lachen. »Du bist echt unglaublich«, sagte er. »Das ganze Westjordanland steht Kopf, und du bist unterwegs und amüsierst dich mit deinen christlichen Freunden.«

Als er mir erzählte, was passiert war, sprang ich sofort ins Auto und fuhr nach Hause.

Yasir Arafat und die anderen PA-Anführer waren fest entschlossen gewesen, eine weitere Intifada auszulösen. Sie hatten das seit Monaten geplant, sogar schon während des Treffens von Arafat und Barak mit Präsident Clinton in Camp David. Sie hatten einfach einen passenden Vorwand gesucht, um die Aktion loszutreten. Scharons Besuch bot diesen Vorwand. Nach ein paar Fehlstarts begann die al-Aqsa-Intifada tatsächlich, und wieder einmal explodierte das Pulverfass des palästinensischen Zorns im Westjordanland und im Gazastreifen. Besonders im Gazastreifen.

Dort hatte die Fatah Demonstrationen angestoßen, die zum Tod des zwölfjährigen Jungen Mohammed al-Dura geführt hatten und weltweit im Fernsehen übertragen wurden. Der Junge und sein Vater Jamal waren ins Kreuzfeuer geraten und hatten hinter einer Betonröhre Deckung gesucht. Der Junge wurde von einem Querschläger getroffen und starb in den Armen seines Vaters. Die ganze dramatische Szene wurde von einem palästinensischen Kameramann eingefangen, der fürs französische Fernsehen arbeitete. Binnen Stunden gingen die Bilder um die ganze Welt und brachten Millionen gegen die israelische Besatzung auf.

In den folgenden Monaten entfachte sich allerdings eine hitzige internationale Debatte über diesen Vorfall. Einige hatten Belege dafür, dass der Junge in Wahrheit durch palästinensische Kugeln gestorben war. Andere machten weiterhin die Israelis dafür verantwortlich. Es gab sogar einige Stimmen, die behaupteten, der Film sei eine sorgfältig inszenierte Falschmeldung. Da das Filmmaterial nicht direkt zeigte, wie der Junge angeschossen wurde, und auch nicht seinen Leichnam, vermuteten viele dahinter ein Propagandamanöver der PLO. Falls Letzteres tatsächlich der Fall war, war es brillant und wirkungsvoll.

Was auch immer die Wahrheit war, plötzlich befand ich mich mitten in einem Krieg, in dem mein Vater eine Schlüsselfigur war, ein Anführer – wenn er auch keine Ahnung hatte, was er da anführte oder wohin es ihn führen würde. Er wurde einfach von Arafat und der Fatah manipuliert und benutzt, um Unruhe zu stiften und so der PA neue Druckmittel und Argumente für weitere Spendenkampagnen zu liefern.

Inzwischen starben wieder Menschen an den Kontrollpunkten. Alle Beteiligten gebrauchten im Zweifelsfall sofort ihre Schusswaffen, ohne groß Fragen zu stellen. Kinder kamen ums Leben. Einen blutigen Tag nach dem anderen stand ein weinerlicher Arafat händeringend vor den Kameras der westlichen Welt und leugnete, irgendetwas mit der Gewalt zu tun zu haben. Stattdessen zeigte er mit dem Finger auf meinen Vater, auf Marwan Barghuthi und auf die Leute in den Flüchtlingslagern. Er versicherte der Welt, dass er alles in seiner Macht Stehende unternehme, um den Aufstand zu beenden. Doch sein anderer Finger lag die ganze Zeit direkt am Abzug.

Bald musste Arafat allerdings feststellen, dass er einen schrecklichen Flaschengeist freigelassen hatte. Er hatte das palästinensische Volk wachgerüttelt und aufgestachelt, weil es seinen Zwecken diente. Doch es dauerte nicht lange, bis alles völlig außer Kontrolle geriet. Die Palästinenser sahen, wie IDF-Soldaten auf ihre Väter, Mütter und Kinder schossen, und waren so aufgebracht darüber, dass sie weder auf die PA noch auf irgendjemanden sonst hörten.

Yasir Arafat entdeckte auch, dass der angeschlagene Boxer, den er wieder auf die Beine gestellt hatte, doch aus härterem Holz geschnitzt war, als er geahnt hatte.

Die Straßen waren der natürliche Lebensraum der Hamas. Der Boxer hatte dort seine ersten Kämpfe ausgetragen, und dort war er am stärksten. Frieden mit Israel? Camp David? Oslo? Die Hälfte von Jerusalem? Vergesst es! Jede kompromissbereite Stimmung war im lodernden Feuer des Konflikts in Flammen aufgegangen. Die Palästinenser folgten wieder ihrer Alles-oder-nichts-Mentalität der Vergangenheit. Jetzt war es die Hamas und nicht Arafat, die Öl ins Feuer goss.

Auge um Auge, Zahn um Zahn. Die Gewalt eskalierte. Mit jedem neuen Tag wuchs die Liste der Kränkungen auf beiden Seiten – obwohl das Maß der Trauer auf jeder Seite eigentlich schon übervoll war:

- 8. Oktober 2000: Ein jüdischer Mob greift Palästinenser in Nazareth an. Zwei Araber werden getötet, zwölf weitere verletzt. In Tiberias zerstören Juden eine zweihundert Jahre alte Moschee.
- 12. Oktober: Ein palästinensischer Mob tötet zwei IDF-Soldaten in Ramallah. Israel übte Vergeltung und bombardierte Gaza, Ramallah, Jericho und Nablus.
- 2. November: Eine Autobombe tötet zwei Israelis in der Nähe des Mahane-Yehuda-Markts in Jerusalem. Zehn weitere werden verletzt.
- 5. November: Der neununddreißigste Tag der al-Aqsa-Intifada. Bisher gab es auf palästinensischer Seite mehr als einhundertfünfzig Tote.
- 11. November: Von einem israelischen Hubschrauber aus wird ein Sprengsatz gezündet, der am Auto eines Hamasaktivisten angebracht worden war.
- 20. November: Neben einem Bus voller Schulkinder explodiert eine am Straßenrand versteckte Bombe. Zwei Israelis sterben, neun weitere, darunter fünf Kinder, werden verletzt.[5]

Ich konnte kaum meinen Augen trauen. Gegen diesen Wahnsinn musste doch etwas unternommen werden. Die Zeit war gekommen. Ich wusste: Jetzt begann meine Zusammenarbeit mit dem Schin Beth. Ich machte mich von ganzem Herzen daran.

Undercover

2000 bis 2001

Was ich jetzt berichte ist bislang nur einer Handvoll Leuten im israelischen Geheimdienst bekannt. Ich veröffentliche meine Informationen in der Hoffnung, dass sie Licht auf eine Reihe bedeutsamer und seit Langem geheimnisumwobener Ereignisse werfen.

Am Tag der Entscheidung – dem Tag, an dem ich beschloss, alles mir Mögliche zu tun, um diesem Wahnsinn ein Ende zu setzen – begann ich alles in Erfahrung zu bringen, was ich über die Aktivitäten und Pläne von Marwan Barghuthi und die Anführer der Hamas herausfinden konnte. Alles, was ich erfuhr, gab ich an den Schin Beth weiter, der sein Bestes tat, um diese Männer zu finden.

Vom Schin Beth hatte ich den Codenamen »Grüner Prinz« erhalten. *Grün* stand für die Hamasflagge und *Prinz* war eine Anspielung auf die Position meines Vaters – ein König innerhalb der Hamas. Somit wurde ich im Alter von zweiundzwanzig Jahren zum einzigen Hamas-Insider, der den militanten und politischen Flügel der Hamas sowie andere palästinensische Splittergruppen für den Schin Beth unterwandern konnte.

Doch diese Verantwortung lag nicht allein auf meinen Schultern. Mir war inzwischen klar, dass Gott mich aus gutem Grund gezielt in die Kreise gestellt hatte, in denen ich mich bewegte – in den Kern der Hamas und der Palästinenserführung, in die Treffen mit Yasir Arafat und in den israelischen Geheimdienst. Ich war in einer einzigartigen Position für diese Aufgabe. Und ich konnte spüren, dass Gott mit mir war.

Ich wollte ganz tief graben, wollte alles wissen, was vor sich ging. Bei der Ersten Intifada war ich mitten im Zentrum der Ereignisse gewesen, umgeben von Gewalt. Der Friedhof, auf dem ich als Kind Fußball gespielt hatte, war bis an den Rand mit Toten gefüllt. Ich hatte Steine geworfen. Ich hatte die Ausgangssperre missachtet. Aber ich hatte nicht verstanden, warum unsere Leute sich für die Gewalt entschieden hatten. Jetzt wollte ich wissen, warum wir mit all dem noch einmal von vorne anfingen. Ich musste es verstehen.

Aus Yasir Arafats Perspektive ging es bei dem Aufstand um Politik, Geld und Machterhalt. Er war ein großer Manipulator, der palästinensische Drahtzieher. Vor laufender Kamera verurteilte er die Hamas für ihre Anschläge auf Zivilisten in Israel. Die Hamas repräsentiere weder die Palästinensische Autonomiebehörde noch das palästinensische Volk, sagte er immer wieder. Doch er unternahm auch kaum etwas dagegen. Er war ganz zufrieden damit, dass die Hamas die Drecksarbeit erledigte und den Kopf für die Kritik der internationalen Gemeinschaft hinhielt. Arafat war ein gerissener alter Politiker, der wusste, dass Israel die Anschläge nicht ohne Zusammenarbeit mit der PA unterbinden konnte. Und je mehr Anschläge es gab, desto schneller würde sich Israel an den Verhandlungstisch setzen.

In dieser Zeit erschien eine neue Gruppe auf der Bühne. Sie nannte sich die »al-Aqsa-Märtyrerbrigaden«. Ihre Anschläge richteten sich auf IDF-Soldaten und Siedler. Doch niemand wusste, wer diese Leute waren oder woher sie kamen. Sie schienen religiös zu sein, obwohl niemand in der Hamas oder im Islamischen Dschihad sie kannte. Sie schienen auch keine nationalistische Splittergruppe der PA oder der Fatah zu sein.

Der Schin Beth war ebenso erstaunt wie alle anderen. Ein- oder zweimal pro Woche wurde ein weiterer Personenwagen oder Bus der Siedler angegriffen – mit tödlicher Präzision. Selbst schwer bewaffnete israelische Soldaten hatten dieser Gruppe nichts entgegenzusetzen.

Eines Tages rief Loai mich an. »Uns wird berichtet, dass einige unidentifizierte Männer bei Maher Odeh sind. Du musst herausfinden, wer sie sind und in welcher Verbindung sie zu ihm stehen. Du bist der Einzige, bei dem wir uns darauf verlassen können, dass er es nicht vermasselt.«

Maher Odeh war ein hochrangiger Hamasführer, der vom Schin Beth händeringend gesucht wurde. Er war der Kopf des Hamas-Sicherheitsdienstes in den Gefängnissen und ich wusste: Er war für einen großen Teil der Folterungen dort verantwortlich. Ich vermutete, dass er der Drahtzieher hinter den Selbstmordanschlägen war. Odeh war aber auch ein sehr verschwiegener Mann, und so war es für den Schin Beth beinahe unmöglich, die für einen Haftbefehl nötigen Beweise zu sammeln.

An jenem Abend fuhr ich durch die Innenstadt von Ramallah. Es war Ramadan und die Straßen waren menschenleer. Die Sonne war bereits untergegangen, also waren alle daheim beim täglichen Fastenbrechen, als ich auf einem Parkplatz in der Straße des Wohnhauses von Maher Odeh anhielt. Obwohl ich für solche Operationen nicht ausgebildet war, kannte ich die Grundregeln. Im Film sitzen die Agenten immer im Auto auf der anderen Straßenseite, gegenüber des Hauses, in dem der Verdächtige wohnt, und überwachen es mit Hightechkameras und anderen Spionagegeräten. Obwohl dem Schin Beth hoch entwickelte Technik zur Verfügung stand, hatte ich für diese Mission nur mein Auto und meine Augen. Ich musste einfach das Gebäude beobachten und darauf achten, wer kam und wer ging.

Nach ungefähr einer halben Stunde verließen mehrere bewaffnete Männer das zweigeschossige Gebäude und stiegen in einen neuen grünen Chevrolet mit israelischem Kennzeichen. Das ganze Bild stimmte nicht. Zunächst einmal trugen Hamasmitglieder, besonders die vom militanten Flügel, ihre Waffen nie in der Öffentlichkeit. Zweitens gaben sich Männer wie Maher Odeh nicht mit bewaffneten Männern ab.

Ich ließ den Motor laufen und wartete, ließ ein paar Autos zwischen uns, bevor ich aus der Parklücke fuhr. Ich folgte dem grünen Chevy eine kurze Strecke die Hauptstraße nach Betunia entlang, wo meine Eltern lebten, und dann verlor ich sie.

Ich war sauer auf mich selbst und auf den Schin Beth. Das war kein Film. Das war das richtige Leben, und im richtigen Leben riskierte man als Spion seinen Hals. Wenn der Schin Beth wollte, dass ich bewaffneten Männern folgte, besonders nach Einbruch der Dunkelheit, dann mussten sie mir Verstärkung schicken. Das war eine Aufgabe für mehrere Personen und nicht für einen allein. Ich hatte immer angenommen, dass zu solch einer Operation auch Luft- und Satellitenüberwachung gehörte – cooler Hightechkram. Aber es gab nur mich. Ich konnte Glück haben oder erschossen werden. In diesem Fall passierte weder das eine noch das andere. Ich fuhr heim und fühlte mich, als ob mir gerade ein millionenschweres Geschäft geplatzt sei.

Am nächsten Morgen stand ich auf, fest entschlossen, dieses Auto zu finden. Doch auch nach stundenlangem Herumfahren hatte ich nichts erreicht. Frustriert gab ich auf und beschloss, mein Auto in die Waschanlage zu fahren. Und da stand er – einfach so in der Waschanlage. Der gleiche grüne Chevy. Die gleichen Kerle. Die gleichen Waffen.

War das Glück oder Gottes Eingreifen – oder was?

Jetzt, bei Tageslicht, konnte ich einen viel besseren Blick auf sie werfen, und ich war viel näher an ihnen dran als am Abend zuvor. In ihren noblen Anzügen und mit ihren AK-47- und M16-Gewehren erkannte ich sie sofort als Mitglieder der *Force 17*, einer Eliteeinheit, die es seit Anfang der Siebzigerjahre gab. Das waren die Männer, die für Arafats Personenschutz zuständig waren und ihn vor den Möchtegernen und Thronräubern schützten, deren Liste immer länger wurde.

Irgendetwas stimmte nicht. Das konnten doch nicht die gleichen Männer sein, die ich bei Maher Odehs Haus gesehen hatte, oder? Was konnte Maher Odeh von diesen Revolverhelden wollen? Er hatte doch nichts mit Arafat zu tun, oder? Nichts davon passte ins Bild.

Als sie weg waren, fragte ich den Inhaber der Waschanlage, wer diese Männer waren. Er kannte mich als Sohn von Hassan Yousef, und so überraschten meine Fragen ihn überhaupt nicht. Er bestätigte, dass sie zur *Force 17* gehörten und erzählte mir, dass sie in Betunia wohnten. Das irritierte mich noch mehr. Warum wohnten diese Kerle nur ein paar Minuten von meinen Eltern entfernt und nicht in Arafats Residenz?

Ich fuhr zu der Adresse, die ich vom Inhaber der Waschanlage bekommen hatte und fand den Chevy vor der Tür geparkt. Auf schnellstem Weg fuhr ich zurück zum Schin-Beth-Hauptquartier und erzählte Loai alles, was ich herausgefunden hatte. Er hörte mir aufmerksam zu, doch sein Vorgesetzter widersprach mir immer wieder.

»Das ist doch total unlogisch«, sagte er. »Warum sollten Arafats Leibwächter außerhalb seiner Residenz wohnen? Du hast irgendwas durcheinandergebracht.«

»Ich habe nichts durcheinandergebracht!«, schoss ich zurück. Ich wusste, dass sich die ganze Geschichte nicht zusammenreimte. Mich frustrierte die Tatsache, dass ich das alles zwar gesehen hatte, aber nicht erklären konnte. Und jetzt sagte mir dieser Mann, ich hätte es gar nicht gesehen.

»Die ganze Situation stimmt nicht«, sagte ich. »Mir ist egal, ob Sie das logisch finden oder nicht. Ich habe gesehen, was ich gesehen habe.«

Er war entrüstet, dass ich so mit ihm redete, und verließ aufgebracht die Sitzung. Loai beruhigte mich und ließ mich alle Einzelheiten noch einmal nacheinander wiederholen. Offenbar passte der Chevrolet nicht zu den Informationen, die sie über die Märtyrerbrigaden hatten. Es war ein gestohlener israelischer Wagen – so etwas fuhren die PA-Leute meistens –, aber wir konnten uns nicht zusammenreimen, in welcher Verbindung er zu der neuen Splittergruppe stand.

»Bist du dir ganz sicher, dass es ein grüner Chevy war?«, fragte Loai. »Du hast keinen BMW gesehen?«

Ich war mir sicher, dass es ein grüner Chevy war, aber ich fuhr trotzdem noch einmal zurück zu der Wohnung. Dort parkte der Chevy immer noch am gleichen Fleck. Neben dem Haus allerdings sah ich ein weiteres Auto, das mit einem weißen Laken zugedeckt war. Vorsichtig schlich ich mich heran und hob die hintere Ecke des Lakens an. Darunter stand ein silbergrauer 1982er-BMW.

»Okay, wir haben sie!«, schrie Loai ins Telefon, als ich ihn anrief und von meiner Entdeckung erzählte.

»Wovon redest du?«

»Arafats Leibwache!«

»Was meinst du? Ich dachte, meine Informationen wären alle falsch?«, fragte ich sarkastisch.

»Nein, du hattest absolut recht. Dieser BMW wurde in den letzten Monaten bei jeder Schießerei im Westjordanland benutzt.«

Loai erklärte, dass diese Information einen echten Durchbruch darstellte, denn sie war der erste Beweis, dass die al-Aqsa-Märtyrerbrigaden niemand anderes als Yasir Arafats eigene Garde waren – direkt von ihm finanziert, mit Geld von amerikanischen Steuerzahlern und internationalen Spendern. Die Entdeckung dieser Verbindung war ein riesiger Schritt voran, um der entsetzlichen Serie von Bombenanschlägen ein Ende zu setzen, durch die unschuldige Zivilisten ums Leben kamen. Die Beweise, die ich dem Schin Beth lieferte, sollten später vor dem UN-Sicherheitsrat gegen Arafat verwendet werden.[6] Jetzt mussten wir nur noch die Mitglieder dieser neuen Zelle festsetzen – der Schlange den Kopf abschlagen, wie die Israelis gern sagten.

Wir erfuhren, dass die gefährlichsten Mitglieder Ahmad al-Ghandur und Mohammed Abu Halawa waren. Ghandur war einer der Anführer der Märtyrerbrigaden und Halawa einer seiner Offiziere. Sie hatten bereits ein Dutzend Menschen umgebracht. Diese Kerle aus dem Verkehr zu ziehen, sollte nicht allzu schwierig sein. Wir wussten, wer sie waren und wo sie wohnten. Und vor allem wussten sie nicht, dass wir es wussten.

Die IDF schickten eine unbemannte Drohne los, die den Wohnblock umkreisen und Informationen sammeln sollte. Zwei Tage später führten die Märtyrerbrigaden einen weiteren Anschlag in Israel aus und die Israelis wollten zurückschlagen. Die 120-Millimeter-Kanone eines fünfundsechzig Tonnen schweren israelischen Merkava-Kampfpanzers feuerte zwanzig Granaten ins Gebäude der Märtyrerbrigaden. Unglücklicherweise hatte sich keiner die Mühe gemacht, die Überwachungsdrohne darauf zu überprüfen, ob die Männer überhaupt dort waren. Sie waren es nicht.

Schlimmer noch: Jetzt wussten sie, dass wir hinter ihnen her waren. Es überraschte nicht, dass sie in Yasir Arafats Residenz Zuflucht suchten. Wir wussten, dass sie dort waren, doch damals war es politisch unmöglich, einfach reinzugehen und sie rauszuholen. Jetzt kamen ihre Anschläge in kürzeren Abständen und wurden immer aggressiver.

Da er einer der Anführer war, stand Ahmad al-Ghandur ganz oben auf der Liste der gesuchten Personen. Nachdem er in Arafats Residenz umgezogen war, nahmen wir an, dass wir ihn nie erwischen würden. Wie sich herausstellte, sollten wir ihn auch nicht erwischen. Er brachte sich selbst zu Fall.

Als ich eines Tages die Straße in der Nähe des alten Friedhofs in al-Bira entlanglief, stieß ich auf eine militärische Beerdigung.

»Wer ist gestorben?«, fragte ich aus reiner Neugierde.

»Jemand aus dem Norden«, sagte ein Mann. »Ich bezweifle, dass du ihn kennst.«

»Wie heißt er?«

»Sein Name war Ahmad al-Ghandur.«

Ich versuchte, meine Aufregung zu verbergen, und fragte beiläufig: »Was ist denn mit ihm passiert? Ich glaube, ich habe diesen Namen schon mal gehört.«

»Er wusste nicht, dass seine Waffe geladen war, und hat sich in den Kopf geschossen. Es heißt, sein Gehirn klebte an der Decke.«

Ich rief Loai an. »Sag Lebewohl zu Ahmad al-Ghandur, denn Ahmad al-Ghandur ist tot.«

»Hast du ihn umgebracht?«

»Habt ihr mir eine Waffe gegeben? Nein, ich habe ihn nicht umgebracht. Er hat sich selbst erschossen. Der Kerl ist Geschichte.«

Loai konnte es kaum glauben.

»Der Mann ist tot. Ich bin bei seiner Beerdigung.«

* * *

In den ersten Jahren der al-Aqsa-Intifada begleitete ich meinen Vater überallhin. Als sein ältester Sohn war ich sein Schützling, sein Leibwächter, sein Vertrauter, sein Schüler und sein Freund. Und er war mein Ein und Alles – mein Vorbild als Mann. Obwohl unsere Ideologien ganz eindeutig nicht mehr die gleichen waren, wusste ich, dass sein Herz am rechten Fleck saß und seine Motive lauter waren. Seine Liebe zur Gemeinschaft aller Muslime und seine Hingabe an Allah ließen nie nach. Er sehnte sich nach Frieden in seinem Volk und er hatte sein Leben lang auf dieses Ziel hingearbeitet.

Die Zweite Intifada spielte sich hauptsächlich im Westjordanland ab. Im Gazastreifen gab es ein paar Demonstrationen, und der Tod des kleinen Mohammed al-Dura hatte das Pulverfass in Brand gesetzt. Doch es war die Hamas, die das Feuer zu einem regelrechten Inferno im Westjordanland anfachte.

In jedem Dorf, in jeder Stadt gab es Zusammenstöße zwischen wütenden Menschenmengen und israelischen Soldaten. Jeder Kontrollpunkt wurde zu einem blutigen Schlachtfeld. Es war kaum noch eine Familie zu finden, die in den letzten Tagen nicht liebe Freunde oder Familienmitglieder begraben müssen.

Inzwischen trafen sich die Anführer aller palästinensischer Fraktionen – prominente Männer aus den höchsten Führungsebenen – täglich mit Yasir Arafat, um ihre Strategien zu koordinieren. Mein Vater vertrat die Hamas, die sich wieder zur größten und wichtigsten Organisation entwickelt hatte. Er, Marwan Barghuthi und Arafat trafen sich ebenfalls wöchentlich, separat von den anderen. Bei mehreren Gelegenheiten konnte ich meinen Vater zu diesen vertraulichen Treffen begleiten.

Ich verachtete Arafat und das, was er dem Volk antat, das ich liebte. Doch angesichts meiner Rolle als Schin-Beth-Maulwurf wäre es höchst unklug gewesen, meine Gefühle zu zeigen. Dennoch wischte ich mir einmal instinktiv die Wange ab, nachdem Arafat mich geküsst hatte. Er bemerkte es und fühlte sich eindeutig gedemütigt. Meinem Vater war die Situation peinlich. Das war das letzte Mal, dass mich mein Vater mitnahm.

Die Intifada-Führer trafen zu diesen täglichen Treffen ausnahmslos in ihren ausländischen Siebzigtausend-Dollar-Wagen ein, begleitet von Autos voller Leibwächter. Mein Vater fuhr immer mit seinem blauen 1987er-Audi. Keine Bodyguards. Nur ich.

Diese Treffen waren der Motor, der die Intifada antrieb. Obwohl ich jetzt draußen vor dem Sitzungsraum bleiben musste, wusste ich trotzdem in allen Einzelheiten, was drinnen vor sich ging, weil mein Vater sich Notizen machte. Ich hatte Zugriff auf diese Notizen und machte mir Kopien. In den Aufzeichnungen waren nie hochsensible Daten enthalten – kein Wer, Wo und Wann einer militärischen Operation. Vielmehr sprachen die Anführer immer allgemein über ihre Pläne. Daraus waren aber Muster und allgemeine Ortsbestimmungen abzuleiten, zum Beispiel, ob ein Anschlag innerhalb von Israel geplant war oder sich gegen Siedler oder Kontrollpunkte richten sollte.

Was allerdings in den Sitzungsnotizen enthalten war, waren Daten für Demonstrationen. Wenn mein Vater sagte, dass die Hamas für morgen um ein Uhr eine Demonstration im Zentrum von Ramallah plante, wurden rasch Boten geschickt: in die Moscheen, Flüchtlingslager und Schulen, um alle Hamasmitglieder darüber zu informieren, dass sie um ein Uhr da sein sollten. Infolgedessen kamen Muslime, Flüchtlinge und allzu oft auch Schulkinder ums Leben.

Tatsächlich war die Hamas vor der Zweiten Intifada so gut wie tot gewesen. Mein Vater hätte es einfach dabei bewenden lassen sollen. Jeden Tag sahen die Menschen in den arabischen Nationen sein Gesicht im Fernsehen auf Al Dschasira. Er war jetzt der sichtbare Anführer der Intifada. Dadurch wurde er zu einem unglaublich beliebten und wichtigen Mann in der muslimischen Welt, doch für Israel auch zum Inbegriff des Verbrechers.

Der ganze Rummel machte Hassan Yousef aber nicht eingebildet. Er blieb demütig, zufrieden damit, dass er Allahs Willen getan hatte.

Eines Morgens las ich in den Sitzungsnotizen meines Vaters, dass eine Demonstration geplant war. Am nächsten Tag lief ich hinter ihm an der Spitze eines lautstarken Mobs zu einem israelischen Kontrollpunkt. Knapp zweihundert Meter vor dem Kontrollpunkt setzten sich die Anführer ab und begaben sich auf einem Hügel in Sicherheit. Alle anderen – die jungen Männer und Schulkinder – stürmten vorwärts und begannen, die schwer bewaffneten Soldaten mit Steinen zu bewerfen, die daraufhin in die Menge feuerten.

In solchen Situationen konnten sogar Gummigeschosse tödlich sein. Kinder waren besonders gefährdet. Diese Munition konnte tödlich sein, wenn sie aus weniger als vierzig Metern Entfernung abgeschossen wurde (dem von den IDF vorgeschriebenen Mindestabstand).

Von unserem Beobachtungspunkt auf dem Hügel aus, sahen wir überall Tote und Verwundete liegen. Die Soldaten feuerten sogar auf die eintreffenden Krankenwagen, schossen auf die Fahrer und töteten Sanitäter, die versuchten, die Verwundeten in Sicherheit zu bringen. Es war unmenschlich.

Bald kam das Feuer aus allen Richtungen. Steine hagelten auf den Kontrollpunkt nieder. Tausende stürmten gegen die Barrikaden und versuchten, sich mit Gewalt einen Weg an den Soldaten vorbei zu bahnen. Sie waren nur von einem Gedanken besessen – die Siedlung Bet El zu erreichen und alles und jeden zu zerstören, der ihnen im Weg stand. Der Anblick ihrer gefallenen Angehörigen, der Geruch von Blut raubte ihnen die Fähigkeit, klar zu denken.

Gerade als es so aussah, als könnte die Lage nicht mehr chaotischer werden, donnerte auch noch der 1200-PS-Dieselmotor eines Merkava-Panzers mitten ins Gefecht. Plötzlich zerriss ein Kanonenschuss die Luft wie ein Überschallknall.

Der Panzer war eine Reaktion auf die PA-Truppen, die angefangen hatten, auf die IDF-Soldaten zu schießen. Als er näher kam, packten die Leibwächter ihre Schutzbefohlenen und brachten sie schleunigst in Sicherheit. Ich versuchte ebenfalls, meinen Vater zu unserem Auto zu bringen. Der Hügel unter unseren Füßen war mit Leichenteilen übersät. Als wir das Auto endlich erreichten, rasten wir nach Ramallah und fuhren zum Krankenhaus, das sich in unglaublichem Tempo mit Verwundeten, Sterbenden und Toten füllte. Es gab nicht genügend Zimmer. Der Rote Halbmond richtete draußen im Freien eine Notversorgung ein, in dem verzweifelten Versuch zu verhindern, dass die Leute verbluteten, bevor sie drinnen an die Reihe kamen. Doch es ging einfach nicht schnell genug.

Die Krankenhauswände und -flure waren blutverschmiert. Die Leute rutschten darauf aus, wenn sie über die Korridore gingen. Ehemänner und Väter, Ehefrauen und Mütter und Kinder schluchzten vor Trauer und schrien vor Wut.

Erstaunlicherweise schienen die Menschen inmitten ihrer Trauer und Wut den palästinensischen Anführern unglaublich dankbar zu sein, die –

wie mein Vater - gekommen waren, um ihr Leid mit ihnen zu teilen. Doch das waren genau die palästinensischen Anführer, die sie und ihre Kinder wie Schafe zur Schlachtbank geführt und sich selbst dann in Sicherheit gebracht und das Gemetzel aus sicherer Entfernung beobachtet hatten. Das ekelte mich mehr an als all das Blut.

Und das war nur eine Demonstration. Abend für Abend saßen wir vor dem Fernseher und hörten uns die unendliche Aufzählung der Toten an. Zehn in dieser Stadt. Fünf dort. Zwanzig weitere hier.

Ein Bericht handelte von einem Mann namens Schada, der zum Zeitpunkt der Demonstration gerade ein Loch in eine Hauswand bohrte. Ein israelischer Panzerführer sah ihn und hielt die Bohrmaschine für eine Waffe. Er feuerte die Panzerkanone ab. Das Geschoss traf - in den Kopf.

Mein Vater und ich gingen zum Haus des getöteten Mannes. Er hatte gerade geheiratet - eine hübsche junge Frau. Doch das war nicht das Schlimmste. Die palästinensischen Anführer, die gekommen waren, um die Witwe zu trösten, begannen sich zu streiten, wer bei Schadas Beerdigung predigen sollte und wer für den Empfang der Trauergäste über drei Tage hinweg verantwortlich sei. Sie alle nannten Schada »unseren Sohn« und behaupteten, er habe zu ihrer jeweiligen Gruppe gehört. Sie versuchten zu beweisen, dass ihre Gruppe stärker an der Intifada beteiligt war als die anderen.

So weit hatten es die konkurrierenden Splittergruppen also gebracht, dass sie jetzt einen lächerlichen Streit um die Toten führten! Und meistens waren die Toten Menschen, die gar nichts mit der ganzen Bewegung zu tun hatten. Sie waren einfach Leute, die von der Welle der Gefühle mitgerissen wurden. Viele andere, wie Schada, waren einfach nur zur falschen Zeit am falschen Ort.

Währenddessen verbrannten Araber überall auf der Welt amerikanische und israelische Flaggen, demonstrierten und schickten Milliarden Dollar in die Palästinensergebiete, um die Besatzung ein für alle Mal zu beenden. In den ersten zweieinhalb Jahren der Zweiten Intifada zahlte Saddam Hussein fünfunddreißig Millionen Dollar an die Familien der palästinensischen Märtyrer - zehntausend Dollar an die Familie von jedem, der im Kampf gegen Israel gefallen war, und fünfundzwanzigtausend Dollar an die Familie jedes Selbstmordattentäters. Man konnte viel über diesen sinnlosen Kampf um Land sagen - aber nie, dass ein Leben nicht viel wert war.

Meistgesucht

2001

Die Palästinenser gaben nicht mehr Yasir Arafat oder der Hamas die Schuld an ihren Problemen. Jetzt gaben sie Israel die Schuld am Tod ihrer Kinder. Doch eine grundlegende Frage stellte sich mir immer wieder: Warum waren diese Kinder überhaupt da draußen? Wo waren ihre Eltern? Warum sorgten ihre Mütter und Väter nicht dafür, dass sie im Haus blieben? Diese Kinder hätten in der Schule auf ihren Plätzen sitzen sollen, anstatt durch die Straßen zu rennen und Steine auf bewaffnete Soldaten zu werfen.

»Warum müsst ihr Kinder in den Tod schicken?«, fragte ich meinen Vater nach einem besonders entsetzlichen Tag.

»Wir schicken die Kinder nicht«, sagte er. »Sie wollen gehen. Schau dir nur deine Brüder an.«

Mir lief es kalt über den Rücken.

»Wenn ich mitbekomme, dass einer meiner Brüder da rausgeht und Steine wirft, breche ich ihm den Arm«, sagte ich. »Es ist mir lieber, dass er einen gebrochenen Arm hat, als dass er getötet wird.«

»Ach wirklich? Dann interessiert es dich ja vielleicht, dass deine Brüder gestern auch mit Steinen geworfen haben.« Er sagte das so beiläufig – ich konnte kaum glauben, dass das jetzt einfach unser Alltag war.

Vier meiner Brüder waren keine Kinder mehr. Suhayb war einundzwanzig und Saif achtzehn, beide alt genug, um ins Gefängnis zu kommen. Mit sechzehn und vierzehn waren Uwais und Mohammed alt genug, um sich eine Kugel einzufangen. Und sie alle hätten es besser wissen sollen. Doch als ich sie zur Rede stellte, stritten sie ab, unter den Steinewerfern gewesen zu sein.

»Hört mal, ich meine es sehr ernst«, sagte ich zu ihnen. »Ich habe euch schon lange nicht mehr den Hintern versohlt, weil ihr inzwischen erwachsen seid. Aber das wird sich ändern, wenn mir zu Ohren kommt, dass ihr da rausgeht.«

»Aber du und Vater wart auch bei den Demonstrationen«, protestierte Mohammed.

»Ja, das stimmt. Aber wir haben nicht mit Steinen geworfen.«

Inmitten dieser Situation – besonders jetzt, da Saddam Hussein, der skrupellose Diktator des Irak, dicke Schecks schickte – verlor die Hamas ihr Monopol bei den Selbstmordanschlägen. Jetzt kamen die Attentäter auch aus den Reihen des Islamischen Dschihad und der al-Aqsa-Märtyrerbrigaden, der Säkularisten, der Kommunisten und der Atheisten. Und sie alle konkurrierten miteinander darum, wer die meisten israelischen Zivilisten töten konnte.

Es floss zu viel Blut. Ich konnte nicht schlafen. Ich konnte nicht essen. Ich sah das Ganze nicht mehr nur mit den Augen eines Muslims oder eines Palästinensers oder auch als Sohn von Scheich Hassan Yousef. Jetzt sah ich das alles auch mit den Augen der Israelis.

Und was noch wichtiger war: Ich sah dieses sinnlose Töten mit den Augen von Jesus, der um die Verlorenen weinte. Je mehr ich in der Bibel las, desto deutlicher erkannte ich die Wahrheit der Botschaft von Jesus: Die Feinde zu lieben und ihnen zu vergeben ist der einzig mögliche Weg, um das Blutvergießen zu beenden.

Doch so sehr ich Jesus auch bewunderte – ich glaubte meinen christlichen Freunden nicht, wenn sie versuchten, mich davon zu überzeugen, dass er Gott war. Allah war mein Gott. Aber ob es mir nun völlig klar war oder nicht: Nach und nach übernahm ich die Maßstäbe von Jesus und lehnte die Maßstäbe des Korans ab. Meine Abkehr vom Islam wurde von der Heuchelei, die ich überall sah, nur noch beschleunigt. Der Islam lehrt, dass ein hingegebener Diener Allahs, der als Märtyrer stirbt, auf direktem Weg ins Paradies kommt. Keine Befragung durch bedrohliche Engel nach dem Tod, keine Bestrafung im Grab. Doch plötzlich sah es so aus, als wäre *jeder*, der von den Israelis getötet wurde – ganz gleich, ob er nur dem Namen nach Muslim, Kommunist oder sogar Atheist war – ein heiliger Märtyrer. Die Imame und Scheichs erklärten den Familien der Toten: »Euer geliebter Angehöriger ist im Paradies.«

Natürlich stützte der Koran ihre Aussagen nicht. Der Koran sagt sehr deutlich, wer ins Paradies kommt und wer in die Hölle. Aber das schien diesen Anführern egal zu sein. Es ging nicht einmal um Wahrheit oder Theologie. Sie tischten den Leuten Lügen auf, um strategische Vorteile zu erzielen und politischen Nutzen daraus zu ziehen. Islamische Führer betäubten ihre Leute mit Lügen, damit diese den Schmerz vergaßen, den eben sie als Führer ihnen zufügten.

Der Schin Beth gab mir immer mehr Informationen, und es erstaunte mich immer wieder, was sie über die Menschen in meinem Leben wussten – oft alte Freunde, die zu sehr gefährlichen Personen geworden waren. Einige gehörten inzwischen sogar zum harten Kern des militanten Flügels der Hamas. Einer dieser Männer war Daya Mohammed Hussein al-Tawil. Er war ein gut aussehender junger Mann, dessen Onkel zur Führungsebene der Hamas gehörte.

In all den Jahren, die ich ihn kannte, hatte Daya nie aus religiösem Antrieb gehandelt. Genau genommen war sein Vater ein Kommunist, er hatte also wirklich nichts mit dem Islam am Hut. Seine Mutter war Muslima im kulturellen Sinn, aber definitiv nicht radikal. Und seine Schwester war Journalistin, in Amerika ausgebildet und US-Bürgerin, eine moderne Frau, die kein Kopftuch trug. Sie wohnten in einem schönen Haus und waren alle sehr gebildet. Daya hatte an der Bir-Zait-Universität Maschinenbau studiert und war Klassenbester gewesen. Meinem Wissen nach hatte er niemals auch nur an einer Hamasdemonstration teilgenommen.

In Anbetracht all dessen war ich schockiert, als wir am 27. März 2001 hörten, dass Daya sich an der *French Hill*-Kreuzung in Jerusalem in die Luft gejagt hatte. Es kam zwar niemand ums Leben, aber neunundzwanzig Israelis wurden verletzt.

Daya war kein dummer Junge, den man leicht zu so etwas hätte überreden können. Er war kein bettelarmer Flüchtling, der nichts zu verlieren hatte. Er brauchte kein Geld. Was also hatte ihn dazu gebracht? Niemand konnte es verstehen. Seine Eltern waren erschüttert, ich auch. Selbst der israelische Geheimdienst konnte sich keinen Reim darauf machen.

Der Schin Beth rief mich zu einem dringenden Treffen. Sie gaben mir das Foto von einem vom Körper abgetrennten Kopf und baten mich um eine Identifizierung. Ich versicherte ihnen, dass es Daya war. Auf dem Heimweg stellte ich mir immer wieder die gleiche Frage: *Warum?* Ich glaube, das wird nie jemand erfahren. Niemand hatte es kommen sehen. Nicht einmal sein Onkel bei der Hamas.

Daya war der erste Selbstmordattentäter der al-Aqsa-Intifada. Sein Anschlag deutete auf die Existenz einer militanten Zelle hin, die irgendwo unabhängig von allen anderen zu operieren schien. Und der Schin Beth war fest entschlossen, diese Zelle zu finden, bevor sie einen weiteren Anschlag verüben konnte.

Loai zeigte mir eine Liste der Verdächtigen. Ganz oben standen fünf mir bekannte Namen. Es waren Hamasleute, welche die PA vor dem Beginn der Intifada aus dem Gefängnis entlassen hatte. Arafat wusste, dass sie gefährlich waren, doch da die Hamas ja ohnehin mit einem Fuß im Grab stand, sah er keinen Grund, sie noch weiter festzuhalten.

Er hatte sich geirrt.

Der Hauptverdächtige war Mohammed Jamal al-Natsheh, der zusammen mit meinem Vater bei der Gründung der Hamas mitgearbeitet hatte und schließlich zum Kopf des militanten Flügels im Westjordanland aufgestiegen war. Al-Natsheh kam aus der größten Familie in den Palästinensergebieten, also hatte er vor nichts Angst. Er war über eins achtzig groß und ein Krieger durch und durch – zäh, stark und intelligent. Obwohl er voller Hass gegen die Juden war, kannte ich ihn paradoxerweise als sehr fürsorglichen Mann.

Salih Talahme – ein weiterer Name auf der Liste – war Elektroingenieur, sehr klug und gebildet. Ich wusste es damals noch nicht, aber wir beide sollten später sehr enge Freunde werden.

Ein anderer, Ibrahim Hamid, leitete den Sicherheitsdienst im Westjordanland. Diese drei Männer wurden von Sayyid al-Scheich Qassem und Hasanin Rummanah unterstützt.

Sayyid war ein guter Mitläufer – sportlich, ungebildet und gehorsam. Hasanin jedoch war ein gut aussehender junger Künstler, der in der islamischen Studentenbewegung sehr aktiv gewesen war, besonders in der Ersten Intifada, als die Hamas versuchte, sich auf den Straßen als ernst zu nehmende Größe zu beweisen.

Als Hamasführer hatte mein Vater darum gekämpft, ihre Haftentlassung zu erreichen und sie zu ihren Familien zurückzubringen. Und an dem Tag, als Arafat sie gehen ließ, holten mein Vater und ich sie aus dem Gefängnis ab, luden sie in unser Auto und brachten sie in einem Appartement im *Al Hajal* in Ramallah unter.

Als Loai mir die Liste zeigte, sagte ich: »Weißt du was? Ich kenne alle diese Männer. Und ich weiß, wo sie wohnen. Ich war derjenige, der sie zu ihrer geheimen Unterkunft gebracht hat.«

»Ist das dein Ernst?«, fragte er mit einem breiten Grinsen. »Dann machen wir uns mal an die Arbeit!«

Als mein Vater und ich sie aus dem Gefängnis abgeholt hatten, war mir überhaupt nicht bewusst, wie gefährlich sie inzwischen waren oder wie viele Israelis sie umgebracht hatten. Und jetzt war ich einer der wenigen Leute in der Hamas, der wusste, wer sie waren.

Ich stattete ihnen einen Besuch ab. Dabei hatte ich die ausgeklügeltsten Spionagegeräte bei mir, über die der Schin Beth verfügte, damit wir jeden ihrer Schritte überwachen konnten, jedes Wort, das sie sagten. Doch als ich mit ihnen redete, wurde schnell klar, dass sie uns keine handfesten Informationen liefern würden. Ich fragte mich, ob sie vielleicht doch nicht die Männer waren, nach denen wir suchten.

»Irgendetwas stimmt da nicht«, sagte ich zu Loai. »Diese Typen haben mir gar nichts geliefert. Könnte es eine weitere Zelle geben?«

»Könnte sein«, gab er zu. »Doch diese Typen haben die richtige Vorgeschichte. Wir müssen sie weiter beobachten, bis wir bekommen, was wir brauchen.«

Sie hatten in der Tat eine Vorgeschichte. Doch eine Geschichte reichte nicht aus, um sie zu verhaften. Wir brauchten schlagkräftige Beweise. Also sammelten wir weiter geduldig Informationen. Wir wollten keinen unverzeihlichen Fehler machen und die falschen Männer schnappen, während die echten Terroristen weiter frei herumliefen und so die nächste Bombe zünden konnten.

* * *

Vielleicht war mein Leben noch nicht kompliziert genug, oder vielleicht hielt ich es damals einfach für eine gute Idee: Im gleichen Monat trat ich eine Stelle im Büro für Aufbauhilfe im Wasser- und Abwasserprogramm für Dorfentwicklung der *United States Agency for International Development* (USAID) an, das seinen Hauptsitz in al-Bira hatte. Ein langer Titel, ich weiß, aber es war auch ein sehr wichtiges Projekt. Da ich keinen Collegeabschluss hatte, fing ich als Empfangsmitarbeiter an.

Einige Christen aus meiner Bibelgruppe hatten mich einem der amerikanischen Manager vorgestellt, der mich sofort mochte und mir eine Stelle anbot. Loai fand, das wäre eine großartige Tarnung für mich, denn mein neuer Ausweis – abgestempelt von der US-Botschaft – würde es mir ermöglichen, ungehindert zwischen Israel und den Palästinensergebieten hin- und herzureisen. Diese Arbeit würde außerdem verhindern, dass die Leute allzu misstrauisch wurden, warum ich immer so viel Geld hatte.

Mein Vater betrachtete es als großartige Gelegenheit und war den Vereinigten Staaten dankbar dafür, dass sie seinem Volk zu sauberem Trinkwasser und Abwasseranlagen verhalfen. Gleichzeitig konnte er nicht vergessen, dass die Amerikaner zudem Israel mit den Waffen versorgten, mit denen Palästinenser getötet wurden. Das ist typisch für die zwiespältigen Gefühle der meisten Araber gegenüber den Vereinigten Staaten.

Ich stürzte mich auf diese Gelegenheit, ins größte US-finanzierte Projekt in der Region einzusteigen. Die Medien konzentrierten sich immer auf die attraktive Verhandlungsmasse – Land, Unabhängigkeit und Entschädigungen. Doch Wasser ist im Nahen Osten ein viel wichtigeres Thema als Land. Schon seit Abrahams Zeiten, dessen Hirten mit den Hirten seines Neffen Lot um die Brunnen stritten, kämpfen die Menschen im Nahen Osten um Wasser. Die Hauptwasserquelle für Israel und die besetzten Gebiete ist das Galiläische Meer, auch als See Genezareth oder See von Tiberias bekannt. Es ist der am tiefsten gelegene Süßwassersee der Welt.

Im Land der Bibel war Wasser schon immer ein vielschichtiges Problem. Im modernen Israel kam das Thema mit den veränderten Grenzen ganz neu in Bewegung. Eine Folge des Sechs-Tage-Kriegs von 1967 war beispielsweise, dass Israel Syrien die Golanhöhen abnahm. Das verschaffte Israel die Kontrolle über den gesamten See Genezareth, und damit auch über den Jordan und jede andere Quelle und jeden Bach, der in den See mündet oder aus ihm abfließt. Durch das Kanalsystem des *National Water Carrier* leitet Israel das Jordanwasser weg vom Westjordanland und dem Gazastreifen, was eine Verletzung des internationalen Rechts darstellt. So bekamen die israelischen Bürger mehr als Dreiviertel des Wassers vom Westjordanland. Die Vereinigten Staaten hatten Hunderte Millionen Dollar dafür ausgegeben, Brunnen zu graben und mein Volk mit eigenen Wasserquellen zu versorgen.

USAID war in Wirklichkeit mehr als nur eine Tarnung für mich. Die Männer und Frauen, die dort arbeiteten, wurden meine Freunde. Ich wusste, dass Gott mir diese Arbeitsstelle geschenkt hatte. Es war USAID-Politik, niemanden einzustellen, der politisch aktiv war, geschweige denn jemanden, dessen Vater eine große isalmistische Organisation mit militantem Flügel leitete. Doch aus irgendeinem Grund entschied sich mein Chef dafür, mich zu behalten. Seine Freundlichkeit sollte sich bald auf eine Art und Weise auszahlen, von der er wohl nie erfahren würde.

Wegen der Intifada erlaubte die US-Regierung ihren Angestellten, das Westjordanland nur tagsüber und nur für die Arbeit zu betreten. Doch das bedeutete, dass sie über gefährliche Kontrollpunkte reisen mussten. Tatsächlich wäre es sicherer gewesen, wenn sie im Westjordanland gewohnt hätten, als jeden Tag das Spießrutenlaufen an den Kontrollpunkten über sich ergehen zu lassen und in amerikanischen Allradjeeps mit gelben israelischen Kennzeichen durch die Straßen zu fahren. Der Durchschnittspalästinenser unterschied nicht zwischen denen, die helfen, und denen, die töten wollten.

Wenn die IDF eine Operation planten, die USAID in Gefahr bringen würde, veröffentlichten sie immer eine Warnmeldung, damit die Mitarbeiter rechtzeitig verschwinden konnten. Doch der Schin Beth veröffentlichte solche Warnmeldungen nicht. Immerhin war Geheimhaltung unser Geschäft. Wenn wir beispielsweise hörten, dass ein Flüchtling von Ramallah nach Dschenin unterwegs war, starteten wir unsere Operation ohne Vorwarnung.

Ramallah war eine kleine Stadt. Während solcher Operationen strömten die Sicherheitsleute von allen Seiten in die Stadt. Die Menschen verbarrikadierten die Straßen mit Autos und Lastwagen und steckten Reifen in Brand. Schwarzer, dicker Rauch hing in der Luft. Schützen rannten geduckt von Deckung zu Deckung und schossen auf alles, was ihnen in den Weg kam. Junge Männer warfen Steine. Auf der Straße weinten Kinder. Sirenengeheul von Krankenwagen vermischte sich mit den Schreien von Frauen und dem Knallen von Handfeuerwaffen.

Nicht allzu lange, nachdem ich bei USAID angefangen hatte, informierte Loai mich, dass die Sicherheitskräfte am folgenden Tag nach Ramallah kommen würden. Ich rief meinen amerikanischen Chef an und warnte ihn, er solle nicht in die Stadt kommen, und alle anderen anweisen, zu Hause zu bleiben. Ich erklärte, ich könne ihm nicht sagen, wie ich an diese Information gekommen sei, aber ich bat ihn, mir zu vertrauen. Und das tat er. Wahrscheinlich dachte er sich, ich hätte diese Information, weil ich der Sohn von Hassan Yousef war.

Am nächsten Tag brach in Ramallah die Hölle los. Menschen rannten durch die Straßen und schossen auf alles, was sie sahen. Autos brannten am Straßenrand und Schaufenster wurden zerschlagen, sodass die Geschäfte für Räuber und Plünderer offen standen. Als mein Chef die Nachrichten sah, sagte er zu mir: »Mosab, wenn so etwas noch einmal passiert, dann sag mir bitte Bescheid.«

»Okay«, willigte ich ein. »Unter einer Bedingung: Stellen Sie bitte keine Fragen. Wenn ich sage, Sie sollen nicht kommen, dann kommen Sie einfach nicht.«

Schuhe

2001

Die Zweite Intifada schien immer weiterzugehen, ohne Atempause. Am 28. März 2001 tötete ein Selbstmordattentäter zwei Teenager an einer Tankstelle. Am 22. April tötete ein Bombenleger einen anderen Menschen und sich selbst und verwundete etwa fünfzig Personen an einer Bushaltestelle. Am 18. Mai wurden fünf Zivilisten getötet und über einhundert verwundet, als ein Selbstmordattentäter vor einem Einkaufszentrum in Netanya seinen Sprengsatz zündete.

Und dann, am 1. Juni um 23.26 Uhr, stand eine Gruppe von Teenagern in der Schlange vor einer beliebten Disco in Tel Aviv, dem *Dolphinarium*. Sie warteten auf Einlass und unterhielten sich, lachten und alberten herum. Die meisten der Jugendlichen stammten aus der ehemaligen Sowjetunion. Ihre Eltern waren erst vor Kurzem nach Israel eingewandert. Said Hutari stand ebenfalls in der Schlange. Doch er war Palästinenser und ein wenig älter. Sein Körper war mit Sprengstoff und Metallteilen bestückt.

Die Zeitungen bezeichneten den Anschlag aufs *Dolphinarium* nicht als »Selbstmordattentat«. Sie sprachen von einem »Massaker«. Unzählige Jugendliche wurden von Kugellagern und der reinen Wucht der Explosion zerfetzt. Die Opferzahl war sehr hoch: einundzwanzig starben, einhundertzwanzig wurden verwundet.

Kein Selbstmordattentäter hatte je so viele Menschen bei einem einzigen Anschlag getötet. Hutaris Nachbarn im Westjordanland gratulierten seinem Vater. »Ich hoffe, meine drei anderen Söhne werden das Gleiche tun«, erklärte Herr Hutari in einem Interview. »Ich wünschte, dass alle Mitglieder meiner Familie, all meine Verwandten für meine Nation und mein Heimatland sterben würden.«[7]

Dieses Blutbad machte Israel entschlossener als je zuvor, der Schlange den Kopf abzuschlagen. Inzwischen hätte Israel allerdings gelernt haben müssen: Wenn die Inhaftierung der Anführer das Blutvergießen nicht stoppte, würde ihre Beseitigung vermutlich auch keinen Erfolg haben.

Jamal Mansur war Journalist und gehörte wie mein Vater zu den sieben

Gründungsmitgliedern der Hamas. Er war einer der engsten Freunde meines Vaters und war mit ihm gemeinsam im Exil im Südlibanon gewesen. Sie telefonierten fast täglich miteinander, unterhielten sich und lachten. Mansur war außerdem ein Hauptbefürworter der Selbstmordanschläge. In einem Interview mit *Newsweek* im Januar verteidigte er die Tötung von unbewaffneten Zivilisten und lobte die Attentäter.

Am Dienstag, den 31. Juli, nach einem Tipp eines Kollaborateurs, näherten sich zwei *Apache*-Kampfhubschrauber Mansurs Medienbüro in Nablus. Sie feuerten drei lasergesteuerte Raketen durch das Fenster seines Büros in der zweiten Etage. Mansur, der Hamasführer Jamal Salim und sechs weitere Palästinenser wurden von der Explosion förmlich eingeäschert. Zwei der Opfer waren Kinder, acht und zehn Jahre alt, die eine Etage tiefer im Wartezimmer eines Arztes gesessen hatten. Beide wurden von herabstürzenden Trümmerteilen erschlagen.

Das war Wahnsinn. Ich rief Loai an.

»Was in aller Welt ist hier los? Seid ihr euch sicher, dass diese Männer in die Selbstmordattentate verwickelt waren? Ich weiß, dass sie die Anschläge befürwortet haben, aber sie gehörten zum politischen Flügel der Hamas, so wie mein Vater, und nicht zum militanten Flügel!«

»Ja. Wir haben Informationen, dass Mansur und Salim direkt in das *Dolphinarium*-Massaker verwickelt waren. An ihren Händen klebte Blut. Wir mussten das tun.«

Was konnte ich schon machen? Mich mit Loai anlegen? Ihm sagen, dass er nicht die richtigen Informationen hatte? Plötzlich dämmerte mir, dass die israelische Regierung auch vorhaben musste, meinen Vater zu liquidieren. Selbst wenn er die Selbstmordanschläge nicht organisiert hatte, war er dennoch der Mittäterschaft schuldig. Außerdem verfügte er über Informationen, die hätten Leben retten können und die er zurückgehalten hatte. Er besaß Einfluss, aber er spielte ihn nicht aus. Er hätte dem Töten ein Ende setzen können, doch tat es nicht. Er unterstützte die Bewegung und ermutigte ihre Anhänger, ihren Widerstand fortzusetzen, bis die Israelis zum Rückzug gezwungen wären. In den Augen der israelischen Regierung war auch er ein Terrorist.

Da ich nun so viel in der Bibel las, fing ich auch an, die Handlungen meines Vaters an den Lehren von Jesus zu messen und nicht mehr an denen aus dem Koran. Er sah für mich immer weniger nach einem Helden aus, und das brach mir das Herz. Ich wollte ihm alles erzählen, was ich lernte, aber ich wusste, dass er nicht auf mich hören würde. Und wenn die Leute in Jerusalem ihren Willen durchsetzten, bekäme mein Vater niemals die Gelegenheit zu erkennen, auf welch einen falschen Weg ihn der Islam geführt hatte.

Ich tröstete mich mit dem Wissen, dass mein Vater durch meine Verbindung zum Schin Beth zumindest für eine Weile sicher war. So wie ich sollte auch er leben, das war ihr Wunsch – wenn auch natürlich aus ganz anderen Gründen. Er war ihre Hauptquelle für Insiderinformationen, was die Aktivitäten der Hamas betraf. Selbstverständlich konnte ich ihm das nicht sagen, und sogar der Schutz des Schin Beth konnte ihm gefährlich werden. Immerhin sähe es ziemlich verdächtig aus, wenn alle anderen Anführer der Hamas gezwungen wären unterzutauchen, während mein Vater einfach weiter auf offener Straße herumlaufen konnte. Ich musste wenigstens so tun, als wollte ich ihn beschützen. Ich fuhr sofort zu seinem Büro und wies ihn darauf hin, dass das, was Mansur passiert war, genauso leicht ihn hätte treffen können.

»Entlass alle. Entlass deine Leibwächter. Schließ das Büro. Komm nicht wieder her.«

Seine Antwort fiel so aus, wie ich es erwartet hatte. »Mir wird nichts passieren, Mosab. Wir setzen Stahlplatten vor die Fenster.«

»Bist du verrückt? Mach, dass du hier rauskommst, und zwar gleich! Ihre Raketen gehen durch Panzer und Häuser, und du meinst, eine Stahlplatte könnte dich schützen? Selbst wenn du die Fenster versiegeln könntest, würden sie eben durch die Decke kommen. Komm schon, gehen wir!«

Ich konnte ihm eigentlich keinen Vorwurf daraus machen, dass er Widerstand leistete. Er war ein religiöser Führer und Politiker, kein Soldat. Er hatte keine Ahnung von der Armee oder von Attentaten. Er wusste nicht, was ich wusste. Am Ende willigte er ein, mit mir zu gehen, obwohl ich wusste, dass er nicht glücklich darüber war.

Aber ich war nicht der Einzige, der zu dem Schluss kam, dass Mansurs alter Freund Hassan Yousef logischerweise das nächste Ziel sein musste. Als wir die Straße entlanggingen, schien es mir, als sähe jeder, der uns begegnete, besorgt aus. Die Leute beschleunigten ihren Schritt und warfen ängstliche Blicke zum Himmel, während sie versuchten, so schnell wie möglich von uns wegzukommen. Ich wusste, dass sie – so wie ich – die Ohren aufsperrten, ob sie das Knattern herannahender Hubschrauber hörten. Niemand wollte als »Kollateralschaden« enden.

Ich fuhr meinen Vater zum *City Inn*-Hotel und sagte, er solle dort bleiben.

»Hör zu. Der Rezeptionist wird dir alle fünf Stunden ein anderes Zimmer geben. Hör einfach auf ihn. Bring niemanden mit in dein Zimmer. Ruf niemanden an außer mir, und verlass nicht das Hotel. Hier hast du ein sicheres Telefon.«

Gleich nachdem ich gegangen war, erklärte ich dem Schin Beth, wo mein Vater war.

»Okay, gut. Sorg dafür, dass er dort bleibt. Dass er nicht in die Schusslinie gerät.«

Um das tun zu können, musste ich in jeder Sekunde wissen, wo er war. Ich musste jeden seiner Atemzüge kennen. Ich entließ alle seine Leibwächter. Ihnen konnte ich nicht trauen. Mein Vater musste hundertprozentig von mir abhängig sein. Wenn er das nicht war, machte er mit ziemlicher Sicherheit einen lebensbedrohlichen Fehler. Ich wurde sein Assistent, Leibwächter und Pförtner. Ich sorgte für alles, was er brauchte. Ich war sein Kontakt zur Außenwelt und der Kontakt für die Außenwelt zu ihm. Meine neue Rolle brachte den zusätzlichen Vorteil mit sich, dass ich völlig außer Spionageverdacht stand.

Ich fing an, die Rolle eines Hamasführers zu spielen. Ich trug eine M16, die mich als Mann mit Geld, Verbindungen und Autorität auswies. In jenen Tagen waren solche Waffen sehr gefragt und schwer zu bekommen (meine M16 kostete zehntausend Dollar). Und ich nutzte meine Beziehung zu Scheich Hassan Yousef voll aus.

Typen vom militanten Flügel der Hamas suchten meine Nähe, nur um anzugeben. Und weil sie dachten, dass ich alle Geheimnisse der Organisation kannte, teilten sie mir völlig arglos ihre Probleme und ihren Frust mit. Sie meinten wohl, ich könne ihnen bei ihren Problemen helfen.

Ich hörte aufmerksam zu. Sie hatten keine Ahnung, dass sie mir kleine Teilinformationen lieferten, die ich zu einem viel größeren Bild zusammensetzte. Diese Schnappschüsse führten zu mehr Schin-Beth-Operationen, als ich in einem einzigen Buch aufschreiben könnte. Ich kann an dieser Stelle nur so viel sagen: Durch solche Gespräche wurden viele unschuldige Leben gerettet. Durch die dadurch verhinderten Selbstmordattentate gab es weniger trauernde Witwen und Waisen an den Gräbern.

Gleichzeitig verdiente ich mir das Vertrauen und den Respekt des militanten Flügels der Hamas und wurde auch für andere palästinensische Gruppen zum Ansprechpartner. Ich war derjenige, der sie mit Sprengstoff versorgen und ihre Operationen mit der Hamas koordinieren musste.

Eines Tages bat mich Ahmad al-Faransi, ein Assistent von Marwan Barghuthi, mit ihm in Dschenin Sprengstoff für mehrere Selbstmordanschläge zu besorgen. Ich stimmte zu und begann mitzuspielen. Ich verzögerte die Sache, bis ich die Attentäterzellen im Westjordanland aufdecken konnte. Solche Spielchen waren sehr gefährlich, doch ich wusste, dass ich von mehreren Seiten her abgesichert war. Ich war der älteste Sohn von Scheich Hassan Yousef, und so, wie mich diese Identität im Gefängnis vor Folter durch die Hamas geschützt hatte, schützte sie mich auch bei der Arbeit unter Terroristen. Meine Stelle bei USAID bot mir ebenfalls ein gewisses Maß an Schutz und Freiheit. Und natürlich hielt mir der Schin Beth immer den Rücken frei.

Allerdings hätte mich jeder Fehler das Leben kosten können, und die Palästinensische Autonomiebehörde war stets eine Bedrohung. Die PA besaß ausgefeilte Abhörgeräte, die ihr von der CIA zur Verfügung gestellt worden waren. Manchmal wurden sie benutzt, um Terroristen aufzustöbern. Manchmal wurden sie auch eingesetzt, um Kollaborateure auszuhebeln. Daher musste ich sehr vorsichtig sein. Vor allem durfte ich nicht der PA in die Hände fallen, da ich mehr über die Vorgehensweise des Schin Beth wusste als jeder andere Agent.

Da ich jetzt den einzigen Zugang zu meinem Vater darstellte, stand ich auch in direktem Kontakt zu jedem Anführer der Hamas im Westjordanland, im Gazastreifen und in Syrien. Der einzige andere Mann mit solchen Möglichkeiten war Khalid Maschal in Damaskus. Maschal ist zwar im Westjordanland geboren, hatte jedoch den größten Teil seines Lebens in anderen arabischen Ländern verbracht. Er trat der Muslimbruderschaft in Kuwait bei und studierte Physik an der Universität von Kuwait. Nach Gründung der Hamas schloss sich Maschal ihrem kuwaitischen Zweig an. Nach der irakischen Invasion zog er nach Jordanien, dann nach Qatar und schließlich nach Syrien.

Da er in Damaskus lebte, unterlag er nicht den Reisebeschränkungen für Anführer der Hamas in den Palästinensergebieten. Er wurde zu einer Art Diplomat und repräsentierte die Hamas in Kairo, Moskau und der Arabischen Liga. Auf seinen Reisen sammelte er Spenden. Allein im April 2006 brachte er im Iran und in Qatar hundert Millionen Dollar auf.

Maschal trat nicht öffentlich auf; er lebte an geheimen Orten und konnte aus Angst vor seiner Ermordung nicht in die besetzten Gebiete zurückkehren. Und er hatte allen Grund, vorsichtig zu sein.

Im Jahr 1997, als Maschal noch in Jordanien lebte, waren israelische Geheimdienstagenten in sein Zimmer eingedrungen und hatten ihm im Schlaf ein seltenes Gift ins Ohr injiziert. Seine Leibwächter sahen die Agenten das Gebäude verlassen und einer von ihnen suchte sofort Maschal auf. Er sah kein Blut, doch sein Chef lag am Boden und konnte nicht sprechen. Die Leibwächter rannten den israelischen Agenten nach, von denen einer in einen offenen Kanalschacht stürzte. Die Agenten wurden von der jordanischen Polizei festgenommen.

Israel hatte erst kürzlich einen Friedensvertrag mit Jordanien unterzeichnet und beide Staaten hatten Botschafter in das jeweils andere Land entsandt. Jetzt gefährdete der verpatzte Anschlag dieses neue diplomatische Arrangement. Und der Hamas war es peinlich, dass an einen ihrer wichtigsten Anführer so leicht heranzukommen war. Die Geschichte war für alle Beteiligten so demütigend, dass alle Seiten sie zu vertuschen suchten. Doch irgendwie bekamen die internationalen Medien Wind von der Sache.

Auf den Straßen von Jordanien kam es zu ungeplanten Demonstrationen. König Hussein verlangte von Israel im Austausch für die bloßgestellten Mossad-Agenten die Freilassung von Scheich Ahmad Yasin, dem geistlichen Führer der Hamas, und anderen palästinensischen Gefangenen. Außerdem sollte der Mossad auf der Stelle ein medizinisches Team schicken und Maschal das Gegenmittel zu dem injizierten Gift verabreichen lassen. Zähneknirschend willigte Israel ein.

Khalid Maschal rief mich mindestens einmal pro Woche an. Manchmal verließ er auch sehr wichtige Treffen, um meine Anrufe entgegenzunehmen. Eines Tages erhielt der Schin Beth einen Anruf vom Mossad. »Wir haben hier eine sehr gefährliche Person aus Ramallah, die jede Woche mit Khalid Maschal telefoniert, und wir können nicht herausfinden, wer der Mann ist!«

Natürlich meinten sie damit mich. Wir alle lachten herzlich darüber und der Schin Beth beschloss, den Mossad im Unklaren über mich zu lassen. Offenbar gibt es zwischen den Geheimdiensten jedes Landes einige Konkurrenz und Rivalität – wie auch zwischen dem FBI, der CIA und der NSA in den Vereinigten Staaten.

Eines Tages beschloss ich, meine Beziehung zu Maschal auszunutzen. Ich sagte ihm, ich hätte eine sehr wichtige Information, die ich ihm nicht am Telefon mitteilen könnte.

»Hast du einen sicheren Weg, wie du mir die Information liefern kannst?«, fragte er.

»Natürlich. Ich rufe dich in einer Woche an und kläre die Einzelheiten mit dir.«

Der normale Kommunikationsweg zwischen den Palästinensergebieten und Damaskus bestand in der Entsendung eines Boten, der keine Polizeiakte oder bekannte Verbindung zur Hamas hatte und dem der Brief zugesteckt wurde. Solche Briefe wurden auf sehr dünnes Papier geschrieben, ganz klein zusammengerollt, in einer leeren Medikamentenkapsel versteckt oder einfach mit einem Nylonfaden umwickelt. Vor dem Überqueren der Grenze schluckte der Kurier die Kapsel und würgte sie auf einer Toilette jenseits der Grenze wieder hoch. Manchmal musste ein Kurier fünfzig Briefe auf einmal transportieren. Natürlich hatten diese »Packesel« keine Ahnung, was in den Briefen stand.

Ich beschloss, etwas anderes auszuprobieren und einen neuen geheimen Kanal zur Hamasführung im Ausland zu etablieren. Somit konnte ich meinen Einfluss von der persönlichen Ebene auf die operative und die Sicherheitsebene ausweiten.

Dem Schin Beth gefiel die Idee.

Ich wählte ein Hamasmitglied aus meiner Gegend aus und trug ihm auf, sich mitten in der Nacht mit mir an dem alten Friedhof zu treffen. Um ihn zu beeindrucken, tauchte ich mit meiner M16 auf.

»Ich möchte, dass du eine sehr wichtige Mission ausführst«, erklärte ich.

Der Mann hatte eindeutig Angst, war aber trotzdem begeistert. Er hing an den Lippen des Sohnes von Hassan Yousef.

»Du darfst keinem davon erzählen – nicht deiner Familie, nicht einmal deinem Hamasführer vor Ort. Übrigens, wer ist eigentlich dein Anführer?«

Ich sagte, er solle seine ganze Geschichte bei der Hamas aufschreiben, alles, was er wusste, bevor ich ihm mehr über seine Mission verraten würde. Er konnte sie gar nicht schnell genug zu Papier bringen. Und ich konnte kaum glauben, wie viele Informationen er mir lieferte, einschließlich vieler Einzelheiten zu den neuesten Entwicklungen in seiner Region.

Wir trafen uns noch ein zweites Mal und ich erklärte ihm, dass ich ihn ins Ausland schicken würde. »Mach genau das, was ich dir sage«, warnte ich ihn, »und stell keine Fragen.«

Ich informierte Loai, dass der Kerl bis zum Hals in der Hamas steckte. Falls die Organisation ihn also überprüfen sollte, würden sie ein sehr aktives und loyales Mitglied vorfinden. Der Schin Beth stellte noch seine eigenen Nachforschungen an, gab die Genehmigung und öffnete die Grenze für ihn.

In einem Brief an Khalid Maschal schrieb ich, dass ich alle Schlüssel zum Westjordanland in der Hand habe. Er könne sich ganz auf mich verlassen, wenn es sich um besondere oder komplizierte Operationen handele, die er den normalen Hamaskanälen nicht anvertrauen wolle.

Das Timing war perfekt, da Israel inzwischen die meisten Hamasführer und -aktivisten liquidiert oder verhaftet hatte. Die Qassam-Brigaden waren erschöpft und Maschal stand nur noch sehr wenig Personal zur Verfügung.

Ich wies den Kurier allerdings nicht an, den Brief herunterzuschlucken. Ich hatte mir etwas Komplizierteres ausgedacht – hauptsächlich, weil es so mehr Spaß machte. Ich merkte, dass ich diesen Spionagekram regelrecht liebte, besonders wenn der israelische Geheimdienst mir den Weg ebnete.

Wir kauften dem Kurier ein paar sehr gute Sachen – ein komplettes Outfit, damit seine Aufmerksamkeit nicht an den Schuhen hängen blieb, in denen wir, ohne dass er es wusste, den Brief versteckt hatten.

Er zog die Sachen an und ich gab ihm genug Geld für die Reise und noch etwas extra, damit er sich in Syrien auch ein bisschen amüsieren konnte. Ich sagte ihm, seine Kontaktmänner würden ihn nur an seinen Schuhen erkennen, also musste er sie anbehalten. Andernfalls würden sie denken, er sei jemand anderes, und dann wäre er in ernsthafter Gefahr.

Nachdem der Kurier Syrien erreicht hatte, rief ich Maschal an und sagte ihm, er solle darauf gefasst sein, dass bald jemand Kontakt mit ihm aufnehmen würde. Hätte ihm das jemand anderes gesagt, wäre Khalid sofort misstrauisch geworden und hätte ein Treffen abgelehnt. Doch dieser Mann war von seinem jungen Freund geschickt worden, dem Sohn von Hassan Yousef. Also glaubte er, dass er sich um nichts sorgen musste.

Als sie sich trafen, fragte Khalid nach dem Brief.

»Welcher Brief?«, fragte unser Kurier. Er wusste nicht, dass er einen Brief dabeihatte.

Ich hatte Khalid einen Hinweis gegeben, wo er suchen sollte, und er fand das Versteck in einem der Schuhe des Kuriers. Auf diese Weise wurde ein neuer Kommunikationskanal mit Damaskus etabliert, auch wenn Maschal keine Ahnung hatte, dass das in Wirklichkeit ein »Gemeinschaftsanschluss« war, auf dem der Schin Beth mithörte.

Zerrissen

Sommer 2001

Kurz vor 14 Uhr am 9. August 2001 sprengte sich in Jerusalem der zweiundzwanzigjährige Izz al-Din Schuhail al-Masri in der voll besetzten Pizzeria *Sbarro* an der Ecke *King George Street/Jaffa Road* in die Luft. Al-Masri stammte aus einer wohlhabenden Familie im Westjordanland.

Nägel, Muttern und Schrauben wurden durch den Druck von fünf bis zehn Kilogramm Sprengstoff in die Menschenmenge geschleudert, die sich an jenem schönen Sommertag dort aufhielt. Fünfzehn Menschen starben, einhundertdreißig wurden verletzt. Dieses entsetzliche Attentat und der Bombenanschlag im *Dolphinarium* einige Monate zuvor hatte die israelische Bevölkerung blind gemacht vor Trauer und Wut. Welche Organisation oder Splittergruppe auch hinter diesen Anschlägen stecken mochte – sie musste identifiziert und aufgehalten werden, bevor noch weitere Unschuldige starben. Andernfalls würde die Lage höchstwahrscheinlich außer Kontrolle geraten, mehr Menschenleben kosten und größeres Leid im Land verursachen als je zuvor.

Immer wieder brütete der Schin Beth über jeder Einzelheit des Bombenanschlags und versuchte, ihn mit den fünf Männern in der geheimen Unterkunft in Verbindung zu bringen – Mohammed Jamal al-Natsheh, Salih Talahme, Ibrahim Hamid, Sayyid al-Scheich Qassem und Hasanin Rummanah. Doch auch nicht das kleinste Beweisstück verband sie mit den Anschlägen auf das *Dolphinarium* oder auf *Sbarro*.

Wer hätte solche Bomben bauen können? Ganz gewiss keine Chemie- oder Maschinenbaustudenten. Die kannten wir alle, wussten, welche Noten sie hatten und was sie zum Frühstück aßen.

Der Bombenbauer war Experte. Er schien mit keiner der palästinensischen Gruppen in Verbindung zu stehen und flog unter unserem Radar. Irgendwie mussten wir ihn finden, bevor er noch mehr Bomben baute. Dieser Kerl war extrem gefährlich.

Wir wussten damals nicht, dass Arafats Leute kurz nach dem *Sbarro*-Anschlag einen Anruf von der CIA bekommen hatten. »Wir wissen, wer die

Bomben gebaut hat«, sagten die Amerikaner zu ihnen. »Sein Name ist Abdullah Barghuthi; er wohnt bei einem Verwandten namens Bilal Barghuthi. Hier ist die Adresse. Verhaftet sie.«

Einige Stunden später befanden sich Abdullah und Bilal Barghuthi in PA-Gewahrsam. Nicht, dass die Palästinensische Autonomiebehörde sie verhaften *wollte*. Doch damit Washington weiterhin Geld und logistische Unterstützung lieferte, musste Arafat wenigstens *so tun*, als würde die PA ihren Teil zum Frieden beitragen. Ich glaube, Arafat hätte Abdullah Barghuthi lieber einen Orden verliehen, anstatt ihn ins Gefängnis zu stecken.

Kaum hatte man Abdullah (nicht unkomfortabel) im Hauptquartier der Präventiven Sicherheitskräfte weggeschlossen, als ein weiterer Barghuthi – Marwan – auftauchte, um ihn aus dem Gefängnis zu holen. Die PA konnte Abdullah nicht freilassen – die CIA hatten ihnen den Mann ja direkt vor die Flinte geliefert, und Amerika erwartete, dass die PA angemessen mit ihm verfuhr. Israel erwartete das Gleiche und würde zweifellos entschiedenere Maßnahmen ergreifen, falls die PA ihre Pflichten vernachlässigte. Also brachte Marwan ihm Essen, Kleidung und Geld. Somit stand Abdullah unter einer Art Hausarrest – er arbeitete in einem schönen Büro, rauchte, trank Kaffee und plauderte mit den Hochsicherheitsbeamten.

Obwohl die beiden nicht miteinander verwandt waren, hatten Marwan und Abdullah Barghuthi eine interessante gemeinsame Vorgeschichte: Beide hatten Verbindungen zu dem dreiundzwanzigjährigen, nachweislich geisteskranken Mohammed Abu Halawa, der Offizier unter Ahmad al-Ghandur gewesen war.

Halawa war Fatah-Kommandant und Mitglied der *Force 17*. Wenn man an Eliteeinheiten wie *Force 17* und die *Republikanische Garde* denkt, fallen einem Disziplin, Können und eine straffe Ausbildung ein. Doch auf Halawa passte diese Beschreibung nicht. Er war eine ungebildete tickende Zeitbombe. Oft hatte er eines dieser riesigen Maschinengewehre bei sich, die normalerweise auf Jeeps montiert sind. Halawa lieferte regelmäßig Waffen an andere Extremisten und zwielichtige Gestalten, die damit an Kontrollpunkten wahllos auf Soldaten und Zivilisten schossen.

Im Mai hatte er zum Beispiel jemandem ein paar geladene AK-47-Gewehre und einen Sack Kugeln geliefert. Nicht lange danach hatten sich der Empfänger der Waffen und sein Freund an einer Straße, die aus Jerusalem herausführte, in den Hinterhalt gelegt und dreizehn Kugeln auf einen griechisch-orthodoxen Mönch namens Tsibouktsakis Germanus abgefeuert. Halawa belohnte die Mörder mit weiteren Waffen, die für ein Attentat auf die Hebräische Universität auf dem Skopusberg bestimmt waren.

Verständlicherweise dauerte es nicht lange, bis Israel den Schin Beth unter Druck setzte, Halawa endgültig aus dem Verkehr zu ziehen. Aufgrund meiner Verbindungen zur Hamas war ich der Einzige im Schin Beth, der ihn identifizieren konnte. Doch zum ersten Mal in meinem Leben stand ich vor einem moralischen Dilemma. Etwas in mir sträubte sich absolut dagegen, diesen Mann zu töten, ganz gleich was für ein schlechter Mensch er war.

Ich ging nach Hause und zog meine inzwischen abgegriffene Bibel hervor. Ich suchte und suchte und konnte keine Bibelstelle finden, die einen Mord rechtfertigen würde. Aber ich konnte auch nicht mit dem Blut leben, das an meinen Händen kleben würde, wenn wir ihn weiterleben und weiterhin auf Leute schießen lassen würden. Ich saß in der Klemme.

Ich dachte nach und betete zu Gott dem Allmächtigen, bis ich schließlich sagte: *Vergib mir, Herr, was ich tun werde. Vergib mir. Dieser Mann darf nicht weiterleben.*

»Das ist gut«, sagte Loai, als ich ihm meine Entscheidung mitteilte. »Wir werden ihn kriegen. Du musst nur dafür sorgen, dass Marwan Barghuthi nicht mit ihm im Auto sitzt.«

Marwan war nicht nur ein prominenter Palästinenser, er war auch selbst ein Terrorist, an dessen Händen viel israelisches Blut klebte. Und so sehr der Schin Beth ihn auch hasste, man wollte ihn nicht liquidieren, da er einen vortrefflichen Märtyrer abgeben würde.

Am 4. August 2001 saß ich in meinem Auto vor Barghuthis Büro, als ich Halawa hineingehen sah. Einige Stunden später kam er heraus, stieg in seinen goldfarbenen VW Golf und fuhr davon. Ich rief die Sicherheitskräfte an und versicherte ihnen, dass Halawa allein war.

Auf einem nahe gelegenen Hügel beobachteten IDF-Soldaten aus einem Panzer heraus Halawas Wagen und warteten darauf, dass sie ein freies Schussfeld ohne Zivilisten in der Nähe hatten. Die erste panzerbrechende Rakete flog direkt auf seine Windschutzscheibe zu, doch Halawa hatte sie anscheinend kommen sehen, denn er öffnete die Tür und versuchte, aus dem Wagen zu springen. Er war nicht schnell genug. Die Rakete explodierte und schleuderte ihn heraus. Mein Auto, das mehrere Hundert Meter entfernt stand, erbebte von der Wucht der Detonation. Eine zweite Rakete verfehlte ihr Ziel und traf die Straße. Der Golf stand in Flammen, und Halawa auch – doch er war nicht tot. Als ich ihn durch die Straßen rennen sah und er vor Schmerzen schrie, weil sein ganzer Körper in Flammen stand, zerriss es mir fast das Herz.

Was hatten wir getan?

»Was machst du da?«, brüllten mich die Leute vom Schin Beth durch mein Mobiltelefon an, als sie bemerkten, dass mein Auto so nah am Ort des Geschehens stand. »Willst du dich umbringen? Mach, dass du da rauskommst!«

Obwohl ich nicht in der Nähe des Einsatzortes hätte sein dürfen, war ich hingefahren, um zu sehen, was geschah. Ich fühlte mich verantwortlich und verpflichtet zu sehen, woran ich beteiligt war. Aber das war tatsächlich eine große Dummheit. Wenn mich jemand gesehen hätte, hätte keiner geglaubt, dass ich nur zufällig dort war und nichts mit dem Mordversuch zu tun hatte. Dann wäre ich mit Sicherheit aufgeflogen.

An jenem Abend besuchte ich mit meinem Vater und Marwan Barghuthi Halawa im Krankenhaus. Sein Gesicht war so schrecklich verbrannt, dass ich ihn nicht einmal anschauen konnte. Doch anscheinend war er sogar zum Sterben zu fanatisch.

Er tauchte mehrere Monate unter und ich hörte, dass er sich aus Versehen angeschossen habe und fast verblutet sei. Doch selbst das reichte nicht, um ihn aufzuhalten. Er tötete einfach weiter. Dann rief mich Loai eines Tages an.

»Wo bist du gerade?«

»Ich bin zu Hause.«

»Gut. Bleib da.«

Ich fragte nicht, was los war. Ich hatte gelernt, Loais Anweisungen zu vertrauen. Einige Stunden später rief er mich wieder an. Offenbar hatte Halawa mit einigen Freunden in einem Schnellrestaurant gegessen, das sich in der Nähe unseres Hauses befand. Ein israelischer Spion hatte ihn entdeckt und seine Identität bestätigt. Als Halawa und seine Freunde das Restaurant verließen, tauchten wie aus dem Nichts zwei Hubschrauber auf, schossen ihre Raketen ab, und das war's dann.

Nach Halawas Ermordung besuchten einige Mitglieder der al-Aqsa-Märtyrerbrigaden das gleiche Restaurant und fanden einen siebzehnjährigen Jugendlichen, der einer der Letzten gewesen war, die Halawa gesehen hatten, bevor er in sein Auto stieg. Der Junge war ein Waisenkind und hatte keine Familie, die ihn schützen konnte. Also folterten sie ihn und er gestand, mit den Israelis kollaboriert zu haben. Sie erschossen ihn, banden seine Leiche an die hintere Stoßstange eines Autos, zerrten sie durch die Straßen von Ramallah und hängten ihn am Turm auf dem Marktplatz auf.

Gleichzeitig gab es einen Aufschrei in den Medien, Israel hätte versucht, Marwan Barghuthi zu töten – was natürlich nicht stimmte. Ich wusste, dass der Schin Beth sich alle Mühe gegeben hatte, ihn *nicht* umzubringen. Doch alle glaubten, was in den Zeitungen stand und auf Al Dschasira lief, also beschloss Marwan Barghuthi, politisches Kapital aus dem Gerücht zu schlagen. Er prahlte: »Ja, sie haben versucht, mich umzubringen, aber ich war zu schlau für sie.«

Als Abdullah Barghuthi im Gefängnis davon hörte, glaubte er es ebenfalls und ließ einige seiner Spezialbomben an Marwans Assistenten schicken. Er sollte sie verwenden, wenn er seinen schrecklichen Rachefeldzug gegen die Israelis startete. Marwan war sehr dankbar für diese Geste und fühlte sich Abdullah verpflichtet.

* * *

Abdullahs Auftreten kennzeichnete eine drastische Veränderung im Konflikt zwischen Israel und Palästina. Erstens waren seine Bomben sehr viel ausgeklügelter und zerstörerischer als alles, was wir bisher gesehen hatten. Dadurch wurde Israel um einiges angreifbarer und der Druck auf die Regierung, die Bombenattentäter zu stoppen, wurde immer größer.

Zweitens war die al-Aqsa-Intifada nicht mehr auf Palästina begrenzt. Barghuthi war in Kuwait geboren, ein Außenseiter. Wer wusste schon, welche Gefahren hinter den Grenzen auf Israel lauerten?

Drittens war Barghuthi niemand, den man leicht im Auge behalten konnte. Er gehörte nicht zur Hamas. Er gehörte nicht zur PA. Er war einfach Barghuthi, eine anonyme, unabhängige Todesmaschine.

Kurz nach Abdullahs Verhaftung bat die PA Marwan Barghuthi, mit Abdullah über eventuell von ihm für die Zukunft geplante Anschläge zu reden.

»Okay«, sagte Marwan. »Hassan Yousef soll mit ihm sprechen.«

Marwan wusste, dass mein Vater politische Korruption hasste, und hatte von seinen Bemühungen gehört, Frieden zwischen der Hamas und der PA zu stiften. Er rief meinen Vater an, der einwilligte, mit Abdullah zu reden.

Mein Vater hatte noch nie von Abdullah Barghuthi gehört, weil er kein Hamasmitglied war. Aber er warnte Abdullah: »Wenn du irgendetwas geplant hast, musst du es der PA sagen, damit wir es vorübergehend unterbinden können, wenigstens für ein paar Wochen. Momentan bekommen wir einfach zu viel Druck von Israel. Wenn es noch eine Explosion wie die im *Dolphinarium* oder im *Sbarro* gibt, wird Israel gewaltsam ins Westjordanland einmarschieren. Sie werden die Anführer der PA nicht gerade mit Samthandschuhen anfassen, und sie werden dich mitnehmen.«

Abdullah gestand, dass er mehrere Bomben nach Nablus geschickt hatte, wo einige Kämpfer die Sprengladungen auf vier Autos verteilen wollten, um dann Israels Außenminister Schimon Peres unterwegs einzukreisen und ihn umzubringen. Er gab auch zu, dass Hamasfunktionäre im Norden planten, einige Mitglieder der israelischen Legislative in die Luft zu sprengen. Unglücklicherweise wusste er nicht, wer die Attentäter waren, wen genau sie im Visier hatten, oder wer vorhatte, Peres umzubringen. Er hatte nur eine Telefonnummer.

Mein Vater kam nach Hause und erzählte mir, was er erfahren hatte. Wir waren nun in Informationen über ein Mordkomplott gegen einen der höchstrangigen israelischen Beamten eingeweiht – den Außenminister. Die möglichen Konsequenzen waren entsetzlich.

Offenbar gab es keine andere Möglichkeit, als Abdullahs Kontaktperson anzurufen. Marwan Barghuthi wollte nicht, dass Abdullah sein Telefon benutzte, und mein Vater wollte ihm seines ebenfalls nicht leihen. Wir alle wussten, dass die Israelis mithörten, und keiner der beiden Männer wollte mit terroristischen Operationen in Verbindung gebracht werden.

Also schickte mich mein Vater los, um ein Einweg-Mobiltelefon zu kaufen, von dem aus wir den Anruf erledigen konnten, bevor wir es in den Müll warfen. Ich kaufte das Telefon, schrieb mir die Nummer auf und sagte sie dem Schin Beth durch, damit sie den Anruf verfolgen konnten.

Abdullah rief seinen Kontaktmann in Nablus an und sagte ihm, er solle die geplante Aktion bis auf Weiteres abblasen. Sobald der israelische Geheimdienst erfuhr, was geplant gewesen war, verstärkte er die Sicherheitsmaßnahmen für jedes Mitglied der Knesset und des Kabinetts. Nach einigen Monaten schließlich begann sich die Lage etwas zu entspannen.

Inzwischen arbeitete Marwan weiter auf Abdullahs Haftentlassung hin – nicht nur, weil Abdullah ihn mit Bomben versorgt hatte, sondern auch, weil er ihn in Freiheit sehen wollte, damit er noch mehr Israelis umbringen konnte. Marwan war nicht nur einer der Anführer der Zweiten Intifada, sondern auch ein Terrorist, der persönlich Soldaten und Siedler erschoss.

Am Ende ließ die PA Abdullah Barghuthi frei. Der Schin Beth tobte vor Wut.

Und dann wurde es wirklich verrückt.

Das Spiel

Sommer 2001 bis Frühjahr 2002

Am 27. August 2001 feuerte ein israelischer Hubschrauber zwei Raketen ins Büro von Abu Ali Mustafa, dem Generalsekretär der PFLP. Eine der Raketen traf ihn am Schreibtisch sitzend.

Am folgenden Tag strömten außer Mustafas Familie mehr als fünfzigtausend aufgebrachte Palästinenser zu seiner Beerdigung. Mustafa war bereits seit dem Gaza-Jericho-Abkommen gegen den Friedensprozess gewesen. Dennoch war er ein Moderater wie mein Vater, und wir waren oft gemeinsam bei seinen Vorträgen gewesen.

Israel schrieb ihm neun Autobombenattentate zu, doch das stimmte nicht. Wie mein Vater war er ein politischer, kein militärischer Führer. Israel hatte absolut keine Beweise gegen ihn. Das wusste ich genau. Doch es spielte keine Rolle. Sie liquidierten Mustafa trotzdem – vielleicht als Vergeltungsschlag für das Blutbad im Restaurant *Sbarro* oder vielleicht auch wegen des *Dolphinarium*-Massakers. Wahrscheinlicher jedoch war, dass sie Yasir Arafat einfach eine Botschaft übermitteln wollten. Neben seiner Rolle in der PFLP war Mustafa auch ein Mitglied des Exekutivkomitees der PLO.

Zwei Wochen später, am 11. September, entführten neunzehn al-Kaida-Terroristen vier Passagierflugzeuge in den Vereinigten Staaten. Zwei trafen das World Trade Center in New York. Ein weiteres schlug ins Pentagon ein. Und das vierte stürzte auf ein Feld in Somerset County, Pennsylvania. Insgesamt 2973 Menschen starben, die Terroristen nicht mitgezählt.

Während die Nachrichtenmedien verzweifelt versuchten, den unglaublichen Ereignissen zu folgen, die sich da nacheinander abspielten, saß ich zusammen mit dem Rest der Welt da und sah immer und immer wieder die Zwillingstürme in sich zusammenstürzen. Weiße Asche bedeckte die Church Street wie ein Schneesturm im Februar. Ich versank vor Scham in die Erde, als ich Bilder von palästinensischen Kindern sah, die in den Straßen von Gaza feierten.

Der Terroranschlag reduzierte auch das palästinensische Anliegen auf nichts weiter als ein Häufchen Asche, als die Welt mit einer Stimme gegen den Terrorismus aufschrie – jede Art von Terrorismus, egal für welche Sache. In den folgenden Wochen begann der Schin Beth in den Trümmern dessen, was schlichtweg als »11. September« bekannt werden sollte, nach lernenswerten Lektionen zu suchen.

Warum waren die US-Geheimdienste nicht in der Lage gewesen, diese Katastrophe zu verhindern? Einerseits operierten sie unabhängig voneinander und konkurrierten miteinander. Andererseits verließen sie sich hauptsächlich auf ihre Technologie und arbeiteten so gut wie nie mit Terroristen zusammen. Vielleicht funktionierten diese Strategien im Kalten Krieg, aber es ist ziemlich schwer, fanatische Ideale mit Technologie zu bekämpfen.

Die israelischen Geheimdienste hingegen verließen sich hauptsächlich auf ihre Mitarbeiter aus Fleisch und Blut: Sie hatten unzählige Spione in Moscheen, islamischen Organisationen und Führungskreisen; und sie hatten kein Problem damit, auch die gefährlichsten Terroristen zu rekrutieren. Sie wussten, dass sie Augen und Ohren innerhalb der Zielgruppen brauchten, ebenso wie Köpfe, die Motive und Gefühle nachvollziehen und eins und eins zusammenzählen konnten.

Amerika verstand weder die islamische Kultur noch ihre Ideologie. Das, in Verbindung mit ihren offenen Grenzen und laxen Sicherheitsvorkehrungen, machte die Vereinigten Staaten zu einem sehr viel verwundbareren Ziel als Israel. Und dennoch: Obwohl meine Rolle als Spion Israel ermöglichte Hunderte Terroristen aus dem Verkehr zu ziehen, konnte unsere Arbeit den Terrorismus nicht einmal im Ansatz aufhalten – auch nicht in einem solch kleinen Land wie Israel.

Etwa einen Monat später, am 17. Oktober, betraten vier PFLP-Schützen das *Hyatt*-Hotel in Jerusalem und ermordeten den israelischen Tourismusminister Rechavam Zeevi. Ihrer Aussage nach war es eine Vergeltungsmaßnahme für die Ermordung von Mustafa. Trotz seines scheinbar unpolitischen Geschäftsbereiches war Zeevi ein naheliegendes Ziel. Er vertrat öffentlich eine Politik, die den drei Millionen Menschen im Westjordanland und Gaza das Leben so unerträglich machen sollte, dass sie freiwillig in andere arabische Länder auswandern würden. Zeevi hatte Berichten zufolge in einem Gespräch mit der *Associated Press* mehrere Vergleiche bemüht: Einige Palästinenser seien wie »Läuse«, die man aufhalten müsse, und wie ein »Krebsgeschwür«, das sich in uns ausbreite.[8]

Schlag auf Schlag setzten sich die wechselseitigen Morde fort. Auge um Auge – und Augen gab es genug.

Schon seit mehreren Jahren bemühte ich mich, jede auch noch so kleine Information zu sammeln, um dem Schin Beth beim Beenden dieses Blutvergießens zu helfen. Wir behielten weiterhin Mohammed Jamal al-Natsheh, Salih Talahme und die drei anderen Männer im Blick, die ich nach ihrer Entlassung aus dem PA-Gefängnis versteckt hatte. Sie hatten mehrmals ihren Standort gewechselt und nur Salih blieb mit mir in Kontakt. Aber wir spürten die anderen durch ihre Familien sowie durch die Überwachung öffentlicher Telefone auf.

Salih vertraute mir. Er erzählte mir immer, wo er gerade wohnte, und lud mich häufig zu sich ein. Als ich Salih näher kennenlernte, stellte ich fest, dass ich ihn wirklich mochte. Er war ein unglaublicher Mensch – ein brillanter Wissenschaftler, der sein Elektroingenieurstudium als Klassenbester abgeschlossen hatte und einer der besten Studenten in der Geschichte der Bir-Zait-Universität war. Für ihn war ich der Sohn von Hassan Yousef, ein guter Freund und guter Zuhörer.

Ich verbrachte viel Zeit mit Salih, seiner Frau Majida und ihren fünf Kindern (zwei Jungen und drei Mädchen). Ihr ältester Sohn hieß Mosab, so wie ich. Majida und die Kinder waren aus Hebron nach Ramallah gekommen, um Salih für eine Weile in seinem Versteck zu besuchen. Ich arbeitete damals noch an meinem Collegeabschluss, und eines Abends fragte mich Salih, wie das Studium lief.

»Hast du Probleme mit irgendetwas?«

»Ja, mit Wirtschaftsstatistik.«

»Okay. Morgen bringst du das Lehrbuch mit, und wir setzen uns hin und lernen. Das wird eine Privatstunde.«

Als ich Loai und den anderen beim Schin Beth davon erzählte, waren sie erfreut. Sie fanden, dass diese Nachhilfestunden eine gute Tarnung für meine Geheimdiensttätigkeit waren.

Doch es war mehr als Tarnung. Salih und ich wurden wirklich Freunde. Er unterrichtete mich, und tatsächlich schnitt ich in der Prüfung einige Wochen später sehr gut ab. Ich mochte ihn sehr, und ich liebte seine Kinder. Ich aß oft zusammen mit der Familie, und mit der Zeit baute sich zwischen uns allen eine starke Bindung auf. Es war eine seltsame Beziehung, weil ich wusste, dass Salih ein sehr gefährlicher Mann war. Aber das war ich ja auch.

* * *

Eines Abends im März 2002 saß ich daheim, als zwei Männer an unsere Tür klopften.

Misstrauisch fragte ich: »Wie kann ich Ihnen helfen?«

»Wir suchen Scheich Hassan Yousef. Es ist wichtig.«

»Sagt mir, warum es wichtig ist.«

Sie erklärten, dass sie zwei von fünf Selbstmordattentätern waren, die gerade aus Jordanien eingetroffen waren. Ihre Kontaktperson war verhaftet worden, und sie brauchten einen sicheren Aufenthaltsort.

»Okay«, sagte ich. »Hier seid ihr richtig.«

Ich fragte sie, was sie brauchten.

»Wir haben ein Auto voller Sprengstoff und Bomben, und wir brauchen einen sicheren Platz, wo wir es unterstellen können.«

Na toll, dachte ich, *was soll ich denn mit einem Auto voller Sprengstoff machen?* Jetzt musste ich schnell nachdenken. Ich beschloss, das Auto in die Garage neben unserem Haus zu fahren. Das war eindeutig nicht eine meiner hellsten Ideen, aber ich musste schnell reagieren.

»Hier habt ihr Geld«, sagte ich und leerte meine Brieftasche. »Sucht euch einen Platz zum Übernachten, kommt heute Abend wieder her, und dann überlegen wir, was wir machen.«

Als sie weg waren, rief ich Loai an, und zu meiner Erleichterung kam der Schin Beth und brachte das Auto weg.

Alle fünf Selbstmordattentäter kamen kurze Zeit später wieder. »Gut«, sagte ich, »von jetzt an bin ich eure Verbindung zur Hamas. Ich organisiere die Ziele, die Orte, den Transport – alles, was ihr braucht. Redet mit niemandem außer mit mir, oder ihr seid vielleicht schon tot, bevor ihr die Chance hattet, Israelis umzubringen.«

Diese Situation stellte einen außerordentlichen Glücksfall für den Geheimdienst dar. Bisher hatten wir immer erst gewusst, wer die Selbstmordattentäter waren, wenn sie ihre Sprengsätze zündeten. Plötzlich waren fünf von ihnen mit einer Wagenladung Bomben vor meiner Haustür aufgetaucht.

Dreißig Minuten nachdem ich dem Schin Beth ihren Aufenthaltsort verraten hatte, genehmigte Ministerpräsident Scharon ihre Liquidierung.

»Das könnt ihr nicht machen«, sagte ich zu Loai.

»Was?!«

»Ich weiß: Sie sind Terroristen und sie wollen sich in die Luft sprengen. Aber diese fünf Männer sind absolut einfältig. Sie wissen nicht, was sie tun. Ihr könnt sie nicht umbringen. Wenn ihr sie umbringt, ist das meine letzte Operation!«

»Willst du uns drohen?«

»Nein, aber ihr wisst, wie ich arbeite. Ich habe bei Halawa eine Ausnahme gemacht, und du weißt doch, wie das ausgegangen ist. Ich werde mich nicht an der Ermordung von Menschen beteiligen.«

»Welche andere Möglichkeit haben wir denn?«

»Verhaftet sie«, sagte ich, doch bereits während ich das sagte, wusste ich, dass es eine verrückte Idee war. Wir hatten das Auto und die Bomben, doch diese Kerle hatten immer noch ihre Sprengstoffgürtel. Wenn ein Soldat sich ihrer Einzimmerwohnung auch nur auf hundert Meter näherte, würden sie die Sprengladungen zünden und jeden anderen mit in den Tod reißen.

Selbst wenn es uns gelang, sie lebendig da rauszuholen, ohne dass jemand anderes ums Leben kam, würden sie gewiss im Verhör meinen Namen erwähnen und ich würde todsicher auffliegen. Mein Selbsterhaltungstrieb sagte mir, das Sicherste für alle Beteiligten wäre es, wenn ein Hubschrauber einfach ein paar Raketen in ihre Wohnung jagte. Fertig.

Doch mein Gewissen hatte sich verändert. Obwohl ich noch kein Christ war, versuchte ich wirklich, den ethischen Lehren von Jesus zu folgen. Im Koran wird die Tötung von Menschen auf Gottes Auftrag hin unter manchen Umständen befürwortet, zumindest für die Zeit Mohammeds. Doch Jesus legte einen viel höheren Maßstab an mich an. Jetzt merkte ich, dass ich nicht einmal einen Terroristen töten konnte.

Gleichzeitig war ich inzwischen viel zu wertvoll für den Schin Beth, als dass sie riskieren konnten, mich zu verlieren. Sie waren nicht glücklich darüber, aber sie willigten schließlich ein, die Liquidation abzublasen.

»Wir müssen wissen, was in diesem Zimmer vor sich geht«, sagten sie zu mir. Ich fuhr zur Wohnung der Attentäter, unter dem Vorwand, ihnen ein paar einfache Möbelstücke zu bringen. Natürlich wussten sie nicht, dass wir die Möbel verwanzt hatten, sodass wir jedes ihrer Worte mitbekamen. Gemeinsam hörten wir mit, wie sie darüber diskutierten, wer der Erste sein solle, wer der Zweite, Dritte und so weiter. Jeder wollte es als Erster hinter sich bringen, damit er seine Freunde nicht sterben sehen musste. Es war unheimlich. Wir belauschten ein Gespräch von lebendigen Toten.

Am 16. März bezogen die Sicherheitskräfte ihre Position. Die Attentäter befanden sich im Zentrum von Ramallah; daher konnten die IDF keine Panzer auffahren. Da die Soldaten zu Fuß hineingehen mussten, war die Operation sehr gefährlich. Ich verfolgte das Geschehen von zu Hause aus, während Loai mit mir telefonierte und mich über alles informierte, was vor sich ging.

»Sie gehen jetzt schlafen.«

Und wir alle warteten, bis wir sie über die Überwachungsgeräte schnarchen hören konnten.

Das größte Risiko bestand darin, sie zu zeitig zu wecken. Die Soldaten mussten durch die Tür kommen und die Betten erreichen, bevor auch nur einer der Attentäter einen einzigen Muskel bewegen konnte.

Ein Soldat befestigte eine Sprengladung an der Tür, während wir lauschten, ob wir auch nur das leiseste Geräusch hören konnten, die kleinste Unterbrechung im Schnarchen. Dann kam das Signal.

Die Tür explodierte. Die Spezialeinheit stürmte die kleine Wohnung und erwischte alle Männer, bis auf einen. Er griff sich eine Waffe und sprang aus dem Fenster – er war tot, noch bevor er auf dem Boden aufschlug.

Alle atmeten erleichtert auf. Alle außer mir. Kaum hatten die Soldaten die Männer in den Jeep verfrachtet, erwähnte einer von ihnen meinen Namen und enttarnte mich als Kollaborateur.

Meine schlimmsten Ängste waren wahr geworden. Ich war aufgeflogen. Was nun?

Loai hatte die Lösung. Der Schin Beth schob den Mann einfach nach Jordanien ab, während seine Freunde ins Gefängnis wanderten. Während er also daheim war, in Freiheit und bei seiner Familie, mussten die anderen drei annehmen, dass er der Verräter gewesen war und nicht ich. Der Plan war brillant.

Ich war noch einmal davongekommen, wenn auch ganz knapp. Doch es war klar: Ich pokerte zu hoch.

* * *

Eines Tages erhielt ich eine Nachricht von Schin-Beth-Chef Avi Dichter. Er dankte mir für die geleistete Arbeit. Er habe alle Akten über Israels Krieg gegen den Terror eingesehen und in jeder den »Grünen Prinzen« gefunden. Das war zwar schmeichelhaft, doch es war auch eine Warnung. Ich empfand es so, und Loai auch. Die Spur, die ich hinterlassen hatte, war einfach zu offensichtlich. Irgendjemand musste eines Tages darüber stolpern. Ich musste irgendetwas für mein Image tun.

Meine sture Weigerung, die fünf Selbstmordattentäter liquidieren zu lassen, hatte meine Situation enorm beeinträchtigt. Alle glaubten zwar, dass der Attentäter, der nach Jordanien zurückgeschickt worden war, hinter den Verhaftungen steckte. Sie wussten allerdings auch, dass Israel nicht lange fackelte, wenn jemand unter Verdacht stand, Selbstmordattentätern geholfen zu haben. Und ich hatte ihnen mehr als genug geholfen. Warum hatte man mich also noch nicht festgenommen?

Eine Woche nach der Verhaftung hatten die israelischen Geheimdienstleute sich zwei Möglichkeiten ausgedacht, mich vor dem Auffliegen zu retten. Entweder sie verhafteten mich und steckten mich wieder ins Gefängnis. Doch ich hatte Angst, dass das einer Todesstrafe für meinen Vater gleichkam, den ich dann nicht mehr vor israelischen Mordversuchen schützen konnte.

»Die andere Möglichkeit wäre, dass du das Spiel mitspielst.«

»Spiel? Welches Spiel?«

Loai erklärte mir, dass wir einen medienträchtigen Vorfall herbeiführen mussten, etwas, das ganz Palästina davon überzeugte, dass Israel mich verhaften oder tot sehen wollte. Damit es überzeugend war, durfte es nicht inszeniert sein. Es musste einen echten Anlass geben. Die israelischen Verteidigungsstreitkräfte mussten wirklich versuchen, mich zu fassen. Und das bedeutete, der Schin Beth musste die IDF manipulieren und somit ihre eigenen Leute hinters Licht führen.

Der Schin Beth gab den IDF nur ein paar Stunden, um sich auf diese große Operation vorzubereiten. Als Sohn von Hassan Yousef sei ich ein sehr gefährlicher junger Mann, warnten sie, denn ich stehe in enger Verbindung zu Selbstmordattentätern und könne mit Sprengsätzen bewaffnet sein.

Sie erklärten, sie hätten sichere Hinweise darauf, dass ich an jenem Abend in mein Elternhaus kommen würde, um meine Mutter zu besuchen. Ich würde nicht lange dort bleiben, und ich wäre mit einer M16 bewaffnet.

Was für eine Reklame! Es war in der Tat ein ausgeklügeltes *Spiel*.

Der Schin Beth machte den IDF weis, ich sei ein Topterrorist, der für immer verschwinden könnte, wenn sie einen Fehler machten. Also taten die IDF alles in ihrer Macht Stehende, um das zu verhindern. Spezialeinheiten in Zivil – als Araber verkleidet – kamen zusammen mit Scharfschützen in palästinensischen Fahrzeugen in die Stadt. Sie hielten zwei Minuten von unserem Haus entfernt und warteten auf ihr Signal. Schwere Panzer waren fünfzehn Minuten weit entfernt an der Gebietsgrenze stationiert. Kampfhubschrauber hielten sich bereit, gegebenenfalls Unterstützung aus der Luft zu liefern, falls es Probleme mit palästinensischen Straßenkämpfern gab.

Vor dem Haus meiner Eltern saß ich in meinem Auto und wartete auf einen Anruf vom Schin Beth. Wenn er kam, hatte ich genau sechzig Sekunden, um mich aus dem Staub zu machen, bevor die Spezialeinheiten unser Haus umstellten. Auch ich durfte mir keinen Fehler erlauben.

Ich verspürte schmerzliche Reue, als ich mir vorstellte, welche Angst meine Mutter und meine kleinen Geschwister in wenigen Augenblicken auszustehen hatten. Wie immer würden sie den Preis für das zahlen müssen, was mein Vater und ich taten.

Ich schaute in den wunderschönen Garten meiner Mutter. Sie hatte Blumen von überall her zusammengetragen. Bei jeder Gelegenheit bat sie Freunde und Verwandte um Stecklinge. Sie sorgte für ihre Blumen, als wären sie ihre Kinder.

»Wie viele Blumen brauchen wir denn noch?«, neckte ich sie manchmal.

Die Antwort lautete stets: »Nur noch ein paar.«

Ich erinnerte mich daran, wie sie einmal auf eine Pflanze gedeutet und gesagt hatte: »Die hier ist älter als du. Als du noch klein warst, hast du einmal den Blumentopf kaputt gemacht, aber ich konnte die Pflanze retten, und sie lebt immer noch.«

Würde sie auch noch in ein paar Minuten leben, wenn die eintreffenden Soldaten sie unter ihren Füßen zertraten?

Mein Mobiltelefon klingelte.

Das Blut schoss mir in den Kopf. Mein Herz schlug wie wild. Ich ließ den

Motor an und raste aufs Stadtzentrum zu, wo ich einen neuen geheimen Unterschlupf hatte. Jetzt tat ich nicht mehr nur so, als wäre ich auf der Flucht. In diesem Augenblick suchten Soldaten nach mir, die mich lieber töten als verhaften würden. Eine Minute nach meiner Abfahrt bremsten zehn Zivilfahrzeuge mit palästinensischen Kennzeichen vor unserem Haus. Israelische Spezialeinheiten umstellten es, und auf jede Tür und jedes Fenster waren automatische Waffen gerichtet. Die Nachbarschaft wimmelte nur so von Kindern, darunter auch mein Bruder Naser. Sie unterbrachen ihr Fußballspiel und stoben verängstigt auseinander.

Sobald die Soldaten in Position waren, donnerten über zwanzig Panzer heran. Jetzt wusste die ganze Stadt, dass irgendetwas los war. Ich konnte die gewaltigen Dieselmotoren bis in mein Versteck hören. Hunderte bewaffneter palästinensischer Kämpfer stürmten zum Haus meines Vaters und kreisten die IDF ein. Aber sie konnten nicht schießen, weil immer noch Kinder auf der Suche nach Deckung herumrannten – und weil meine Familie im Haus war.

Als die *Fedajin* eintrafen, wurden die Kampfhubschrauber herbeigerufen. Plötzlich fragte ich mich, ob es falsch gewesen war, die Selbstmordattentäter zu verschonen. Wenn ich einfach zugelassen hätte, dass die IDF eine Bombe auf sie abwarf, wären meine Familie und Nachbarn jetzt nicht in Gefahr. Wenn einer meiner Geschwister in diesem Chaos sein Leben verlor, würde ich mir das nie verzeihen.

Um ganz sicherzugehen, dass unsere ausgefeilte Produktion auch weltweit in den Nachrichten landete, hatte ich Al Dschasira einen Tipp gegeben, dass es einen Angriff auf das Haus von Scheich Hassan Yousef geben würde. Alle dachten, die Israelis hätten endlich meinen Vater erwischt, und wollten seine Verhaftung live übertragen. Ich stellte mir vor, wie ihre Reaktion ausfallen würde, wenn die Lautsprecher knackten und die Soldaten verlangten, dass sein ältester Sohn Mosab mit erhobenen Händen herauskam. Sobald ich meine Wohnung erreichte, schaltete ich den Fernseher an und verfolgte das Drama zusammen mit dem Rest der arabischen Welt.

Die Armee evakuierte meine Familie und befragte sie. Meine Mutter erklärte den Soldaten, ich wäre eine Minute vor ihrem Eintreffen abgefahren. Natürlich glaubten sie ihr nicht. Sie glaubten dem Schin Beth, der diese gesamte Produktion inszeniert hatte – den einzigen Leuten außer mir, die wussten, dass das Spiel begonnen hatte. Als ich mich nicht ergab, drohten sie damit, das Feuer zu eröffnen.

Angespannte zehn Minuten lang warteten alle darauf, ob ich herauskommen würde, und wenn ja, ob mit erhobenen Händen oder wild um mich schießend. Dann war die Uhr abgelaufen. Die Soldaten eröffneten das Feuer, und mehr als zweihundert Kugeln durchsiebten mein Zimmer in der zweiten Etage. (Dort stecken sie noch heute in den Wänden.) Es wurde nicht mehr geredet. Offenbar hatten sie beschlossen, mich zu töten.

Plötzlich wurde das Feuer eingestellt. Nur Augenblicke später pfiff eine Rakete durch die Luft und riss die Hälfte unseres Hauses weg. Soldaten stürmten die Ruine. Ich wusste, dass sie jedes Zimmer durchsuchten. Keine Leiche, kein flüchtiger Terrorist in irgendeinem Versteck.

Die IDF waren verlegen und wütend, dass ich ihnen durch die Lappen gegangen war. Wenn sie mich jetzt zu fassen bekämen, warnte mich Loai am Telefon, würden sie mich auf der Stelle erschießen. Für uns allerdings war die Operation ein voller Erfolg. Niemand war verletzt worden, und ich war auf die Liste der meistgesuchten Verbrecher gewandert. Die ganze Stadt redete über mich. Über Nacht war aus mir ein gefährlicher Terrorist geworden.

In den nächsten Monaten hatte ich drei vorrangige Anliegen: der Armee aus dem Weg zu gehen, meinen Vater zu beschützen und weiterhin Informationen für den Schin Beth zu sammeln. In dieser Reihenfolge.

Schutzschild

Frühjahr 2002

Die Eskalation der Gewalt war schwindelerregend. Israelis wurden erschossen und erstochen und in die Luft gesprengt. Palästinenser wurden ermordet. Das Karussell drehte sich immer schneller. Die internationale Gemeinschaft versuchte vergeblich, Israel unter Druck zu setzen.

»Sie müssen die illegale Besetzung beenden. Noch dringender müssen Sie mit der Bombardierung ziviler Wohngebiete, mit den Mordanschlägen, mit der unnötigen tödlichen Gewalt, mit der Zerstörung von Gebäuden und mit der täglichen Erniedrigung der einfachen Palästinenser aufhören«, verlangte der UN-Generalsekretär Kofi Annan im März 2002.[9]

Am gleichen Tag an dem wir die vier Selbstmordattentäter verhafteten, die ich vor ihrer Ermordung bewahrt hatte, riefen die politischen Führer der Europäischen Union sowohl Israel als auch die Palästinenser dazu auf, der Gewalt »Einhalt zu gebieten«. »Eine militärische Lösung für den Konflikt gibt es nicht«, sagten sie.[10]

Im Jahr 2002 fiel das Passahfest auf den 27. März. In einem Speisesaal im Erdgeschoss des *Park Hotel* in Netanya hatten sich 250 Gäste zum traditionellen Sedermahl versammelt.

Ein fünfundzwanzigjähriger Hamasfunktionär namens Abd al-Bassit Odeh betrat das Hotel, ging an dem Sicherheitsbeamten an der Tür vorbei, vorbei an der Rezeption in der Lobby, und hinein in den voll besetzten Saal. Dann griff er in seine Jacke.

Die Explosion tötete dreißig Menschen; weitere einhundertvierzig wurden verwundet. Einige von ihnen waren Überlebende des Holocaust. Die Hamas übernahm die Verantwortung mit der Erklärung, durch den Anschlag den Arabischen Gipfel in Beirut scheitern lassen zu wollen. Nichtsdestotrotz verkündete die von Saudi-Arabien angeführte Arabische Liga am nächsten Tag, dass sie einstimmig dafür gestimmt habe, den Staat Israel anzuerkennen und die Beziehungen zu ihm zu normalisieren. Die einzige Bedingung war, dass Israel sich auf die Grenzen von 1967 zurückziehe, das

Flüchtlingsproblem löse und einen unabhängigen palästinensischen Staat mit Ostjerusalem als Hauptstadt gründete. Wenn sich Israel auf diese Bedingungen einließe, wäre das ein riesiger Sieg für unser Volk gewesen – wenn die Hamas nicht immer noch an ihrem Alles-oder-nichts-Idealismus festgehalten hätte.

Israel begriff die Lage sehr genau und plante eine eigene radikale Lösung.

Zwei Wochen zuvor hatten die israelischen Behörden beschlossen, einen »Testballon« für eine größere Invasion in die Palästinensergebiete steigen zu lassen: Sie marschierten in die Doppelstadt Ramallah/al-Bira ein. Militäranalysten warnten, das Ganze könnte für die israelische Seite verlustreich verlaufen. Sie hätten sich keine Sorgen machen müssen.

Die IDF töteten fünf Palästinenser, verhängten Ausgangssperren und besetzten ein paar Gebäude. Riesige gepanzerte D9-Bulldozer zerstörten außerdem mehrere Häuser im al-Amari-Flüchtlingslager, darunter auch das von Wafa Idris, der ersten *Frau*, die einen Selbstmordanschlag verübt hatte. Sie hatte am 27. Januar in Jerusalem vor einem Schuhgeschäft einen einundachtzigjährigen israelischen Mann mit in den Tod gerissen und hundert weitere Menschen verletzt.

Nach der Gewalttat im *Park Hotel* wurde die Testinvasion allerdings bedeutungslos. Das israelische Kabinett gab grünes Licht für eine beispiellose Operation mit dem Codenamen »Schutzschild«.

Mein Telefon klingelte. Es war Loai.

»Was gibt's?«, fragte ich.

»Die ganzen IDF ziehen sich zusammen«, sagte Loai. »Heute Abend werden wir Salih und jeden anderen Flüchtigen in Gewahrsam haben.«

»Was meinst du damit?«

»Wir besetzen das gesamte Westjordanland und durchsuchen jedes Haus und Bürogebäude, egal wie lang es dauert. Bleib, wo du bist. Ich melde mich wieder.«

Wow, dachte ich. *Das ist großartig! Vielleicht wird das endlich diesen sinnlosen Krieg beenden.*

Im gesamten Westjordanland kursierten Gerüchte. Die palästinensische Führung wusste, dass etwas im Busch war, hatte aber keine Ahnung, was. Die Leute gingen von der Arbeit, aus Arztpraxen und Klassenzimmern nach

Hause, um vor dem Fernseher auf Neuigkeiten zu warten. Ich hatte meinen Vater in ein Haus gebracht, das amerikanischen Staatsbürgern gehörte, und der Schin Beth hatte mir versichert, dass er dort sicher war.

Am 29. März checkte ich im *City Inn*-Hotel in der *Nablus Road* in al-Bira ein, wo BBC, CNN und der Rest der internationalen Medien untergebracht waren. Mein Vater und ich hielten mit Walkie-Talkies Kontakt.

Der Schin Beth dachte, ich wäre in meinem Hotel, würde Chips essen und fernsehen. Aber ich wollte so etwas Wichtiges nicht verpassen. Ich wollte alles aus erster Hand mitbekommen. Also warf ich mir meine M16 über die Schulter und machte mich in meinem Outfit als »flüchtiger Terrorist« auf den Weg. Ich stieg auf den Hügel neben der Bibliothek von Ramallah, von dem aus ich die Südostseite der Stadt sehen konnte, wo mein Vater war. Ich nahm an, dass er dort in Sicherheit war, und ich konnte zum Hotel zurückrennen, sobald ich die Panzer hörte.

Gegen Mitternacht donnerten Hunderte Merkavas in die Stadt. Ich hatte nicht erwartet, dass sie aus allen Richtungen gleichzeitig kamen – oder mit einer solchen Geschwindigkeit. Einige Straßen waren so eng, dass die Panzerfahrer keine Wahl hatten, als über die Autos hinwegzufahren. Andere Straßen waren breit genug, doch die Soldaten schienen das schrill quietschende Geräusch von Metall unter den Panzerketten zu genießen. Die Straßen in den Flüchtlingslagern waren kaum mehr als schmale Pfade zwischen den Häusern aus Gasbeton, welche die Panzer quasi pulverisierten.

»Stell dein Funkgerät ab«, sagte ich zu meinem Vater. »Bleib in Deckung! Und Kopf runter!«

Ich hatte den Audi meines Vaters am Bordstein geparkt. Und ich sah zu meinem Entsetzen, wie ein Panzer ihn in einen Schrotthaufen verwandelte. Er hätte da nicht stehen sollen. Ich wusste nicht, was ich machen sollte. Ich konnte ja nicht Loai anrufen und ihn bitten, die Operation zu stoppen, nur weil ich hatte Rambo spielen wollen.

Ich rannte aufs Stadtzentrum zu und tauchte in einer Tiefgarage ab, nur ein paar Meter vor einem Panzer, der auf mich zukam. Noch waren keine Bodentruppen da; sie warteten, bis die Merkavas das Gebiet gesichert hatten. Plötzlich kam mir eine schreckliche Erkenntnis. In dem Gebäude direkt über meinem Kopf befanden sich die Büros mehrerer palästinensischer Splittergruppen. Ich hatte in einem Zielobjekt Zuflucht gesucht.

Panzer machen keine Unterschiede. Sie können nicht zwischen Schin-Beth-Kollaborateuren und Terroristen unterscheiden, zwischen Christen und Muslimen, zwischen bewaffneten Kämpfern und unbewaffneten Zivilisten. Und die jungen Männer in diesen Panzern hatten ebenso viel Angst wie ich. Um mich herum feuerten Männer, die genauso aussahen wie ich, aus ihren AK-47 auf die Panzer. *Pling. Pling. Pling.* Die Kugeln prallten wie Spielzeugmunition ab. *BUMM!* Der Panzer schoss zurück. Mir platzten beinahe die Trommelfelle.

Riesige Teile von den Gebäuden um uns herum begannen, zu rauchenden Trümmerhaufen zusammenzufallen. Jeder Kanonenschlag war wie ein Tritt in die Magengrube. Automatische Waffen ratterten und jede Wand warf ihr Echo zurück. Eine weitere Explosion. Staubwolken, die die Sicht vernebelten. Stein- und Metallsplitter flogen herum.

Ich musste hier raus. Aber wie?

Plötzlich kam eine Gruppe von Fatah-Kämpfern in die Garage gerannt und kauerte sich um mich herum. Das war nicht gut. Was, wenn die Soldaten jetzt kamen? Die *Fedajin* würden das Feuer auf sie eröffnen. Würde ich auch schießen? Und wenn ja, auf wen? Wenn ich nicht schoss, würden sie mich sowieso töten. Aber ich konnte keinen umbringen. Es hatte eine Zeit gegeben, als ich das vielleicht gekonnt hätte, doch das war Vergangenheit.

Immer mehr Kämpfer kamen und riefen im Laufen den anderen etwas zu. Plötzlich schien alles aufzuhören. Keiner wagte zu atmen.

Vorsichtig betraten die IDF-Soldaten die Garage. Sie kamen näher. Was auch immer geschehen würde – es würde in wenigen Sekunden beginnen. Mit ihren Taschenlampen suchten sie nach dem Weißen in unseren Augen oder nach Lichtreflexen von unseren Waffen. Sie lauschten. Und wir beobachteten sie. Auf beiden Seiten lagen schweißnasse Finger auf den Abzügen.

Und dann teilte sich das Rote Meer.

Vielleicht hatten sie Angst davor, tiefer in die schwarze, feuchte Tiefgarage vorzudringen, oder vielleicht sehnten sie sich auch einfach nur nach der vertrauten Begleitung eines Panzers. Egal aus welchem Grund, die Soldaten blieben stehen, drehten sich um und marschierten einfach wieder hinaus.

Sobald sie weit genug weg waren, rannte ich nach oben und suchte mir einen Raum, von dem aus ich Loai anrufen konnte.

»Könntest du die IDF bitten, sich ein paar Blocks weit zurückzuziehen, damit ich zurück in mein Hotel kann?«
»Was?! Wo steckst du denn? Warum bist du nicht in deinem Hotel?«
»Ich mache nur meine Arbeit.«
»Du spinnst ja!«
Es folgte eine unangenehme Stille.
»Okay. Wir schauen mal, was wir machen können.«

Es dauerte ein paar Stunden, um die Position der Panzer und Truppen zu verlegen. Die mussten sich wohl fragen, warum sie zurückgezogen wurden. Als sie sich in Bewegung setzten, brach ich mir beinahe das Bein, als ich über die Dächer sprang, um zurück zu meinem Hotelzimmer zu gelangen. Ich schloss die Tür, zog mich aus und stopfte mein Terroristen-Outfit und die Waffe in den Luftschacht der Klimaanlage.

In der Zwischenzeit befand sich das Haus, in dem mein Vater sich versteckte, im Auge des Sturms. Die IDF durchsuchten jedes Haus in der Nachbarschaft. Sie schauten hinter jedes Gebäude und unter jeden Stein. Aber sie hatten den Befehl, dieses eine Haus nicht zu betreten.

Drinnen las mein Vater im Koran und betete. Der Hausbesitzer las im Koran und betete. Dessen Frau las im Koran und betete. Dann, ohne ersichtlichen Grund, zogen die Truppen ab und begannen eine andere Gegend zu durchsuchen.

»Du wirst nicht glauben, was für ein Wunder geschehen ist, Mosab!«, erzählte mein Vater mir später über das Walkie-Talkie. »Allah sei gepriesen! Es war unglaublich! Sie kamen. Sie haben jedes Haus um uns herum durchsucht, die ganze Nachbarschaft – nur nicht das Haus, in dem wir waren.«

Gern geschehen, dachte ich.

Seit dem Sechs-Tage-Krieg hatte es nichts wie die Operation »Schutzschild« gegeben. Und sie hatte gerade erst begonnen. Ramallah war die Speerspitze der Operation. Bethlehem, Dschenin und Nablus folgten. Während ich durch die Stadt gerannt und den israelischen Truppen ausgewichen war, hatten die IDF Yasir Arafats Residenz umstellt. Alles war abgeriegelt. Strenge Ausgangssperren wurden verhängt.

Am 2. April umstellten Panzer und gepanzerte Transport-Kraftfahrzeuge den Komplex der Präventiven Sicherheitskräfte in der Nähe von unserem Haus in Betunia. Kampfhubschrauber knatterten in der Luft. Wir wussten, dass die PA mindestens fünfzig gesuchte Männer in dem Komplex versteckt hielt, und der Schin Beth war frustriert, weil er überall sonst nichts erreicht hatte.

Der Komplex umfasste vier Gebäude, zusätzlich zu dem viergeschossigen Bürogebäude, in dem Colonel Jibril Rajub[11] und andere Sicherheitsbeamte untergebracht waren. Die gesamte Anlage war von der CIA geplant, gebaut und ausgestattet worden. Die CIA hatte sogar ein paar Büros dort. Hunderte schwer bewaffneter Polizisten befanden sich darin, zusammen mit zahlreichen Gefangenen, darunter auch Bilal Barghuthi und andere, die auf Israels Abschussliste standen. Der Schin Beth und die IDF waren nicht zu Scherzen aufgelegt. Über Lautsprecher verkündeten sie, dass die Armee Gebäude eins in fünf Minuten in die Luft jagen würde, und befahl allen herauszukommen.

Genau fünf Minuten später: *Bumm!* Gebäude zwei. »Alle raus hier!« *Bumm!* Gebäude drei. *Bumm!* Gebäude vier. *Bumm!*

»Ausziehen!«, kam der Befehl über Lautsprecher. Die Israelis wollten nicht riskieren, dass noch jemand Waffen oder Sprengstoff bei sich trug. Hunderte Männer zogen sich nackt aus. Sie bekamen Overalls, wurden in Busse geladen und zum nahe gelegenen Militärstützpunkt Ofer gebracht – wo der Schin Beth seinen Fehler bemerkte.

Natürlich waren das zu viele Leute, um sie alle einzusperren, aber die Israelis wollten sowieso nur die Flüchtigen. Sie hatten eigentlich alle Häftlinge überprüfen und dann jeden entlassen wollen, der nicht auf ihrer Liste stand. Das Problem war, dass alle ihre Kleidung – und damit auch ihre Ausweise – am Komplex der Präventiven Sicherheitskräfte zurückgelassen hatten. Wie sollten die Sicherheitskräfte jetzt die gesuchten Personen von den Polizisten unterscheiden können?

Ofer Dekel, der Chef von Loais Chef, hatte das Kommando. Er rief Jibril Rajub an, der zum Zeitpunkt des Angriffs nicht in dem Komplex gewesen war. Dekel gab Rajub eine Sondergenehmigung, damit er die Hunderte Panzer und Tausende Soldaten sicher passieren konnte. Als er eintraf, bat Dekel Rajub, ob er ihm zeigen könnte, wer für ihn arbeitete und wer als flüchtige Person hier versteckt gehalten wurde. Rajub willigte gern ein. Rasch identifizierte er die Polizisten als flüchtige Personen und die flüchtigen Personen als Polizisten. So ließ der Schin Beth alle Gesuchten frei.

»Warum haben Sie mir das angetan?«, fragte Dekel, als er begriff, was geschehen war.

»Sie haben meine Büros und meinen Komplex in die Luft gejagt«, erklärte Rajub gelassen, seine palästinensische Version von »Pustekuchen!«. Dekel schien auch vergessen zu haben, dass sein PA-Kumpel im Jahr zuvor verwundet worden war, als IDF-Panzer und -Hubschrauber sein Haus dem Erdboden gleichgemacht hatten. Er war also überhaupt nicht in der Stimmung, den Israelis irgendeinen Gefallen zu tun.

Der Schin Beth war völlig blamiert. Seine einzige Möglichkeit, sich zu rächen, bestand in einem offiziellen Bericht, der Rajub als Verräter brandmarkte. Demnach habe er die gesuchten Männer in einem von der CIA ausgehandelten Deal an Israel ausgeliefert. Infolge dessen verlor Rajub seine Macht und wurde schließlich Leiter des Palästinensischen Fußballverbands.

Das Ganze war ein einziges Debakel.

In den nächsten drei Wochen hoben die Israelis die Ausgangssperre von Zeit zu Zeit auf, und während einer solchen Unterbrechung am 15. April konnte ich meinem Vater einige Lebensmittel und andere Dinge des täglichen Bedarfs bringen. Er sagte, er fühle sich in diesem Haus nicht sicher, und wolle woanders hin. Ich rief einen der Hamasführer an und fragte ihn, ob er einen Ort kannte, wo man Hassan Yousef in Sicherheit bringen konnte. Er schlug vor, ich solle meinen Vater an den Ort bringen, wo Scheich Jamal al-Tawil sich versteckte, ein weiterer flüchtiger Anführer der Hamas.

Wow, dachte ich. Wenn der Schin Beth Jamal al-Tawil verhaften konnte, würde sicher der fade Beigeschmack von Operation »Schutzschild« deutlich nachlassen. Ich dankte dem Hamasführer, sagte aber: »Ich möchte nicht, dass mein Vater am gleichen Ort ist. Es wäre zu gefährlich, wenn die beiden zusammen dort sind.« Wir einigten uns auf einen anderen Platz und ich brachte meinen Vater in diese neue geheime Unterkunft. Dann rief ich Loai an.

»Ich weiß, wo Jamal al-Tawil sich versteckt.«

Loai konnte die Nachricht kaum glauben, und al-Tawil wurde noch am selben Abend verhaftet.

Am gleichen Tag nahmen wir außerdem einen weiteren der von den IDF meistgesuchten Männer fest – Marwan Barghuthi.

Obwohl Marwan eine der am schwersten zu fassenden Führerfiguren war, die von der Hamas und Fatah gleichermaßen für sich beansprucht werden, war seine Verhaftung im Grunde recht einfach. Ich rief einen seiner Leibwächter an und unterhielt mich kurz mit ihm, während der Schin Beth den Anruf verfolgte. Barghuthi wurde später vor einem Zivilgericht der Prozess gemacht. »Fünfmal lebenslänglich«, lautete das Urteil.

Inzwischen verging kein Tag, an dem die Operation »Schutzschild« nicht internationale Schlagzeilen machte. Nur wenige davon waren schmeichelhaft. Aus Dschenin gab es Gerüchte über ein großes Massaker, die keiner bestätigen konnte, da die IDF die Stadt abgeriegelt hatten. Der palästinensische Kabinettsminister Saib 'Uraiqat sagte, es hätte 500 Tote gegeben. Diese Zahl wurde später auf 50 korrigiert.

In Bethlehem wurden über 200 Palästinenser, die sich in der Geburtskirche verschanzt hatten, über fünf Wochen belagert. Nachdem sich die Lage etwas beruhigt hatte und die Zivilisten gehen durften, standen die Zahlen fest: Acht Palästinenser waren getötet worden, 26 hatte man in den Gazastreifen geschickt, 85 wurden von den IDF überprüft und freigelassen, und die 13 meistgesuchten wurden nach Europa abgeschoben.

Insgesamt kamen bei der Operation »Schutzschild« beinahe 500 Palästinenser ums Leben, 1 500 wurden verletzt und fast 4 300 von den IDF verhaftet. Auf der anderen Seite hatten 29 Israelis ihr Leben verloren und 127 waren verwundet worden. Die Weltbank schätzte den entstandenen Schaden auf über 360 Millionen Dollar.

Übernatürlicher Schutz

Sommer 2002

Mittwoch, der 31. Juli 2002, war ein brütend heißer Tag. Neununddreißig Grad Celsius. Auf dem Universitätsgelände der Hebräischen Universität Jerusalem auf dem Skopusberg fand kein Unterricht statt. Nur einige Studenten saßen noch in den Prüfungen. Andere standen Schlange, um sich für die Kurse im Wintersemester einzuschreiben. Um 13.30 Uhr war die Frank-Sinatra-Cafeteria der Universität voll besetzt mit jungen Leuten, die relaxen wollten, ihre kühlen Getränke genossen und plauderten. Niemand bemerkte die Tasche, die ein Maler dort stehen gelassen hatte.

Die heftige Explosion zerstörte die Cafeteria und tötete neun Menschen, darunter fünf Ausländer. Weitere fünfundachtzig wurden verwundet, vierzehn von ihnen schwer.

Am gleichen Tag verschwand mein guter Freund Salih. Als wir die Aufenthaltsorte der anderen vier auf unserer Liste der meistgesuchten Personen überprüften, waren auch sie spurlos verschwunden. Sie hatten sogar jede Verbindung zu ihren Familien gekappt. Wir konnten die Hamaszelle identifizieren, welche die Bombe gelegt hatte, und stellten fest: Ihre Mitglieder kamen aus Israel und nicht aus den besetzten Gebieten. Sie hatten ihre blauen israelischen Ausweise und konnten sich somit nach Belieben frei im Land bewegen. Fünf von ihnen kamen aus Ostjerusalem: verheiratet, nette Familien, gute Arbeitsstellen.

Im Verlauf der Ermittlungen tauchte immer wieder ein Name auf: Mohammed Arman aus einem Dorf bei Ramallah. Unter Folter wurde Arman gezwungen, den Mann hinter dem Anschlag auf die Hebräische Universität zu benennen. Er sagte, er kenne ihn nur unter der Bezeichnung »Scheich«.

Die Verhörspezialisten legten ihm Fotos von mutmaßlichen Terroristen vor (ähnlich den Ganovenfotos auf amerikanischen Polizeirevieren) und sagten ihm, er solle ihnen den »Scheich« heraussuchen. Arman identifizierte ein Bild von Ibrahim Hamid und lieferte uns somit den ersten handfesten Beweis für seine Beteiligung an den Selbstmordattentaten.

Später erfuhren wir, dass Hamid, als er aufgeflogen war, diesen Umstand nutzte, um Salih und die anderen Mitglieder seiner Zelle zu schützen. Alle Zellen unter seinem Kommando hatten die Anweisung, im Falle ihrer Verhaftung ihm alle Schuld in die Schuhe zu schieben, da er nichts mehr zu verlieren hatte. Für den Augenblick hörte die Spur also bei Ibrahim Hamid auf. Und Hamid war unauffindbar.

✳ ✳ ✳

In den Monaten nach der Operation »Schutzschild« stand Ramallah unter Ausgangssperre. Arafat konnte praktisch nichts mehr tun. USAID hatte seine Projekte auf Eis gelegt und gestattete seinen Angestellten nicht, das Westjordanland zu betreten. Durch die israelischen Kontrollpunkte war die Stadt von der Außenwelt abgeschnitten; nur Krankenwagen wurden durchgelassen. Und ich war offiziell flüchtig. All das machte es mir sehr schwer, herumzukommen. Trotzdem musste ich mich etwa alle zwei Wochen mit dem Schin Beth treffen, um laufende Operationen zu besprechen, über die wir nicht am Telefon reden konnten.

Außerdem brauchte ich dringend moralische Unterstützung. Die Einsamkeit war schrecklich. Ich lebte als Fremder in meiner eigenen Stadt. Ich konnte mein Leben mit niemandem teilen, nicht einmal mit meiner eigenen Familie. Und ich konnte niemand anderem vertrauen. Normalerweise trafen Loai und ich uns in einem der »sicheren Häuser« des Schin Beth in Jerusalem. Aber ich konnte Ramallah nicht mehr verlassen. Es war sogar zu unsicher für mich, mich tagsüber auf der Straße sehen zu lassen. Alle üblichen Möglichkeiten schieden aus.

Wenn mich Spezialeinheiten in palästinensischen Autos abholten, bestand die Gefahr, dass die *Fedajin* sie anhielten. Dann würden sie durch ihren Akzent auffliegen. Wenn Geheimdienstmitarbeiter in IDF-Uniformen eine Entführung vortäuschten, könnte mich jemand beobachten, wie ich in den Jeep sprang. Und selbst wenn das funktionierte – wie oft könnten wir so eine Nummer durchziehen?

Schließlich ließ sich der Schin Beth eine kreativere Möglichkeit für unsere Treffen einfallen.

Der Militärstützpunkt Ofer, einige Kilometer südlich von Ramallah, ist eine der bestbewachten Hochsicherheitsanlagen in Israel. Er steckt voller

Geheimnisse und strotzt nur so vor Sicherheitsvorkehrungen. Dort befand sich das örtliche Schin-Beth-Büro.

»Okay«, sagte Loai, »von jetzt an treffen wir uns in Ofer. Du musst nichts weiter tun, als dort einzubrechen.«

Wir lachten beide. Und dann begriff ich, dass er es ernst meinte.

»Wenn du erwischt wirst«, erklärte er, »wird es so aussehen, als hättest du versucht, in eine große Militäranlage einzubrechen, um einen Anschlag zu planen.«

»Und *wenn* ich erwischt werde?«

Der Plan bereitete mir schlaflose Nächte. Eines späten Abends war es an der Zeit, den Plan in die Tat umzusetzen. Ich fühlte mich wie ein Schauspieler vor der Premiere, der weder das Stück kannte noch vorher geprobt hatte. Ich betrat eine Bühne, die ich noch nie zuvor gesehen hatte, in einem Kostüm, das ich noch nie zuvor getragen hatte.

Ich wusste nicht, dass der Schin Beth eigene Agenten in genau den beiden Wachtürmen platziert hatte, die zu meiner geplanten Einstiegsstelle im äußeren Zaun gehörten. Ich wusste auch nicht, dass weitere bewaffnete und mit Nachtsichtgeräten ausgestattete Agenten an meinem Weg dorthin postiert waren, die mich im unwahrscheinlichen Fall, dass mir jemand folgte, beschützen sollten.

Ich dachte die ganze Zeit nur: *Was, wenn ich einen Fehler mache?*

Ich parkte mein Auto außer Sichtweite. Loai hatte mich instruiert, dunkle Kleidung zu tragen, keine Taschenlampe zu benutzen und einen Bolzenschneider mitzubringen. Ich holte tief Luft.

Mein Weg führte durch hügelige Landschaft. In der Ferne funkelten die Lichter des Militärstützpunktes. Das Gebell wilder Hunde begleitete mich, während ich bergauf und bergab durch unwegsames Gelände stieg. Solange das keine unerwünschte Aufmerksamkeit erregte, war es mir egal.

Endlich erreichte ich den äußeren Zaun und rief Loai an.

»Zähl von der Ecke aus sieben Pfosten ab«, sagte er. »Dann warte auf mein Zeichen und fang an zu schneiden.«

Zu Beginn der Zweiten Intifada hatte man etwa sechs Meter hinter dem alten Zaun einen neuen errichtet. Ich machte mich mit meinem Bolzenschneider an dem alten Zaun zu schaffen.

Man hatte mich vor den Wachschweinen gewarnt (ja, ich meinte Wachschweine). Aber ich begegnete keinem einzigen, also war der Punkt abgehakt. Der Bereich zwischen dem äußeren und inneren Zaun war eine Art Auslauf, in dem auf jedem anderen Militärstützpunkt der Welt Deutsche Schäferhunde oder andere scharf abgerichtete Kampfhunde patrouilliert hätten. Ironischerweise setzen die Israelis, die sonst so großen Wert auf koschere Speisen legen, Schweine ein. Das ist kein Witz.

Dahinter stand der Gedanke, dass die Schweine und der mögliche Kontakt mit ihnen jeden potenziellen Terroristen, der ein frommer Muslim war, psychologisch abschrecken würden. Der Islam verbietet den Kontakt mit Schweinen ebenso streng wie das orthodoxe Judentum – vielleicht sogar noch strenger.

In den Siedlungen sah ich nie Wachschweine, aber Loai sagte mir später, dass sie tatsächlich auch auf dem Militärstützpunkt Ofer eingesetzt wurden.

Ich fand eine kleine Tür im inneren Zaun, die man offen gelassen hatte. Ich ging durch, und da war ich nun: in einer der sichersten Militäranlagen in Israel. Hoch über mir ragten Wachtürme zu beiden Seiten auf – wie die Hörner des Teufels.

»Kopf runter«, flüsterte mir Loai ins Ohr, »und warte auf mein Zeichen.«

Um mich herum standen Büsche. Nach einigen Sekunden begannen einige sich zu bewegen. Sie entpuppten sich als Agenten, die normalerweise bei unseren Treffen dabei waren. Jetzt allerdings trugen sie schwere Maschinengewehre und IDF-Tarnuniformen, aus denen nach allen Seiten Zweige herausragten. Ich sah, dass sie Spaß an der Sache hatten – für sie war es einfach nur eine weitere Rolle als Schauspieler aus ihrem Repertoire, das von Terroristen über *Fedajin* bis zu alten Männern reichte (gelegentlich war auch eine Frauenrolle dabei).

»Wie geht es dir?«, fragten sie mich, als hätten wir uns gerade gemütlich in einem Kaffeehaus niedergelassen. »Alles in Ordnung?«

»Alles okay.«

»Hast du was für uns?«

Manchmal brachte ich ihnen Ton- oder Bildaufnahmen mit oder andere Beweise und Informationen, aber heute war ich mit leeren Händen gekommen.

Es fing an zu regnen und wir rannten über einen Hügel zu einem Platz, an dem zwei Jeeps warteten. Drei der Männer sprangen in den ersten Jeep und ich stieg hinten ein. Die anderen blieben bei dem zweiten Jeep zurück, damit ich sicher zurückkehren konnte. Die Männer, die wir zurückließen, taten mir leid, denn es regnete ziemlich stark. Sie schienen trotzdem ihren Spaß zu haben.

Nach ein paar Stunden, nachdem ich mich mit Loai, seinem Vorgesetzten und den Wachen getroffen hatte, verschwand ich wieder auf dem Weg, den ich gekommen war – sehr zufrieden mit mir, auch wenn der Rückweg lang, nass und kalt war.

Das wurde in der kommenden Zeit zur Standardprozedur für unsere Treffen. Sie war jedes Mal perfekt choreografiert und nichts ging schief dabei. Den Zaun musste ich nicht mehr durchschneiden, aber ich hatte immer den Bolzenschneider dabei – nur für alle Fälle.

✳ ✳ ✳

Nach meiner »Flucht« vor der unübersehbaren IDF-Razzia behielt ich trotzdem weiterhin meinen Vater im Auge, um sicherzustellen, dass es ihm gut ging und er alles hatte, was er brauchte. Hin und wieder schaute ich im USAID-Büro vorbei. Aber da die meisten Projekte auf Eis lagen, konnte ich die wenige Arbeit zu Hause am Computer erledigen. Die Abende verbrachte ich mit anderen gesuchten Personen und sammelte Informationen. Und ein oder zweimal pro Monat stieg ich nachts in eine Topsecret-Militäranlage ein, um an einem Treffen teilzunehmen.

In meiner freien Zeit traf ich mich weiterhin mit meinen christlichen Freunden, um über die Liebe von Jesus zu reden. Genau genommen redeten wir nicht nur darüber. Obwohl ich immer noch Jesus nur als großen Lehrer betrachtete, erlebte ich jeden Tag Gottes Liebe und Schutz, die meine Familie offensichtlich auch mit einschlossen.

Eines Nachmittags durchsuchten Spezialeinheiten das *City Inn*-Hotel nach flüchtigen Personen. Als sie niemanden fanden, beschlossen sie, in einem nahe gelegenen Haus eine Pause einzulegen. Das war so üblich. Die IDF brauchten keine Befehle oder Genehmigungen. Wenn die Lage relativ ruhig war, besetzten die Soldaten der Spezialeinheiten einfach irgendein Haus, um sich ein paar Stunden auszuruhen und vielleicht etwas zu essen zu bekommen. Und bei heftigen Gefechten brachen sie sogar manchmal in

Häuser ein und benutzten die Bewohner als menschliche Schutzschilde – so ähnlich, wie es die *Fedajin* oft machten.

An diesem speziellen Tag suchten sie sich das Haus aus, in dem mein Vater sich versteckte. Der Schin Beth wusste nichts davon. Keiner von uns wusste es. Den Umstand, dass die Soldaten an diesem speziellen Tag dieses spezielle Haus aussuchten, hätte keiner vorhersagen oder verhindern können. Und als sie eintrafen, war mein Vater gerade »zufällig« im Keller.

»Könnten Sie bitte die Hunde draußen lassen?«, bat die Frau, die dort wohnte. »Ich habe kleine Kinder.«

Ihr Mann hatte schreckliche Angst, dass die Soldaten Hassan Yousef finden und sie verhaften würden, weil sie eine gesuchte Person versteckten. Also versuchte er, sich normal zu verhalten, so, als hätte er keine Angst. Er bat seine siebenjährige Tochter, zum Kommandanten zu gehen und ihm die Hand zu schütteln. Der Kommandant war ganz entzückt von dem kleinen Mädchen und dachte wohl, dass sie und ihre Eltern einfach eine ganz normale Familie seien, die nichts mit Terroristen zu tun hätten. Höflich fragte er die Frau, ob seine Männer sich im Obergeschoss eine Weile ausruhen dürften, und sie war einverstanden. Ungefähr fünfundzwanzig israelische Soldaten hielten sich mehr als acht Stunden in diesem Haus auf und wussten nicht, dass mein Vater sich buchstäblich direkt unter ihnen befand.

Dieses Empfinden, unter übernatürlichem Schutz zu stehen, konnte ich nicht wegdiskutieren. Für mich war das ganz real. Eines Tages rief mich Ahmad al-Faransi (der mich einmal für seine Selbstmordattentäter um Sprengstoff gebeten hatte) aus Ramallah an und fragte mich, ob ich ihn abholen und nach Hause fahren könne. Ich erklärte, ich sei gerade in der Gegend und in ein paar Minuten bei ihm. Als ich ankam, stieg er zu mir ins Auto und wir fuhren los.

Wir waren noch nicht weit gekommen, als al-Faransis Mobiltelefon klingelte. Jerusalem hatte ihn auf der Abschussliste und Arafats Hauptquartier rief ihn an, um ihn zu warnen, dass zwei israelische Hubschrauber ihm folgten. Ich öffnete das Fenster und hörte, wie sich zwei *Apaches* näherten. Wer noch nie erlebt hat, wie Gott durch eine innere Stimme mit ihm spricht, mag vielleicht seltsam finden, was ich jetzt schreibe, aber an diesem Tag hörte ich Gott sprechen. Er wies mich an, zwischen zwei Gebäuden links abzubiegen. Später erfuhr ich, dass die Israelis eine freie Schusslinie auf mein Auto gehabt hätten, wenn ich weiter geradeaus gefahren wäre. Ich wendete und hörte darauf die göttliche Stimme sagen: *Steigt aus dem Auto aus und lasst es stehen.* Wir sprangen heraus und rannten davon. Als der Hubschrauber sein Ziel wieder im Visier hatte, konnte der Pilot bloß ein geparktes Auto sehen, bei dem zwei Türen offen standen. Er schwebte etwa sechzig Sekunden über uns in der Luft, dann wendete er und flog davon.

Später erfuhr ich, dass der Geheimdienst eine Nachricht bekommen hatte, al-Faransi wäre gesehen worden, wie er in einen dunkelblauen Audi A4 stieg. Davon gab es viele in der Stadt. Loai war gerade nicht im Einsatzzentrum, um meinen Aufenthaltsort zu überprüfen. Niemand kam auf die Idee zu fragen, ob dieser Audi dem *Grünen Prinzen* gehörte. Es gab ja auch nur wenige Schin-Beth-Mitglieder, die überhaupt von meiner Existenz wussten.

Irgendwie schien ich stets von diesem göttlichen Schutz zu profitieren. Ich war noch gar kein Christ, al-Faransi kannte Jesus ganz bestimmt nicht. Aber meine christlichen Freunde beteten jeden Tag für mich. Und Gott, so sagt Jesus in Matthäus 5,45: »lässt die Sonne für Böse und Gute aufgehen und sendet Regen für die Gerechten wie für die Ungerechten.« Das war nicht im Entferntesten das, was ich aus dem Koran von Allah gelesen hatte, der Rache nahm und seinen Anhängern Vergeltung erlaubte.

Schutzhaft

Herbst 2002 bis Frühjahr 2003

Ich war erschöpft. Ich war es leid, so viele gefährliche Rollen gleichzeitig zu spielen. Ich war es leid, meine Persönlichkeit und mein Auftreten ständig der jeweiligen Gesellschaft anpassen zu müssen, in der ich mich bewegte. Wenn ich bei meinem Vater und anderen Hamasführern war, musste ich ein engagiertes Hamasmitglied spielen. Wenn ich beim Schin Beth war, musste ich der Kollaborateur sein. Wenn ich daheim war, übernahm ich oft für meine Geschwister die Rolle des Vaters und Beschützers, und bei der Arbeit musste ich ein ganz normaler Arbeitnehmer sein. Es war mein letztes Semester am College und ich musste für meine Prüfungen lernen. Aber ich konnte mich nicht konzentrieren.

Es war Ende September 2002, und ich beschloss, dass es Zeit für den zweiten Akt des Schauspiels sei, das mit dem inszenierten Verhaftungsversuch des Schin Beth begonnen hatte.

»Ich kann das nicht durchhalten«, erklärte ich Loai. »Was muss ich tun? Ein paar Monate ins Gefängnis gehen? Wir könnten so tun, als würdet ihr mich verhören. Anschließend lasst ihr mich laufen. Dann kann ich wieder ans College gehen und meinen Abschluss machen. Ich kann wieder an meine Arbeit bei USAID gehen und ein normales Leben führen.«

»Was wird aus deinem Vater?«

»Ich lasse ihn nicht zurück, damit er dann ermordet wird. Verhaftet ihn auch.«

»Wenn du es so willst. Die Regierung wird auf jeden Fall glücklich sein, dass wir Hassan Yousef endlich erwischt haben.«

Ich sagte meiner Mutter, wo mein Vater sich versteckte, und ließ sie ihn besuchen. Fünf Minuten, nachdem sie in seiner geheimen Unterkunft angekommen war, strömten Spezialeinheiten in die Gegend. Soldaten rannten durch die Nachbarschaft und riefen den Zivilisten zu, sie sollten ins Haus gehen.

Einer dieser »Zivilisten«, der vor seinem Haus gerade eine Nargileh (türkische Wasserpfeife) rauchte, war kein anderer als der Chefbombenbauer

Abdullah Barghuthi, der keine Ahnung hatte, dass er die ganze Zeit gegenüber von Hassan Yousef gewohnt hatte. Und der arme IDF-Soldat, der ihn anwies, ins Haus zu gehen, hatte keine Ahnung, dass er gerade Israels meistgesuchten Massenmörder angesprochen hatte.

Keiner wusste, was eigentlich los war. Mein Vater hatte keine Ahnung, dass sein Sohn ihn verraten hatte, um ihn vor seiner Ermordung zu schützen. Und die IDF hatten keine Ahnung, dass der Schin Beth die ganze Zeit gewusst hatte, wo Hassan Yousef sich aufhielt – geschweige denn, dass einige ihrer Soldaten sogar in dem Haus, wo er sich versteckte, zu Mittag gegessen und ein Nickerchen gehalten hatten.

Wie immer ergab sich mein Vater friedlich. Und er und die anderen Hamasführer nahmen einfach an, dass der Schin Beth meiner Mutter zu seinem Versteck gefolgt war. Natürlich war meine Mutter traurig, aber auch erleichtert, dass ihr Mann zumindest an einem sicheren Ort war und nicht mehr auf Israels Schwarzer Liste stand.

»Und *wir* sehen uns heute Abend«, sagte Loai zu mir, als der Wirbel sich gelegt hatte.

Als die Sonne langsam hinter dem Horizont verschwand, saß ich in meinem Haus, schaute aus dem Fenster und sah, wie sich etwa zwanzig Mitglieder der Spezialeinheiten rasch näherten und ihre Positionen bezogen. Ich wusste, dass ich jetzt den Kopf einziehen und mich auf eine etwas unsanfte Behandlung gefasst machen musste. Einige Minuten später fuhren Jeeps auf. Dann ein Panzer. Die IDF riegelten die Gegend ab. Jemand sprang auf meinen Balkon. Jemand anderes hämmerte an meine Tür.

»Wer ist da?«, rief ich und tat so, als wüsste ich es nicht.

»IDF! Machen Sie die Tür auf!«

Ich öffnete die Tür und sie drückten mich auf den Boden, während sie mich rasch nach Waffen durchsuchten.

»Ist sonst noch jemand hier?«

»Nein.«

Ich weiß nicht, warum sie überhaupt fragten. Sie traten trotzdem jede Tür ein und durchsuchten das ganze Haus – Zimmer für Zimmer. Draußen stand ich dann meinem alten Freund gegenüber.

»Wo hast du gesteckt?«, fragte Loai mich in scharfem Ton, als wäre ich wirklich derjenige, der ich zu sein vorgab. »Wir haben nach dir gesucht.

Willst du dich unbedingt umbringen? Du musst doch verrückt gewesen sein, letztes Jahr aus dem Haus deines Vaters zu fliehen.«

Ein Pulk wütender Soldaten schaute und hörte uns zu.

»Wir haben deinen Vater«, sagte er, »und endlich haben wir dich auch! Schauen wir doch mal, was du im Verhör zu sagen hast.«

Ein paar Soldaten stießen mich in einen Jeep. Loai kam herüber, beugte sich zu mir, sodass niemand ihn hören konnte, und fragte: »Wie geht's dir, mein Freund? Alles okay? Sitzen die Handschellen zu fest?«

»Alles in Ordnung«, sagte ich. »Bringt mich einfach hier weg, und sorgt dafür, dass die Soldaten mich unterwegs nicht verprügeln.«

»Keine Sorge. Einer meiner Jungs bleibt bei dir.«

Sie brachten mich zum Militärstützpunkt Ofer, wo wir im gleichen Raum saßen, in dem normalerweise unsere Treffen stattfanden. Während des mehrstündigen »Verhörs« tranken wir Kaffee und besprachen die Situation.

»Wir bringen dich nach Moskobiyeh«, sagte Loai, »nur für kurze Zeit. Wir tun so, als würden wir dich streng verhören. Dein Vater ist schon dort, und du wirst ihn sehen. Er wird nicht verhört oder gefoltert. Dann nehmen wir dich in Verwaltungshaft. Du bleibst ein paar Monate dort, und danach beantragen wir, deine Strafe noch um drei Monate zu verlängern. Man erwartet, dass jemand mit deinem Status eine anständig lange Haftstrafe bekommt.«

Als ich die Verhörspezialisten wiedersah – selbst diejenigen, die mich bei meinem letzten Aufenthalt gefoltert hatten – war ich überrascht, dass ich diesen Männern gegenüber keine Bitterkeit verspürte. Ich konnte mir das nicht anders erklären als mit einem Bibelvers, den ich im Hebräerbrief 4,12 gelesen hatte: »Das Wort Gottes ist lebendig und wirksam. Es ist schärfer als das schärfste Schwert und durchdringt unsere innersten Gedanken und Wünsche. Es deckt auf, wer wir wirklich sind, und macht unser Herz vor Gott offenbar.« Ich hatte diese Worte oft gelesen und darüber nachgedacht, wie auch über die Gebote von Jesus, unseren Feinden zu vergeben und diejenigen zu lieben, die uns schlecht behandeln. Irgendwie schienen die Worte von Jesus Christus, obwohl ich ihn noch immer nicht als Gott akzeptieren konnte, lebendig und aktiv in mir zu wirken. Ich weiß nicht, wie ich diese Menschen sonst als Menschen hätte betrachten können, anstatt als Juden oder Araber, Gefangene oder Folterer. Selbst der alte Hass, der mich dazu getrieben hatte, Waffen zu kaufen und den Tod von Israelis zu planen, war durch eine Liebe ersetzt worden, die ich nicht begreifen konnte.

Ich kam einige Wochen in Einzelhaft. Und ein- oder zweimal am Tag, wenn sie gerade keine anderen Häftlinge verhörten, kamen meine Freunde vom Schin Beth, um nach mir zu sehen und sich mit mir zu unterhalten. Ich bekam gutes Essen und blieb das bestgehütete Geheimnis von Moskobiyeh. Dieses Mal gab es keine stinkenden Kapuzen oder verrückte Bucklige oder Songs von Leonard Cohen (obwohl er eines Tages mein Lieblingssänger werden sollte – verrückt, oder?). Im Westjordanland ging das Gerücht um, dass ich ein echt harter Kerl war, der den Israelis keine Informationen lieferte, nicht einmal unter Folter.

Ein paar Tage vor meiner Verlegung durfte ich in die Zelle meines Vaters umziehen. Ein erleichterter Ausdruck huschte über sein Gesicht, als er die Arme ausbreitete, um mich zu umarmen. Dann schob er mich etwas von sich weg und lächelte.

»Ich bin dir einfach nachgelaufen«, sagte ich lachend. »Ich konnte nicht ohne dich leben.«

Es waren noch zwei andere in der Zelle, und wir machten unsere Witze und unterhielten uns prima. Ehrlich gesagt war ich froh, meinen Vater sicher hinter Gittern zu sehen. So konnten keine Fehler und keine Irrtümer passieren. Hier würden keine Raketen vom Himmel fallen.

Manchmal, wenn er uns aus dem Koran vorlas, schaute ich ihn einfach zufrieden an und lauschte seiner schönen Stimme. Ich dachte daran, wie sanft er mit uns Kindern umgegangen war. Er hatte uns nie gezwungen, zum Frühgebet aufzustehen. Wir hatten es trotzdem getan, weil wir wollten, dass er stolz auf uns ist. Er hatte sich schon in jungen Jahren seinem Glauben an Allah verschrieben und war uns mit seiner ergebenen Haltung darin Vorbild.«

Jetzt dachte ich: *Mein geliebter Vater, ich bin so froh, dass ich hier bei dir sitzen kann. Ich weiß, das Gefängnis ist der letzte Ort, wo du jetzt sein möchtest, aber wenn du nicht hier wärst, würde man wahrscheinlich irgendwo deine zerfetzten Überreste in eine kleine Plastiktüte aufsammeln.* Manchmal schaute er auf und sah, wie ich ihn voller Liebe und Wertschätzung anlächelte. Er verstand nicht warum, und ich konnte es ihm nicht erklären.

Als die Wachen kamen, um mich in ein anderes Gefängnis zu verlegen, umarmte ich meinen Vater ganz fest. Er kam mir in meinen Armen so zerbrechlich vor, und doch wusste ich, wie stark er war. Wir waren uns in den letzten Tagen so nahe gewesen, dass mir ein heftiger Stich durchs Herz ging. Es fiel mir sogar schwer, die Schin-Beth-Offiziere zu verlassen. Wir hatten über die Jahre eine unglaublich enge Beziehung zueinander aufgebaut. Ich schaute in ihre Gesichter und hoffte, dass sie wussten, wie sehr ich sie bewunderte. Sie schauten mich entschuldigend an, weil sie wussten, dass die nächste Station meiner Reise nicht so bequem werden würde.

In den Gesichtern der Soldaten, die mir zum Abtransport die Handschellen anlegten, sah ich allerdings einen ganz anderen Ausdruck. Für sie war ich ein Terrorist, der dem IDF entwischt war, sie blamiert und sich der Verhaftung entzogen hatte. Dieses Mal kam ich ins Gefängnis in Ofer, das zum gleichen Militärstützpunkt gehörte, an dem ich mich regelmäßig mit dem Schin Beth getroffen hatte.

Ich ließ mir einen langen, dichten Bart wachsen wie alle anderen auch. Und ich beteiligte mich an der gleichen täglichen Routine wie die anderen Häftlinge. Zu den Gebetszeiten kniete ich nieder und betete, aber mein Herz war bei den Koranversen und den islamischen Gebeten nicht mehr dabei. Ich wollte jetzt Gott wirklich persönlich begegnen und kam ihm immer näher. Eines Tages fand ich in der Gefängnisbibliothek in der Abteilung »Weltreligionen« sogar eine Bibel in arabischer Sprache. Es war die ganze Bibel, nicht nur das Neue Testament. Niemand hatte sie je angerührt. Ich wette, es wusste nicht einmal jemand, dass sie dort stand. Was für ein Geschenk Gottes! Ich las immer wieder darin.

Ab und an kam jemand zu mir herüber und versuchte vorsichtig herauszufinden, was ich da tat. Ich erklärte, dass ich mich für Geschichte interessiere und die Bibel als ein sehr altes Buch einige der ältesten Berichte überhaupt enthielte. Nicht nur das, sagte ich; sondern ihre Lehren sind auch sehr wertvoll. Jeder Muslim sollte meiner Meinung nach einmal die Bibel lesen. Normalerweise hatten die anderen kein Problem mit dieser Erklärung. Nur während des Ramadan waren sie etwas empfindlich, als ich offenbar mehr die Bibel studierte als den Koran.

Die Bibelgruppe, an der ich in Westjerusalem teilgenommen hatte, war offen für jeden – Christen, Muslime, Juden oder Atheisten – wen auch immer. Durch diese Gruppe hatte ich Gelegenheit, mit Juden zusammenzusitzen, die mit dem gleichen Ziel dort waren wie ich: das Christentum zu studieren und etwas über Jesus zu erfahren. Für mich als palästinensischen Muslim war es eine einzigartige Erfahrung, gemeinsam mit israelischen Juden etwas über Jesus zu lernen.

Durch diese Gruppe hatte ich einen jüdischen Mann namens Amnon recht gut kennengelernt. Er war verheiratet und hatte zwei hübsche Kinder. Er war sehr klug und sprach mehrere Sprachen. Seine Frau war Christin und ermutigte ihn schon seit Langem, sich taufen zu lassen. Schließlich entschied Amnon sich dazu. Also versammelte sich die Gruppe eines Abends, um seine Taufe in der Badewanne des Pastors mitzuerleben. Als ich eintraf, hatte Amnon gerade einige Bibelverse vorgelesen und weinte nun heftig.

Er wusste: Wenn er sich jetzt in diesem Wasser untertauchen ließ, erklärte er damit nicht nur seine Zugehörigkeit zu Jesus Christus, weil er seinen Tod und seine Auferstehung für sich annahm, sondern er trennte sich damit auch von seiner Kultur. Er kehrte dem Glauben seines Vaters, eines Professors an der Hebräischen Universität, den Rücken. Er brach mit der israelischen Gesellschaft und ihren religiösen Traditionen, zerstörte seinen Ruf und gefährdete seine Zukunft.

Nicht lange danach erhielt Amnon seinen Einberufungsbefehl zu den IDF. In Israel muss jeder nicht arabische Bürger, Männer und Frauen über achtzehn Jahren, Wehrdienst leisten – Männer drei Jahre, Frauen zwei Jahre. Doch Amnon hatte genügend Massaker an Kontrollpunkten gesehen. Er empfand, er dürfe sich als Christ nicht in eine Lage bringen, in der er vielleicht gezwungen wäre, auf unbewaffnete Zivilisten zu schießen. Und daher weigerte er sich, eine Uniform anzuziehen und ins Westjordanland zu gehen.

»Selbst wenn ich meine Pflicht erfüllen könnte, indem ich einem steinewerfenden Kind ins Bein schieße statt in den Kopf«, wandte er ein, »möchte ich es nicht tun. Ich bin dazu aufgerufen, meine Feinde zu lieben.«

Eine zweite Aufforderung zur Einberufung kam. Dann eine dritte.

Als er immer noch den Wehrdienst verweigerte, wurde Amnon verhaftet und kam ins Gefängnis. Ich wusste es damals zwar nicht, aber die ganze Zeit, in der ich in Ofer war, saß er im jüdischen Teil des Gefängnisses. Er war dort, weil er sich weigerte, mit den Israelis zusammenzuarbeiten; ich war dort, weil ich mich bereit erklärt hatte, mit ihnen zusammenzuarbeiten. Ich versuchte die Juden zu schützen, er versuchte die Palästinenser zu schützen.

Ich war nicht der Ansicht, dass jeder in Israel und den besetzten Gebieten erst Christ werden müsste, um dem Blutvergießen ein Ende zu setzen. Aber ich dachte, dass wir mit tausend Amnons auf der einen und tausend Mosabs auf der anderen Seite viel bewirken könnten. Und wenn es noch mehr von uns gäbe ... wer weiß?

Einige Monate nach meiner Ankunft in Ofer wurde ich vor Gericht gestellt, wo niemand wusste, wer ich war – nicht der Richter, nicht der Staatsanwalt, nicht einmal mein Anwalt.

Bei meinem Prozess sagte der Schin Beth aus, dass ich gefährlich sei, und beantragte eine Haftverlängerung. Der Richter willigte ein und verurteilte mich zu sechs Monaten Verwaltungshaft. Wieder wurde ich verlegt.

Fünf Stunden Autofahrt von jeder Zivilisation entfernt, in den Sanddünen der Wüste Negev, unweit des Kernkraftwerks Dimona, stand das Gefängniszelt von Ktzi'ot, wo man im Sommer vor Hitze zerfloss und im Winter vor Kälte erstarrte.

»Zu welcher Organisation gehörst du?«

»Hamas.«

Ja, ich sah mich immer noch als Teil meiner Familie, als Teil meiner Geschichte. Aber ich war nicht mehr wie die anderen Häftlinge.

Die Hamas war immer noch in der Überzahl. Doch seit Beginn der Zweiten Intifada hatte die Fatah deutlich an Größe gewonnen, und jede Gruppe hatte etwa gleich viele Zelte. Ich war es leid, allen etwas vorzuspielen, und meine neuen ethischen Grundsätze verboten mir zu lügen. Also beschloss ich, mich während meiner Haft dort so gut wie möglich von den anderen fernzuhalten.

Ktzi'ot lag mitten in der Wildnis. In der Nachtluft hörte man Wölfe, Hyänen und Leoparden heulen. Ich hatte Geschichten von Häftlingen gehört, die aus Ktzi'ot geflohen waren, aber keine Geschichten von Flüchtigen, die in der Wüste überlebt hatten. Der Winter war schlimmer als der Sommer – eisig kalte Luft und Schneewehen und nichts als eine Segeltuchwand, die den Wind abhielt. Jedes Zelt hatte eine Feuchtigkeitssperre unter dem Zeltdach. Doch einige der Häftlinge rissen Teile herunter und verwendeten sie als Vorhänge, damit sie wenigstens etwas Privatsphäre hatten. Eigentlich sollte sich die Feuchtigkeit unseres Atems in dieser Innenisolierung fangen. Doch sie stieg einfach auf und sammelte sich an der bloßen Segeltuchdecke, bis sie zu schwer wurde. Dann regnete die ganze Spucke nachts, während wir schliefen, wieder auf uns herunter.

Die Israelis hatten das Lager förmlich mit Leimfallen gepflastert, um die Mäusepopulation unter Kontrolle zu halten. Eines frostigen Wintermorgens, als alle anderen noch schliefen, las ich gerade in der Bibel, als ich ein Quietschen wie von einer rostigen Bettfeder hörte. Ich schaute unter meine Pritsche und sah eine Maus, die auf einer Leimfalle festklebte. Was mich allerdings überraschte, war, dass eine andere Maus versuchte, sie zu retten, ohne selbst festzukleben. War es das dazugehörige Weibchen oder nur ein Mäusefreund? Ich wusste es nicht. Ich schaute ungefähr eine halbe Stunde zu, wie das eine Tier sein Leben riskierte, um das andere zu retten. Das rührte mich so sehr, dass ich sie beide befreite.

Im Gefängnis war unsere Lektüre im Wesentlichen auf den Koran und islamische Literatur beschränkt. Ich hatte zwei englische Bücher, die ein Freund durch meinen Anwalt zu mir geschmuggelt hatte. Ich war zutiefst dankbar, dass ich etwas zu lesen hatte und dabei noch mein Englisch verbessern konnte, aber bald waren die Einbände der beiden Bücher ganz abgegriffen, so oft hatte ich sie gelesen. Eines Tages lief ich allein herum, als ich zwei Häftlinge sah, die gerade Tee kochten. Neben ihnen stand eine riesige Holzkiste voller Romane, die das Rote Kreuz geschickt hatte. Und diese Kerle zerrissen die Bücher, um damit das Feuer zu schüren! Ich konnte mich nicht beherrschen. Ich stieß die Kiste von ihnen weg und fing an, die Bücher aufzusammeln. Sie dachten, ich wollte sie, damit ich Feuer für meinen eigenen Tee damit machen konnte.

»Seid ihr wahnsinnig?«, fragte ich. »Ich habe ewig gebraucht, um zwei englische Bücher hier reinzuschmuggeln, damit ich was zu lesen habe, und ihr macht Tee damit!«

»Das sind christliche Bücher«, behaupteten sie.

»Das sind keine christlichen Bücher«, erklärte ich. »Das sind *New York Times*-Bestseller. Ich bin mir sicher, dass sie nichts gegen den Islam sagen. Das sind nur Geschichten über Erlebnisse von Menschen.«

Wahrscheinlich fragten sie sich, was mit dem Sohn von Hassan Yousef los war. Die ganze Zeit war er so still gewesen, hatte sich kaum mit anderen abgegeben und nur gelesen. Und plötzlich rastete er wegen einer Kiste Bücher aus. Wenn ich jemand anderes gewesen wäre, hätten sie wahrscheinlich um ihr kostbares Brennmaterial gekämpft. Aber sie überließen mir die Romane, und ich kehrte mit einer ganzen Kiste neuer Schätze zu meinem Bett zurück. Ich stapelte sie um mich herum auf und vertiefte mich in sie. Mir war egal, was die anderen dachten. Mein Herz jubelte und lobte Gott, dass er mich mit Lektüre versorgt hatte, während ich versuchte, die Zeit hier herumzubekommen.

Ich las sechzehn Stunden am Tag, bis meine Augen von dem schlechten Licht müde waren. Während der vier Monate, die ich in Ktzi'ot verbrachte, lernte ich viertausend englische Vokabeln auswendig.

In dieser Zeit erlebte ich auch zwei Gefängnisaufstände mit, die viel schlimmer waren als der in Megiddo. Doch Gott brachte mich durch das alles hindurch. Tatsächlich erlebte ich Gottes Gegenwart in jenem Gefängnis stärker als jemals zuvor oder seitdem. Vielleicht kannte ich Jesus noch nicht als Gott, aber ich lernte auf jeden Fall, Gott den Vater zu lieben.

✳ ✳ ✳

Am 2. April 2003 – während Bodentruppen der »Koalition der Willigen« auf Bagdad zustürmten – wurde ich entlassen. Ich kam als respektierter Hamasführer, kampferprobter Terrorist und gerissener ehemaliger Flüchtiger aus dem Gefängnis. Das Risiko, als Schin-Beth-Agent aufzufliegen, hatte sich deutlich verringert, und mein Vater war am Leben und in Sicherheit.

Ich durfte wieder offen durch die Straßen von Ramallah gehen. Ich musste nicht mehr den Flüchtigen spielen, sondern konnte wieder ich selbst sein. Ich rief meine Mutter an, und danach Loai.

»Willkommen daheim, Grüner Prinz«, sagte er. »Wir haben dich sehr vermisst. Es ist viel passiert, und wir wussten nicht, was wir ohne dich machen sollten.«

Einige Tage nach meiner Rückkehr gab es ein Wiedersehen mit Loai und meinen anderen israelischen Freunden. Sie hatten nur eine Neuigkeit zu berichten, aber die war ein Knaller.

Im März hatte man Abdullah Barghuthi aufgespürt und verhaftet. Noch im gleichen Jahr sollte dem aus Kuwait stammenden Bombenbauer vor einem israelischen Militärgericht der Prozess gemacht werden – für den Tod von sechsundsechzig Menschen sowie Körperverletzung in etwa fünfhundert Fällen. Ich wusste, dass es in Wirklichkeit noch viel mehr waren, aber das waren alle Fälle, die wir beweisen konnten. Barghuthi würde zu siebenundsechzig Mal lebenslänglich verurteilt werden – einmal für jedes Mordopfer und ein weiteres Mal für alle Verletzten. Bei seiner Urteilsverkündung zeigte er keinerlei Reue, klagte stattdessen Israel an und bedauerte nur, dass er nicht die Gelegenheit gehabt hatte, noch mehr Juden umzubringen.

»Die mörderische Terrorwelle, die der Angeklagte ausgelöst hat, war eine der schlimmsten in der Geschichte des Blutvergießens in Israel«, sagten die Richter.[12] Barghuthi bekam einen Tobsuchtsanfall und drohte, die Richter umzubringen und jeden Hamashäftling zu lehren, wie man Bomben baut. Infolgedessen wurde er zu Einzelhaft verurteilt. Ibrahim Hamid, mein Freund Salih Talahme und die anderen waren allerdings weiterhin auf freiem Fuß.

Im Oktober endete mein Projekt bei USAID und damit auch mein Angestelltenverhältnis. Also stürzte ich mich in meine Arbeit für den Schin Beth und sammelte so viele Informationen, wie ich konnte.

Einige Monate später rief mich eines Morgens Loai an.

»Wir haben Salih gefunden.«

Salih

Winter 2003 bis Frühjahr 2006

Es war nicht schwer zu erraten, wo Salih und seine Freunde *gewesen* waren. Die Blutspur, die sie hinterlassen hatten, war nicht zu übersehen. Doch bisher hatte keiner sie einholen können.

Dass der Schin Beth ihn gefunden hatte, brach mir das Herz. Salih war mein Freund. Er hatte mir im Studium geholfen. Ich hatte mit ihm und seiner Frau gemeinsam gegessen und mit seinen Kindern gespielt. Doch Salih war auch ein Terrorist. Während seiner Haft bei der Palästinensischen Autonomiebehörde hatte er sein Studium durch Fernkurse an der al-Quds-Universität fortgesetzt und das Gelernte genutzt, um ein so geschickter Bombenbauer zu werden, dass er sogar aus Müll Sprengsätze herstellen konnte.

Nach Salihs Haftentlassung durch die PA beobachtete ihn der Schin Beth genau. Er beobachtete, wie lange es wohl dauern würde, bis er und seine Freunde die Qassam-Brigaden wiederaufgebaut hätten. Allerdings dauerte es überhaupt nicht lang. Die zu neuem Leben erweckte Organisation war nicht groß, aber sie war todbringend.

Maher Odeh war der Kopf der Operation, Salih der Ingenieur und Bilal Barghuthi derjenige, der die Selbstmordattentäter rekrutierte. Genau genommen bestand der militante Flügel der Hamas jetzt nur noch aus etwa zehn Leuten, die unabhängig voneinander agierten, ihr eigenes Budget hatten und sich - außer in dringenden Fällen - nie trafen. Salih konnte über Nacht mehrere Sprengstoffgürtel herstellen und Bilal hatte eine Warteliste mit Märtyrerkandidaten.

Hätte ich an Salihs Unschuld geglaubt, hätte ich ihn gewarnt. Aber als wir endlich das Puzzle zusammengesetzt hatten, erkannte ich, dass er hinter dem Anschlag auf die Hebräische Universität und vielen weiteren Attentaten steckte. Ich sah ein, dass er hinter Schloss und Riegel gehörte. Ich hätte ihn vielleicht noch mit den Lehren von Jesus vertraut machen und ihn drängen können, es mir gleichzutun und Jesus zu folgen. Doch ich wusste: Er war zu sehr von seinem Zorn, seinem Eifer und Pflichtgefühl geblendet, um auf irgendjemanden zu hören - selbst wenn es ein alter Freund war. Ich konnte allerdings den Schin Beth darum bitten, Salih und die anderen zu verhaften, anstatt sie umzubringen. Sehr zögerlich willigten sie schließlich ein.

Israelische Geheimdienstagenten beschatteten Salih seit mehr als zwei Monaten. Sie sahen, wie er seine Wohnung verließ, um sich in einem leer stehenden Haus mit Hasanin Rummanah zu treffen. Und sie sahen, wie er wieder nach Hause kam und dann etwa eine Woche zu Hause blieb. Sie sahen auch, dass sein alter Freund Sayyid al-Scheich Qassem öfter aus dem Haus ging, dann aber stets seine Erledigungen machte und sofort wieder zurückkam. Die Vorsicht, die diese flüchtigen Männer walten ließen, war beeindruckend. Kein Wunder, dass wir so lange gebraucht hatten, um sie zu finden. Nachdem wir allerdings erst einmal ihre Fährte aufgenommen hatten, mussten wir nur noch ihre Kontaktpersonen und die Kontaktpersonen ihrer Kontaktpersonen verfolgen – insgesamt vierzig oder fünfzig.

Drei der Männer auf unserer Liste der meistgesuchten Personen hatten wir in der Tasche, aber auf die Aufenthaltsorte von Ibrahim Hamid und Maher Odeh gab es nur vage Hinweise, nichts Konkretes. Wir mussten entscheiden, ob wir warten wollten, bis diese Hinweise uns zu ihnen führten – was ziemlich unwahrscheinlich war – oder wir konnten den Qassam-Brigaden im Westjordanland das Rückgrat brechen und diejenigen verhaften, die wir bereits aufgespürt hatten. Wir entschieden uns für Letzteres. Vielleicht hätten wir ja sogar Glück und erwischten auch Hamid oder Odeh, wenn wir das Netz an Land zogen.

Am Abend des 2. Dezember 2003 umstellten Spezialeinheiten über fünfzig verdächtige Standorte gleichzeitig. Jeder abkömmliche Mann aus dem Westjordanland war dazu abgezogen worden. Die Hamasführer hatten sich im al-Kiswani-Gebäude in Ramallah verkrochen und reagierten nicht, als sie aufgefordert wurden, sich zu ergeben. Salih und Sayyid besaßen ein beachtliches Waffenarsenal, darunter ein schweres Maschinengewehr von der Sorte, die normalerweise auf Militärfahrzeugen montiert ist.

Es war ein Patt. Das Patt begann um 22 Uhr und setzte sich die Nacht über fort. Als die ersten Schüsse fielen, konnte ich sie bis in mein Haus hören. Irgendwann zerriss die unverwechselbare Explosion einer Merkava-Kanone die morgendliche Ruhe – danach wurde es still. Um sechs Uhr morgens klingelte mein Telefon.

»Dein Freund ist tot«, sagte Loai. »Es tut mir so leid. Du weißt, wir hätten ihn verschont, wenn wir gekonnt hätten. Aber lass mich dir eines sagen: Wenn dieser Mann«, Loais Stimme brach, als er versuchte, weiterzusprechen, »wenn dieser Mann in einer anderen Umgebung aufgewachsen wäre, wäre er ein anderer geworden. Ein Mensch wie wir. Er dachte und glaubte wirklich, dass er etwas Gutes für sein Volk getan hat. Er hat sich nur so schrecklich getäuscht ...«

Loai wusste, dass ich Salih sehr gemocht hatte und nicht wollte, dass er stirbt. Er wusste, dass Salih Widerstand geleistet hatte gegen eine Macht, die er für wirklich böse und für sein Volk für schädlich hielt. Und vielleicht war Salih ihm mit der Zeit irgendwie auch ans Herz gewachsen.

»Sind sie alle tot?«

»Ich habe die Leichen noch nicht gesehen. Sie haben sie ins Krankenhaus von Ramallah gebracht. Du musst hinfahren und sie identifizieren. Du bist der Einzige, der sie alle kennt.«

Ich schnappte mir meine Jacke und fuhr zum Krankenhaus. Die ganze Zeit hoffte ich verzweifelt, dass es vielleicht doch nicht Salih war, dass vielleicht doch jemand anderes getötet worden war. Als ich ankam, herrschte dort das reinste Chaos. Aufgebrachte Hamasaktivisten schrien auf der Straße herum und überall war Polizei. Eigentlich durfte niemand das Krankenhaus betreten, aber weil jeder wusste, wer ich war, ließ mich die Krankenhausleitung rein. Ein medizinischer Mitarbeiter führte mich über einen Flur zu einem Raum, der von großen Kühlschränken gesäumt war. Er öffnete eine Tür und zog langsam eine Bahre heraus. Der Gestank des Todes füllte den Raum.

Ich senkte den Blick und sah Salihs Gesicht. Er lächelte fast. Doch sein Kopf war nur noch eine leere Hülle. Auf Sayyids Bahre lag eine Sammlung von Körperteilen – Beine, Kopf und einiges andere – in einer schwarzen Plastiktüte. Hasanin Rummanah war in der Mitte zerrissen worden. Ich war mir nicht einmal ganz sicher, ob er es war, denn sein Gesicht war glatt rasiert, und Hasanin hatte immer einen Bart getragen. Entgegen den Medienberichten war Ibrahim Hamid nicht bei den anderen. Der Mann, der diesen Männern befohlen hatte, bis zum Tod zu kämpfen, war weggelaufen, um sich zu retten.

Jetzt, da nahezu alle Hamasführer aus dem Westjordanland tot oder im Gefängnis waren, war ich der Kontaktmann für die Anführer in Gaza und

Damaskus. Irgendwie war ich zum Hauptkontakt für das gesamte palästinensische Netzwerk von Parteien, Gruppierungen, Organisationen und Zellen geworden – einschließlich der Terrorzellen. Und niemand außer einer Handvoll ausgewählter Insider vom Schin Beth wusste, wer oder was ich wirklich war. Allein dieser Gedanke war schwindelerregend.

Aufgrund meiner neuen Rolle war es meine traurige Pflicht, die Beerdigung von Salih und den anderen zu organisieren. Dabei beobachtete ich jede Bewegung und lauschte jedem wütenden oder von Trauer erfüllten Flüstern, das uns eventuell zu Hamid führen konnte.

»Da ja ohnehin schon so viele Gerüchte kursieren«, sagte Loai, »und du für die Anführer einspringst, die wir verhaftet haben, könnten wir einfach ein weiteres Gerücht streuen. Sagen wir doch, dass Ibrahim Hamid einen Deal mit dem Schin Beth gemacht hat. Die meisten Palästinenser haben keine Ahnung, was los ist. Sie werden es glauben, und er wird gezwungen sein, sich öffentlich zu verteidigen, oder wenigstens die politischen Führer in Gaza oder Damaskus zu kontaktieren. So oder so springt dabei vielleicht eine Spur heraus.«

Das war eine tolle Idee, aber die Führungsetage des Schin Beth warf sie über den Haufen. Sie fürchtete, Ibrahim würde einen Vergeltungsangriff auf Zivilisten starten – als ob es ihn noch nicht wütend genug gemacht hätte, dass Israel seine Freunde getötet und die Hälfte seiner Organisation verhaftet hatte.

Also machten wir es auf die unbequeme Art.

Agenten verwanzten jedes Zimmer in Hamids Haus. Wir hofften einfach, dass seine Frau oder Kinder irgendeine unvorsichtige Bemerkung machten.

Doch dieses Haus stellte sich als das ruhigste von ganz Palästina heraus. Einmal hörten wir, wie sein kleiner Sohn Ali die Mutter fragte: »Wo ist *Baba*?«

»Darüber reden wir nicht«, schalt sie ihn.

Wenn schon seine Familie so vorsichtig war, wie vorsichtig war dann erst Ibrahim?

Monate vergingen ohne eine Spur von ihm.

* * *

Ende Oktober 2004 wurde Yasir Arafat während einer Sitzung krank. Seine Leute sagten, er hätte die Grippe. Doch sein Zustand verschlechterte sich, und schließlich wurde er aus dem Westjordanland ausgeflogen und in ein Krankenhaus in der Nähe von Paris gebracht. Am 3. November fiel er ins Koma. Einige sagten, er wäre vergiftet worden. Andere, er hätte Aids gehabt. Er starb am 11. November im Alter von fünfundsiebzig Jahren.

Etwa eine Woche später wurde mein Vater aus dem Gefängnis entlassen, und niemanden überraschte das mehr als ihn selbst. Loai und die anderen Beamten des Schin Beth trafen sich am Morgen seiner Entlassung mit ihm.

»Scheich Hassan«, sagten sie, »es ist Zeit, Frieden zu schließen. Die Leute da draußen brauchen jemanden wie Sie. Arafat ist tot; viele Menschen werden umgebracht. Sie sind ein vernünftiger Mann. Wir müssen diese Probleme lösen, bevor sie noch schlimmer werden.«

»Ziehen Sie aus dem Westjordanland ab und geben Sie uns einen unabhängigen Staat«, erwiderte mein Vater. »Dann ist es vorbei.« Natürlich wussten beide Seiten, dass die Hamas keine Ruhe geben würde, bevor sie nicht ganz Israel zurückerobert hätte, doch ein unabhängiges Palästina könnte immerhin schon einmal für ein oder zwei Jahrzehnte Frieden bringen.

Ich wartete zusammen mit Hunderten Reportern von überall auf der Welt vor dem Gefängnis in Ofer. Mein Vater, der seine Habseligkeiten in einer schwarzen Mülltüte bei sich trug, blinzelte in das helle Sonnenlicht, als ihn zwei israelische Soldaten zum Tor hinausführten.

Wir umarmten und küssten uns, und er bat mich, ihn auf direktem Weg zum Grab von Arafat zu bringen, bevor wir nach Hause fuhren. Ich schaute ihm in die Augen und verstand, dass das sehr wichtig für ihn war. Jetzt, da Arafat tot war, war die Fatah geschwächt, und auf den Straßen brodelte es. Die Anführer der Fatah hatten Angst, dass die Hamas die Kontrolle übernehmen und damit einen Revierkampf entfesseln würde. Die Vereinigten Staaten, Israel und die internationale Gemeinschaft fürchteten einen Bürgerkrieg. Diese Geste des obersten Anführers der Hamas im Westjordanland schockierte jeden, doch jeder verstand die Botschaft: Beruhigt euch alle. Die Hamas wird nicht versuchen, aus Arafats Tod Kapital zu schlagen. Es wird keinen Bürgerkrieg geben.

Tatsache war allerdings, dass nach einem Jahrzehnt Verhaftungen, Gefängnisaufenthalten und Attentaten der Schin Beth noch immer keine Ahnung hatte, wer in der Hamas tatsächlich das Sagen hatte. Das wusste keiner von uns. Ich hatte geholfen, bekannte Aktivisten hinter Gitter zu bringen, Männer, die sehr aktiv an der Widerstandsbewegung beteiligt waren, und die ganze Zeit gehofft, sie wären die Gesuchten. Wir steckten Leute jahrelang in Verwaltungshaft, manchmal nur aufgrund von Vermutungen. Doch die Hamas schien ihre Abwesenheit nie zu bemerken.

Wer war also jetzt tatsächlich der Kopf der Organisation?

Der Umstand, dass mein Vater es nicht war, war für alle eine große Überraschung – selbst für mich. Wir verwanzten sein Büro und sein Auto, überwachten jeden seiner Schritte. Und es gab absolut keinen Zweifel daran, dass er nicht derjenige war, der die Fäden zog.

Die Hamas war schon immer eine Art Geist gewesen. Sie hatte keine Zentrale und keine Zweigstellen, keinen Ort, wo die Leute einfach hinkommen und mit Vertretern der Bewegung reden konnten. Viele Palästinenser kamen zu meinem Vater ins Büro und baten ihn um Hilfe, besonders die Familien der Häftlinge und Märtyrer, die ihre Ehemänner und Väter in den beiden Intifadas verloren hatten. Doch selbst Scheich Hassan Yousef tappte im Dunkeln. Alle dachten, er hätte alle Antworten, aber er unterschied sich nicht von uns anderen: Er hatte nichts weiter als Fragen.

Einmal sagte er zu mir, dass er darüber nachdachte, sein Büro zu schließen.

»Warum? Wo willst du dich dann mit den Medien treffen?«, fragte ich.

»Ist mir egal. Die Leute kommen von überallher und hoffen, dass ich ihnen helfen kann. Aber ich kann unmöglich für jeden sorgen, der Hilfe braucht. Es ist einfach zu viel.«

»Warum hilft die Hamas ihnen nicht? Das sind die Familien von Mitgliedern der Bewegung. Die Hamas hat viel Geld.«

»Ja, aber die Organisation gibt es mir nicht.«

»Dann bitte sie darum. Erzähl ihnen von all den Menschen, die in Not sind.«

»Ich weiß nicht, wer *sie* sind oder wie ich an *sie* herankommen kann.«

»Aber du bist der Anführer«, protestierte ich.

»Ich bin *nicht* der Anführer.«

»Du hast die Hamas gegründet, Vater. Wenn du nicht der Anführer bist, wer ist es dann?«

»Niemand ist der Anführer!«

Ich war schockiert. Der Schin Beth schnitt jedes Wort mit, und auch dort war man schockiert.

Eines Tages bekam ich einen Anruf von Majida Talahme, Salihs Witwe. Wir hatten seit der Beerdigung ihres Mannes nicht mehr miteinander gesprochen.

Ich fragte sie: »Hallo, wie geht es dir? Wie geht es deinem Sohn Mosab und deinen anderen Kindern?«

Sie fing an zu weinen.

»Ich habe kein Geld, um meine Kinder zu ernähren.«

Gott vergebe dir das, Salih, was du deiner Familie angetan hast!, ging es mir durch den Kopf.

»In Ordnung. Beruhige dich, meine Schwester. Ich werde versuchen, etwas zu unternehmen.«

Ich ging zu meinem Vater: »Salihs Witwe hat gerade angerufen. Sie hat kein Geld, um Essen für ihre Kinder zu kaufen.«

»Leider, Mosab, ist sie nicht die Einzige.«

»Ja, aber Salih war ein sehr guter Freund von mir. Wir müssen sofort etwas tun!«

»Sohn, ich habe dir doch gesagt, dass ich kein Geld habe.«

»Okay, aber irgendjemand trägt doch die Verantwortung. Irgendjemand hat viel Geld. Das ist nicht fair! Ihr Mann ist für die Bewegung gestorben!«

Mein Vater sagte, er würde tun, was er könne. Er schrieb einen Brief an unbekannt und schickte ihn an eine vereinbarte Adresse. Wir konnten ihn nicht verfolgen, aber wir wussten, dass der Empfänger irgendwo in der Gegend um Ramallah saß.

Einige Monate zuvor hatte der Schin Beth mich in ein Internetcafé in der Innenstadt geschickt. Wir wussten, dass jemand, der dort einen der Computer benutzte, in Verbindung mit den Hamasführern in Damaskus stand. Wir wussten nicht, wer diese Anführer waren, aber es bestand kein Zweifel daran, dass Syrien das Machtzentrum der Hamas war. Es war nur folgerichtig, dass die Hamas ihre gesamte Organisation – Büros, Waffen und Ausbildungslager – dort ansiedelte, wo sie außer Reichweite von Israel war.

»Wir wissen nicht, wer mit Damaskus kommuniziert«, sagte Loai, »aber er klingt gefährlich.«

Als ich das Café betrat, saßen zwanzig Leute an den Computern. Keiner von ihnen trug einen Bart. Keiner sah verdächtig aus. Aber einer von ihnen erregte meine Aufmerksamkeit, obwohl ich keine Ahnung hatte warum. Ich kannte ihn nicht, aber mein Instinkt sagte mir, ich solle ihn im Auge behalten. Ich wusste, dass das nicht viel war, aber über die Jahre hatte der Schin Beth gelernt, meinem Bauchgefühl zu vertrauen.

Wir waren überzeugt, dass dieser Mann im Internetcafé, wer auch immer er war, wahrscheinlich gefährlich war. Nur äußerst vertrauenswürdige Leute durften mit den Hamasführern in Damaskus kommunizieren. Und wir hofften, dass er uns auch zu der schwer greifbaren, nebulösen Elite führte, welche die Hamas eigentlich leitete. Wir zeigten sein Foto herum, aber niemand erkannte ihn. Ich begann, an meinen Instinkten zu zweifeln.

Einige Wochen später lud ich zu einem »Tag der offenen Tür« zu einem Haus in Ramallah ein, das ich verkaufen wollte. Mehrere Interessenten kamen, aber keiner machte ein Angebot. Am Spätnachmittag, als ich schon alles abgeschlossen hatte, bekam ich einen Anruf von einem Mann, der fragte, ob er das Haus noch besichtigen könne. Ich war wirklich sehr müde, aber ich sagte, er solle kommen und ich würde mich dort mit ihm treffen. Ich fuhr zurück zu dem betreffenden Grundstück und er tauchte wenige Minuten später auf.

Es war der Mann aus dem Internetcafé. Er sagte mir, sein Name sei Aziz Kayed. Er war glatt rasiert und sah sehr professionell aus. Ich sah, dass er sehr gebildet war, und er sagte, er wäre der Leiter des angesehenen al-Buraq-Zentrums für Islamische Studien. Er schien nicht das Verbindungsglied zu sein, nach dem wir suchten. Doch statt den Schin Beth noch mehr zu verwirren, behielt ich meine Entdeckung für mich.

Einige Zeit nach meiner Begegnung mit Kayed gingen mein Vater und ich auf Besuchstour durch Städte, Dörfer und Flüchtlingslager im ganzen Westjordanland. In einer Stadt versammelten sich über fünfzigtausend Leute, um Scheich Hassan Yousef zu sehen. Sie alle wollten ihn berühren und hören, was er zu sagen hatte. Die Leute liebten ihn immer noch sehr.

In Nablus, einer Hamashochburg, trafen wir uns mit einigen hochrangigen Anführern der Organisation, und ich versuchte mir zusammenzureimen, welche von ihnen zum *Schura*-Rat gehörten – einer kleinen Gruppe von sieben Männern, die Entscheidungen zu strategischen Fragen und täglichen

Aktivitäten der Bewegung trafen. Wie mein Vater gehörten sie zu den ältesten Hamasführern, aber sie waren nicht die »Bosse«, die wir suchten.

Nach all den Jahren konnte ich nicht glauben, dass die Führung der Hamas irgendwie, irgendwo in unbekannte Hände übergegangen war. Wenn ich, der ich im Herzen der Bewegung geboren und aufgewachsen war, keine Ahnung hatte, wer die Fäden zog – wer wusste es dann?

Die Antwort kam wie aus dem Nichts. Eines der Mitglieder des *Schura*-Rates in Nablus erwähnte den Namen Aziz Kayed. Er schlug vor, mein Vater sollte das Zentrum al-Buraq besuchen und diesen »guten Mann« kennenlernen. Ich spitzte sofort die Ohren. Warum sollte ein örtlicher Hamasführer eine solche Empfehlung aussprechen? Das waren einfach zu viele Zufälle: Zuerst fiel Aziz mir im Internetcafé auf; dann tauchte er bei meinem »Tag der offenen Tür« auf; und jetzt riet ein Ratsmitglied meinem Vater, diesen Mann kennenzulernen. War das ein Zeichen, dass mein Bauchgefühl mich nicht betrogen hatte und Aziz Kayed ein wichtiger Mann in der Hamasorganisation war?

Konnte es sogar sein, dass wir das große Glück hatten, den Kopf der Hamas gefunden zu haben? So unwahrscheinlich es auch klingen mochte, etwas in mir drängte mich, meinem Instinkt zu folgen. Ich raste zurück nach Ramallah, wo ich Loai anrief und ihn bat, einmal in seiner Datenbank nach Aziz Kayed zu suchen.

Es gab mehrere Aziz Kayeds, aber auf keinen passte die Beschreibung. Wir beriefen eine dringende Sitzung ein und ich bat Loai, die Suche auf das gesamte Westjordanland auszudehnen. Seine Leute hielten mich für verrückt, spielten aber mit.

Und dieses Mal fanden wir ihn.

Aziz Kayed wurde in Nablus geboren und war Mitglied der islamischen Studentenbewegung gewesen. Er hatte seine Aktivitäten vor zehn Jahren aufgegeben. Er war verheiratet, hatte Kinder und konnte sich im ganzen Land frei bewegen. Die meisten seiner Freunde waren nicht religiös. Wir fanden nichts Verdächtiges.

Ich erklärte dem Schin Beth alles, was passiert war, von dem Augenblick an, als ich das Internetcafé betreten hatte, bis zu meinem Besuch in Nablus mit meinem Vater. Sie sagten, sie vertrauten mir zwar uneingeschränkt, aber wir hätten einfach noch keine ausreichende Arbeitsgrundlage.

Während wir darüber sprachen, kam mir ein anderer Gedanke.

»Kayed erinnert mich an drei andere Männer«, sagte ich zu Loai. »Salah Hussein aus Ramallah, Adib Zayadeh aus Jerusalem und Najeh Madi aus Salfit. Alle drei haben höhere Universitätsabschlüsse und waren in der Hamas früher einmal sehr aktiv. Doch aus irgendeinem Grund sind sie vor etwa zehn Jahren einfach vom Radar verschwunden. Jetzt führen sie alle ein ganz normales Leben, ganz ohne politisches Engagement. Ich habe mich schon immer gefragt, wie solch leidenschaftlich engagierte Anhänger einfach so mit ihrem Engagement aufhören können.«

Loai meinte auch, ich hätte da vielleicht eine heiße Spur. Wir begannen, alle näher unter die Lupe zu nehmen. Es stellte sich heraus, dass alle drei Kontakt zueinander und zu Aziz Kayed hielten. Sie alle arbeiteten im al-Buraq-Zentrum. Das war ein zu großer Zufall.

Konnte es sein, dass diese vier verdächtigen Männer die wahren Drahtzieher der Hamas waren? Kontrollierten sie sogar den militanten Flügel? Konnte es sein, dass sie beständig unter unserem Radar geflogen waren, während wir alle bekannten Aktivisten im Visier hatten? Wir forschten weiter, überwachten sie und warteten. Endlich zahlte sich unsere Geduld mit einem riesigen Durchbruch aus.

Wir erfuhren, dass diese vier todbringenden Mittdreißiger die totale Kontrolle über die Finanzen der Hamas in der Hand hatten und die gesamte Hamasbewegung im Westjordanland steuerten. Sie brachten Millionen Dollar von außen herein und gaben sie aus, um Waffen zu kaufen, Sprengstoff herzustellen, Freiwillige zu rekrutieren, Flüchtige zu unterstützen und logistische Probleme zu lösen - sie taten einfach alles - und alles unter dem Deckmantel eines der vielen und scheinbar harmlosen Forschungszentren in Palästina.

Niemand kannte sie. Man sah sie nie im Fernsehen. Sie kommunizierten nur durch Briefe miteinander, die sie an vereinbarten Orten ablieferten. Offenbar trauten sie niemandem - dass sogar mein Vater keine Ahnung von ihrer Existenz hatte, war Beweis genug dafür.

Eines Tages folgten wir Najeh Madi von seiner Wohnung zu einer Mietgarage, die einen Block entfernt lag. Er ging zu einem der Stellplätze und zog die Tür hoch. Was machte er da? Warum sollte er eine so weit von seiner Wohnung entfernte Garage mieten?

In den nächsten zwei Wochen ließen wir diese dämliche Garage nicht mehr aus den Augen, doch es kam keiner mehr. Schließlich öffnete sich die Tür doch noch einmal – von innen – und Ibrahim Hamid trat hinaus ans Tageslicht.

Der Schin Beth wartete gerade so lange, bis Hamid ins Gebäude zurückgekehrt war. Dann startete er die Verhaftungsaktion. Doch als Hamid von Spezialeinheiten umzingelt war, kämpfte er nicht bis zum Tod, wie er Salih und den anderen befohlen hatte.

»Ausziehen und rauskommen!«

Keine Reaktion.

»Sie haben zehn Minuten. Dann zerstören wir das Gebäude!«

Zwei Minuten später kam der Führer des militanten Flügels der Hamas im Westjordanland in Unterwäsche durch die Tür.

»*Alles* ausziehen!«

Er zögerte, zog sich aus und stand nackt vor den Soldaten.

Ibrahim Hamid war nachweislich persönlich für den Tod von mehr als achtzig Menschen verantwortlich. Meine Gedanken entsprachen wahrscheinlich nicht der Gesinnung von Jesus: Aber wenn die Entscheidung bei mir gelegen hätte, hätte ich ihn wieder in seine dreckige Garage gesteckt, ihn dort für den Rest seines Lebens eingesperrt und dem Staat die Prozesskosten erspart.

Die Verhaftung von Hamid und die Enttarnung der eigentlichen Drahtzieher der Hamas erwies sich als meine wichtigste Operation für den Schin Beth. Und es sollte auch meine letzte sein.

Eine Vision für die Hamas

2005

Während seines letzten Gefängnisaufenthaltes hatte mein Vater eine Art Erleuchtung.

Er war schon immer ein sehr aufgeschlossener Mensch gewesen. Er setzte sich mit Christen zusammen und unterhielt sich mit ihnen oder mit nicht religiösen Leuten, sogar mit Juden. Er hörte Journalisten, Experten und Analysten aufmerksam zu, und er besuchte Vorlesungen an der Universität. Er hörte auf mich – seinen Assistenten, Ratgeber und Beschützer. Dadurch gewann er einen viel klareren, weiteren Blick als andere Anführer der Hamas.

Er sah, dass Israel eine unabänderliche Realität war und erkannte, dass viele Ziele der Hamas unlogisch und unerreichbar waren. Er wollte eine gemeinsame Grundlage finden, die beide Seiten akzeptieren konnten, ohne das Gesicht zu verlieren. Also machte er in seiner ersten öffentlichen Rede nach seiner Haftentlassung einen Vorschlag und sprach von der Möglichkeit einer Zwei-Staaten-Lösung. Niemand in der Hamas hatte jemals auch nur annähernd etwas Ähnliches gesagt. Man reichte sich nie die Hände, allerhöchstens erklärte man einen Waffenstillstand. Doch mein Vater erkannte tatsächlich das Existenzrecht Israels an! Sein Telefon stand nicht mehr still.

Diplomaten aus allen Ländern, darunter den Vereinigten Staaten, nahmen Kontakt mit uns auf und baten um ein geheimes Treffen mit meinem Vater. Sie alle wollten mit eigenen Augen sehen, ob er es ernst meinte. Ich diente als Übersetzer und wich nie von seiner Seite. Meine christlichen Freunde unterstützten ihn bedingungslos, und er rechnete es ihnen hoch an.

Es war also keine Überraschung, dass er jetzt ein Problem hatte. Er sprach zwar im Namen der Hamas, aber er sprach bestimmt nicht der Hamas aus der Seele. Dennoch wäre es der schlechtestmögliche Zeitpunkt gewesen, sich von der Organisation zu distanzieren. Der Tod von Yasir Arafat hatte ein riesiges Vakuum hinterlassen und auf den Straßen der besetzten Gebiete brodelte es. Radikale junge Männer waren überall – bewaffnet, hasserfüllt und führungslos.

Nicht, dass Arafat so schwer zu ersetzen gewesen wäre. Das hätte jeder korrupte Politiker gekonnt. Doch er hatte die PA und die PLO wie ein absoluter Herrscher regiert. Er war nicht gerade ein »Teamarbeiter« gewesen. Die gesamte Amtsgewalt und alle Verbindungen hatten in seinen Händen gelegen. Alle Bankkonten liefen auf seinen Namen.

Jetzt war die Fatah von Möchtegern-Arafats durchsetzt. Doch wer unter ihnen war sowohl für die Palästinenser als auch für die internationale Gemeinschaft akzeptabel – *und* stark genug, alle Splittergruppen unter Kontrolle zu halten? Selbst Arafat war das nie wirklich gelungen.

Einige Monate später beschloss die Hamas, an den palästinensischen Parlamentswahlen teilzunehmen. Mein Vater war alles andere als begeistert. Nachdem der militante Flügel während der al-Aqsa-Intifada zur Hamas dazugekommen war, hatte er zusehen müssen, wie seine Organisation sich in ein sehr unbewegliches Gebilde verwandelt hatte: Es hinkte auf einem sehr langen militanten und einem sehr kurzen politischen Bein. Die Hamas hatte einfach keine Ahnung, wie man das Spiel »Regieren« spielte.

Für einen Revolutionär geht es nur um Linientreue und Unbeugsamkeit. Aber Regieren bedeutet, Kompromisse zu schließen und flexibel zu sein. Wenn die Hamas regieren wollte, war Verhandlungsbereitschaft keine Möglichkeit, sondern eine Notwendigkeit. Als gewählte Volksvertreter wären sie plötzlich für den Haushalt, für Wasser, Lebensmittel, Elektrizität und Abfallbeseitigung zuständig. Und das alles musste über Israel laufen. Ein unabhängiger Palästinenserstaat musste ein kooperativer Staat sein.

Mein Vater erinnerte sich an Treffen mit Politikern der westlichen Welt und daran, wie die Hamas jeden Rat abgelehnt hatte. Es war schon ein Reflex: Sie war immer engstirnig und immer dagegen. Und wenn sie sich schon geweigert hatte, mit Amerikanern und Europäern zu verhandeln, meinte mein Vater, wie wahrscheinlich war es dann, dass eine gewählte Hamas sich mit den Israelis an einen Verhandlungstisch setzen würde?

Meinem Vater war es egal, ob die Hamas Kandidaten aufstellte. Er wollte die Listenplätze bloß nicht mit prominenten Anführern wie sich selbst besetzen, die das Volk liebte und bewunderte. Wenn das geschah, befürchtete er, würde die Hamas gewinnen. Und er wusste, dass ein Sieg der Hamas sich als Katastrophe für das Volk herausstellen könnte. Die folgenden Ereignisse gaben ihm recht.

»Wir haben die Sorge, dass Israel – und vielleicht auch andere – die Palästinenser bestrafen werden, weil sie für die Hamas gestimmt haben«, hörte ich ihn einem Reporter der *Haaretz* gegenüber erklären. »Sie werden sagen: ›Ihr habt euch für die Hamas entschieden, also werden wir euch noch stärker abschotten und euch das Leben schwer machen.‹«[13]

Doch viele in der Hamas hatten Witterung aufgenommen: Sie rochen Geld, Macht und Ehre. Selbst ehemalige Anführer, welche die Organisation bereits aufgegeben hatten, tauchten wie aus dem Nichts wieder auf, um ein Stück vom Kuchen abzubekommen. Meinen Vater ekelte ihre Gier, Verantwortungslosigkeit und Unwissenheit an. Diese Kerle kannten nicht einmal den Unterschied zwischen der CIA und USAID. Wer sollte mit ihnen zusammenarbeiten können?

* * *

Mich frustrierte das einfach alles. Mich frustrierte die Korruption der PA, die Dummheit und Grausamkeit der Hamas und die scheinbar endlose Reihe von Terroristen, die wir liquidieren oder kaltstellen mussten. Die Schauspielerei und die Risiken, aus denen mein Alltag bestand, laugten mich aus. Ich wollte wieder ein normales Leben führen.

Als ich eines Tages durch die Straßen von Ramallah ging, sah ich, wie ein Mann einen Computer die Treppe zu einer Reparaturwerkstatt hinauftrug. Mir kam der Gedanke, dass es einen Markt für einen Computer-Heimservice geben könnte. Da ich nicht mehr für USAID arbeitete und durchaus Geschäftssinn besaß: Warum sollte ich damit nicht Geld verdienen?

Ich hatte mich mit dem IT-Manager bei USAID angefreundet – ein regelrechtes Computergenie. Er war von meiner Idee begeistert und wir wurden Geschäftspartner. Ich lieferte das Geld, er brachte die technischen Fachkenntnisse mit. Außerdem stellten wir noch ein paar Computerspezialisten ein, darunter einige Frauen, um auch den Frauen in der arabischen Kultur unsere Dienste anbieten zu können.

Wir nannten unsere Firma *Electric Computer Systems*, und ich hatte ein paar Werbe-Ideen. Unsere Werbung zeigte eine Karikatur mit einem Mann, der einen Computer die Treppe hochschleppt. Sein Sohn sagt zu ihm: »Papa, das musst du doch nicht machen«, und überredet ihn, unsere gebührenfreie Servicenummer zu wählen.

Wir bekamen unzählige Anrufe, und plötzlich waren wir sehr erfolgreich. Ich kaufte einen neuen Firmenwagen, wir erwarben eine Lizenz, um Hewlett-Packard-Produkte verkaufen zu dürfen, und wir erweiterten uns um den Netzwerkbereich. Es war einfach nur super! Das Geld brauchte ich zwar nicht, aber ich tat etwas Produktives und hatte Spaß dabei.

✳ ✳ ✳

Seit Beginn meiner geistlichen Odyssee führte ich mit meinen Freunden vom Schin Beth einige interessante Gespräche über Jesus und meinen sich entwickelnden Glauben.

»Du kannst glauben, was du willst«, sagten sie. »Du kannst auch mit uns darüber reden. Aber sprich mit keinem anderen darüber. Und lass dich bloß nicht taufen, denn das wäre eine sehr öffentliche Aussage. Wenn irgendjemand herausfindet, dass du Christ geworden bist und deinem islamischen Glauben den Rücken gekehrt hast, könntest du große Schwierigkeiten bekommen.«

Ich glaube nicht, dass sie sich so viele Gedanken über meine Zukunft machten wie über ihre eigene, falls sie mich verloren. Doch Gott veränderte mein Leben viel zu sehr, als dass ich noch länger schweigen konnte.

Eines Tages kochte mein Freund Jamal Abendessen für mich. »Mosab«, sagte er, »ich habe eine Überraschung für dich.«

Er wechselte den Fernsehkanal und sagte mit leuchtenden Augen: »Schau dir mal diese Sendung auf *al-Hayat* an. Das könnte dich interessieren.«

Und dann schaute ich in die Augen eines alten koptischen Priesters namens Zakaria Botros. Er sah freundlich und sanft aus und hatte eine warme, fesselnde Stimme. Der Mann war mir sympathisch – bis mir klar wurde, was er da sagte: Wie mit einem Seziermesser zerlegte er den Koran systematisch in seine Einzelteile. Er öffnete ihn und legte jeden Knochen und Muskel, jede Sehne und jedes Organ frei. Dann schob er sie unter das Mikroskop der Wahrheit und zeigte, dass das ganze Buch von Krebs zerfressen war.

Faktische und historische Ungenauigkeiten, Widersprüche – er zeigte sie alle auf, präzise und respektvoll, aber dennoch fest und mit Überzeugung. Mein erster Impuls war, wütend den Fernseher auszuschalten. Doch nach einigen Sekunden wurde mir klar: Das war Gottes Antwort auf meine Gebete. Vater Zakaria entfernte all das abgestorbene Gewebe meines herkömmlichen Glaubens, durch das ich noch mit dem Islam verbunden war und der mir die Sicht darauf verstellte, dass Jesus wirklich Gottes Sohn ist. Bevor ich das nicht erkannte, konnte ich Jesus nicht uneingeschränkt folgen. Doch es war kein leichter Schritt. Stellen Sie sich nur einmal vor, wie schmerzlich es wäre, eines Tages aufzuwachen und zu erfahren, dass Ihr Vater eigentlich gar nicht Ihr Vater ist!

Ich kann Ihnen nicht genau den Tag und die Stunde nennen, zu der ich »Christ wurde«, weil dieser Prozess sechs Jahre dauerte. Aber ich wusste, dass ich jetzt Christ war. Ungefähr zur gleichen Zeit kam eine Gruppe amerikanischer Christen nach Israel, um durch das Heilige Land zu reisen und ihre Partnergemeinde zu besuchen – die Gemeinde, die ich besuchte.

Mit der Zeit freundete ich mich mit einem der Mädchen aus dieser Gruppe an. Ich unterhielt mich gern mit ihr und fasste sofort Vertrauen zu ihr. Als ich ihr ein wenig von meiner geistlichen Geschichte erzählte, ermutigte sie mich sehr und erinnerte mich daran, dass Gott oft ganz ungewöhnliche Menschen gebraucht, um sein Werk zu tun. Das immerhin traf auf mein Leben zu.

Eines Abends, als wir zusammen im *American Colony Restaurant* in Ostjerusalem beim Essen saßen, fragte sie mich, warum ich noch nicht getauft sei. Natürlich konnte ich ihr nicht sagen, dass es daran lag, dass ich ein Schin-Beth-Agent war und bis über beide Ohren in jede politische und geheimdienstliche Aktion in der Region verwickelt war. Aber es war eine berechtigte Frage – eine, die ich mir selbst schon oft gestellt hatte.

»Kannst du mich taufen?«, fragte ich.

Das bejahte sie.

»Kann das ein Geheimnis zwischen uns bleiben?«

Sie versprach es und ergänzte: »Wir sind gar nicht so weit vom Meer entfernt. Lass uns gleich hinfahren.«

»Meinst du das ernst?«

»Klar, warum nicht?«

»Okay ... warum nicht.«

Mir war ein bisschen schwindlig, als wir in den Shuttlebus nach Tel Aviv stiegen. Hatte ich denn ganz vergessen, wer ich war? Setzte ich wirklich mein Vertrauen in dieses Mädchen aus San Diego? Fünfundvierzig Minuten später gingen wir den Strand entlang, der noch voller Menschen war, und atmeten die sanfte, warme Abendluft tief ein. Niemand in der Menschenmenge hätte geahnt, dass der Sohn eines Anführers der Hamas, deren Terroristen des militanten Flügels für den grausamen Tod von einundzwanzig Jugendlichen im *Dolphinarium* am Ende dieser Strandpromenade verantwortlich waren – sich gleich als Christ taufen ließe.

Ich zog mein Hemd aus und wir wateten ins Meer.

* * *

Am Freitag, den 23. September, als ich meinen Vater von einem Flüchtlingslager in der Nähe von Ramallah nach Hause fuhr, bekam er einen Anruf.

»Was ist los?«, hörte ich ihn ins Telefon schimpfen. »Was?«

Mein Vater klang sehr aufgebracht.

Als er auflegte, erklärte er mir, es sei der Sprecher der Hamas in Gaza gewesen, Sami Abu Zuhri. Der hatte ihn darüber informiert, dass die Israelis gerade eine große Anzahl von Hamasmitgliedern während einer Demonstration im Flüchtlingslager von Dschebalija getötet hatten. Der Anrufer hatte behauptet, er habe gesehen, wie der israelische Hubschrauber Raketen in die Menschenmenge geschossen hätte. Sie hätten den Waffenstillstand gebrochen, sagte er.

Mein Vater hatte gerade erst vor sieben Monaten mühsam diesen Waffenstillstand ausgehandelt. Jetzt schien es, als wären all seine Bemühungen vergeblich gewesen. Er hatte Israel von Anfang an nicht vertraut und er war außer sich über ihre Blutrünstigkeit.

Aber ich glaubte das alles nicht. Obwohl ich nichts zu meinem Vater sagte, schien mir irgendetwas faul an dieser Geschichte.

Al Dschasira rief an. Sie wollten meinen Vater auf Sendung haben, sobald wir Ramallah erreichten. Zwanzig Minuten später waren wir in ihrem Studio.

Während mein Vater mit einem Mikrofon ausgestattet wurde, rief ich Loai an. Er versicherte mir, dass Israel nicht für diesen Angriff verantwortlich war. Ich kochte innerlich. Dann bat ich den Produzenten, mir die Filmaufnahmen des Vorfalls zu zeigen. Er nahm mich mit in den Regieraum und wir schauten die Stelle immer wieder an. Ganz offensichtlich war die Explosion vom Boden ausgegangen und nicht aus der Luft gekommen.

Scheich Hassan Yousef war bereits auf Sendung, wetterte gegen das verräterische Israel, drohte mit einem Ende des Waffenstillstands und verlangte eine internationale Untersuchung.

»Fühlst du dich jetzt besser?«, fragte ich ihn, als wir den Aufnahmeraum verließen.

»Wie meinst du das?«

»Ich meine jetzt, nach deiner Stellungnahme.«

»Warum sollte ich mich nicht besser fühlen? Ich kann es immer noch nicht fassen, was sie getan haben.«

»Gut, denn das haben sie auch nicht. Es war die Hamas. Zuhri ist ein Lügner. Komm mal mit in den Regieraum; ich muss dir was zeigen.« Mein Vater folgte mir und wir sahen das Video noch einige Male an.

»Schau dir die Detonation an. Schau hin. Die Explosion geht von unten nach oben. Sie kam nicht aus der Luft.«

Später erfuhren wir, dass die Leute vom militanten Flügel der Hamas in Gaza herumgeprotzt und ihr Waffenarsenal während der Demonstration zur Schau gestellt hatten. Dabei war eine Qassam-Rakete auf einem Pritschenwagen explodiert, hatte fünfzehn Menschen in den Tod gerissen und viele verletzt.

Mein Vater war schockiert. Doch nicht nur die Hamas versuchte, die Geschichte zu vertuschen und alle anderen hinters Licht zu führen. Trotz ihrer eigenen Filmaufnahmen strahlte Al Dschasira weiterhin Lügen aus. Dann wurde alles noch schlimmer. Viel schlimmer.

Als Vergeltung für den angeblichen Angriff auf Gaza feuerte die Hamas fast vierzig Raketen auf Städte in Südisrael – die erste große Attacke, seit Israel vor einigen Wochen seinen Rückzug aus Gaza beendet hatte. Daheim schauten mein Vater und ich die Nachrichten, ebenso wie der Rest der Welt. Am nächsten Tag warnte mich Loai, das Kabinett sei zu dem Schluss gekommen, dass die Hamas den Waffenstillstand gebrochen habe.

Ein Nachrichtenbeitrag zitierte Major General Yisrael Ziv, den Einsatzleiter der israelischen Armee, mit den Worten: »Es wurde die Entscheidung getroffen, einen ausgedehnten, ununterbrochenen Angriff auf die Hamas zu starten.« Der Reporter setzte hinzu, dies bedeute indirekt, »dass Israel sich darauf vorbereite, die gezielten Tötungen von hochrangigen Hamasführern wieder aufzunehmen«, eine Praxis, die nach Abschluss des Waffenstillstands ausgesetzt worden war.[14]

»Dein Vater muss wieder ins Gefängnis«, sagte Loai.

»Bittest du mich um meine Einwilligung?«

»Nein. Sie wollen ihn persönlich, und wir können nichts dagegen tun.«

Ich war mehr als nur wütend. »Aber mein Vater hat gestern Abend keine Raketen abgeschossen. Er hat es auch nicht befohlen. Er hatte mit all dem nichts zu tun. Das waren diese Idioten in Gaza!«

Am Ende ging mir die Puste aus. Ich war niedergeschmettert. Loai brach das Schweigen. »Bist du noch da?«

»Ja.« Ich setzte mich. »Das ist nicht fair ... aber ich verstehe es.«

»Du auch«, sagte er leise.

»Ich auch? Was? Gefängnis? Vergiss es! Ich gehe da nicht wieder hin. Meine Tarnung ist mir egal. Für mich ist die Sache vorbei. Basta!«

»Mein Bruder«, flüsterte er, »meinst du, ich will, dass du verhaftet wirst? Es liegt ganz bei dir. Wenn du draußen bleiben willst, dann bleib draußen. Aber die Situation ist dieses Mal gefährlicher als je zuvor. Du warst im letzten Jahr öfter an der Seite deines Vaters als je zuvor. Jeder weiß, dass du ganz tief in der Hamas drinsteckst. Viele glauben sogar, du gehörst zur Hamasführung ... Wenn wir dich nicht verhaften, bist du in ein paar Wochen tot.«

Auf Wiedersehen

2005 bis 2007

»Was ist los?«, fragte mich mein Vater, als er mich weinen sah.

Als ich nicht antwortete, schlug er mir vor, zusammen das Abendessen für meine Mutter und meine Schwestern zu kochen. Mein Vater und ich waren über die Jahre eng zusammengewachsen, und er verstand, dass ich manches einfach mit mir selbst ausmachen musste.

Aber als ich mit ihm das Essen zubereitete, in dem Wissen, dass dies für sehr lange Zeit unsere letzten gemeinsamen Stunden waren, brach es mir das Herz. Ich konnte ihn einfach nicht allein ins Gefängnis gehen lassen.

Nach dem Abendessen rief ich Loai an. »Okay«, kapitulierte ich. »Ich gehe wieder ins Gefängnis.«

Es war der 25. September 2005. Ich wanderte zu meinem Lieblingsplatz in den Bergen vor Ramallah, wo ich oft hinging, um zu beten und die Bibel zu lesen. Ich betete, weinte und bat den Herrn um sein Erbarmen für mich und meine Familie. Als ich nach Hause kam, setzte ich mich hin und wartete. Mein Vater, der glücklicherweise nichts von den kommenden Ereignissen ahnte, war bereits zu Bett gegangen. Kurz nach Mitternacht trafen die Sicherheitstruppen ein.

Sie brachten uns ins Gefängnis in Ofer, in dem wir mit Hunderten anderer, die bei einer städteweiten Razzia verhaftet worden waren, in eine große Halle gesteckt wurden. Dieses Mal verhafteten sie auch meine Brüder Uwais und Mohammed.

Loai sagte mir unter der Hand, dass sie Verdächtige in einem Mordfall waren. Einer ihrer Schulkameraden hatte einen israelischen Siedler entführt, gefoltert und ermordet, und der Schin Beth hatte einen Anruf des Mörders bei Uwais am Tag zuvor abgefangen. Mohammed kam nach einigen Tagen frei. Uwais verbrachte vier Monate im Gefängnis, bevor er von der Beteiligung an dem Verbrechen entlastet wurde.

Wir knieten zehn Stunden lang mit hinter dem Rücken gefesselten Händen in dieser Halle. Ich dankte Gott im Stillen, als jemand meinem Vater einen Stuhl brachte, und ich sah, dass er mit Respekt behandelt wurde.

Ich wurde zu drei Monaten Verwaltungshaft verurteilt. Meine christlichen Freunde schickten mir eine Bibel. Ich saß meine Strafe ab, las in der Bibel und tat, was man von mir verlangte. Am Weihnachtstag 2005 wurde ich entlassen. Mein Vater nicht. Während ich diese Worte schreibe, ist er noch immer im Gefängnis.

* * *

Die Parlamentswahlen standen vor der Tür, und alle Hamasführer wollten kandidieren. Sie waren mir immer noch zuwider. Sie waren auf freiem Fuß, während der einzige Mann, der tatsächlich fähig wäre, sein Volk zu führen, hinter Klingendraht versauerte. Nach allem, was zu unserer Verhaftung geführt hatte, musste mein Vater nicht lange dazu überredet werden, sich nicht an den Wahlen zu beteiligen. Er informierte mich und bat mich, seine Entscheidung Mohammed Daraghmeh mitzuteilen, einem befreundeten Politikanalysten bei der *Associated Press*.

Diese Nachricht wurde einige Stunden später veröffentlicht, und mein Telefon klingelte am laufenden Band. Die verschiedenen Hamasführer hatten versucht, meinen Vater im Gefängnis zu kontaktieren, aber er weigerte sich, mit ihnen zu sprechen.

»Was ist los?«, fragten sie mich. »Das ist eine Katastrophe! Wir werden verlieren. Wenn dein Vater nicht kandidiert, sieht es so aus, als hätte er der ganzen Wahl seinen Segen entzogen!«

»Wenn er nicht kandidieren will«, erklärte ich ihnen, »müsst ihr das respektieren.«

Dann kam ein Anruf von Ismail Haniyeh, dem Spitzenkandidat der Hamas, der bald der neue Ministerpräsident der Palästinensischen Autonomiebehörde werden sollte.

»Mosab, als Anführer der Bewegung bitte ich dich, eine Pressekonferenz einzuberufen und zu erklären, dass dein Vater noch immer für die Hamas kandidiert. Sag der Presse, dass die AP-Geschichte ein Irrtum war.«

Zu allem Überfluss verlangten sie jetzt auch noch von mir, in ihrem Sinne zu lügen! Hatten sie denn ganz vergessen, dass wir nicht lügen sollen? Oder dachten sie, es sei nicht so schlimm, weil es in der Politik keine Religion gibt?

»Das kann ich nicht machen«, erklärte ich. »Ich respektiere Sie, aber noch mehr respektiere ich meinen Vater und meine eigene Integrität.« Dann legte ich auf.

Dreißig Minuten später erhielt ich eine Morddrohung. »Beruf sofort die Pressekonferenz ein«, sagte der Anrufer, »oder wir bringen dich um.«

»Dann kommt doch her und tötet mich.«

Ich legte auf und rief Loai an. Wenige Stunden später wurde der Kerl, der die Morddrohung ausgesprochen hatte, verhaftet.

Morddrohungen kümmerten mich eigentlich nicht. Aber als mein Vater davon erfuhr, rief er Daraghmeh persönlich an und erklärte ihm, er würde doch an der Wahl teilnehmen. Dann sagte er mir, ich solle mich beruhigen und auf seine Freilassung warten. Er würde sich um die Hamas kümmern, versicherte er mir.

Natürlich konnte mein Vater vom Gefängnis aus keinen Wahlkampf führen. Doch das musste er auch gar nicht. Die Hamas plakatierte sein Foto in den gesamten palästinensischen Gebieten und warb ohne Worte um Stimmen für die Hamasliste. Am Wahlabend zog Scheich Hassan Yousef mit fliegenden Fahnen ins Parlament ein. Alle anderen Kandidaten klebten an ihm wie Kletten in der Mähne des Löwen.

✱ ✱ ✱

Ich verkaufte meinen Anteil an *Electric Computer Systems* an meinen Partner, weil ich so eine Ahnung hatte, dass viele Dinge in meinem Leben bald zu Ende gehen würden. – Wer war ich? Auf was für eine Zukunft konnte ich hoffen, wenn alles so blieb, wie es war?

Ich war siebenundzwanzig und ich konnte mir nicht einmal eine Freundin suchen. Ein christliches Mädchen hätte sicher Angst vor meinem Ruf als Sohn eines hochrangigen Hamasführers. Ein muslimisches Mädchen konnte mit einem arabischen Christen nichts anfangen. Und welches jüdische Mädchen würde wohl mit dem Sohn von Hassan Yousef ausgehen wollen? Und selbst wenn ein Mädchen mit mir ausgehen würde, worüber sollten wir reden? Was aus meinem Leben durfte ich erzählen? Und was für ein Leben war das überhaupt? Wofür hatte ich das alles geopfert? Für Palästina? Für Israel? Für den Frieden?

Was hatte ich denn als Schin-Beth-Superagent vorzuweisen? Ging es meinem Volk besser? Hatte das Blutvergießen aufgehört? War mein Vater daheim bei seiner Familie? War Israel jetzt sicherer? Hatte ich meinen Brüdern und Schwestern einen besseren Weg vorgelebt? Ich hatte das Gefühl, als hätte ich ein Drittel meines Lebens für nichts und wieder nichts geopfert, für den »Versuch, den Wind einzufangen«, wie König Salomo es in Prediger 4,16 beschreibt.

Ich konnte nicht einmal über all das sprechen, was ich in meinen vielen Rollen – und hinter den vielen Masken – gelernt hatte. Wer würde mir schon glauben?

Ich rief Loai in seinem Büro an: »Ich kann nicht mehr für euch arbeiten.«

»Warum? Was ist passiert?«

»Nichts. Ich mag euch alle sehr. Und ich liebe die Arbeit beim Geheimdienst. Vielleicht bin ich sogar süchtig danach. Aber wir erreichen nichts. Wir führen einen Krieg, der nicht mit Verhaftungen, Verhören und Hinrichtungen zu gewinnen ist. Unsere Feinde sind die Gedanken, und Gedanken scheren sich nicht um Besatzungsmächte und Ausgangssperren. Wir können einen Gedanken nicht mit einem Merkava in die Luft sprengen. Ihr seid nicht unser Problem und wir sind nicht eures. Wir sitzen alle in der Falle wie Ratten in einem Labyrinth. Ich kann das nicht mehr. Meine Zeit ist vorbei.«

Ich wusste, dass das ein harter Schlag für den Schin Beth war. Wir befanden uns mitten im Krieg.

»Okay«, sagte Loai. »Ich werde die Chefetage informieren und sehen, was man dort dazu sagt.«

Als wir uns wieder trafen, sagte er: »Die Chefetage macht dir folgendes Angebot: Israel hat eine große Telekommunikationsfirma. Wir geben dir alles Geld, was du brauchst, um genau so eine Firma in den Palästinensergebieten zu gründen. Das ist eine großartige Gelegenheit, und du bist für den Rest deines Lebens abgesichert.«

»Du verstehst mich nicht. Geld ist nicht mein Problem. Mein Problem ist, dass meine Arbeit zu nichts führt.«

»Die Leute hier brauchen dich, Mosab.«

»Ich werde eine andere Möglichkeit finden, zu helfen, aber so helfe ich ihnen nicht. Sogar der Schin Beth weiß nicht, wo das alles noch hinführt.«

»Was willst du dann?«

»Ich möchte das Land verlassen.«

Loai berichtete seinen Vorgesetzten von unserem Gespräch. Es ging hin und her. Die Chefetage bestand darauf, dass ich blieb, und ich bestand darauf, dass ich gehen musste.

»Okay«, sagten sie. »Wir lassen dich für ein paar Monate nach Europa gehen, vielleicht auch für ein Jahr, solange du versprichst wiederzukommen.«

»Ich gehe nicht nach Europa. Ich möchte in die USA. Ich habe Freunde dort. Vielleicht komme ich in einem Jahr zurück, oder in zwei oder fünf. Ich weiß nicht. Im Moment weiß ich nur, dass ich eine Pause brauche.«

»In den USA wird es schwierig für dich. Hier hast du Geld, Ansehen und wirst von allen Seiten geschützt. Du hast dir einen soliden Ruf aufgebaut, ein gutes Geschäft, und du führst ein sehr angenehmes Leben. Weißt du, wie dein Leben in den Vereinigten Staaten aussehen wird? Dort bist du ein Niemand ohne Einfluss.«

Ich erklärte, dass es mir nichts ausmache, als Tellerwäscher anzufangen. Und als ich auf meinem Wunsch beharrte, schalteten sie auf stur.

»Nein«, sagten sie. »Nicht in die Vereinigten Staaten. Nur Europa, und nur für kurze Zeit. Geh und amüsier dich. Wir zahlen dir dein Gehalt weiter. Geh einfach und hab ein bisschen Spaß. Nimm dir eine Auszeit. Und dann komm zurück.«

»Okay«, sagte ich schließlich. »Ich geh nach Hause. Ich werde nichts mehr für euch tun. Ich werde das Haus nicht verlassen, denn ich möchte nicht zufällig einen Selbstmordattentäter entdecken und ihn anzeigen müssen. Macht euch nicht die Mühe, mich anzurufen. Ich arbeite nicht mehr für euch.«

Ich ging zu meinen Eltern nach Hause und schaltete mein Mobiltelefon aus. Ich ließ mir einen langen, buschigen Bart wachsen. Meine Mutter machte sich große Sorgen um mich. Sie kam oft in mein Zimmer, schaute nach mir und fragte, ob es mir gut gehe. Tag für Tag las ich in der Bibel, hörte Musik, schaute Fernsehen, dachte über die letzten zehn Jahre nach und kämpfte gegen Depressionen.

Nach drei Monaten kam meine Mutter zu mir und sagte, dass mich jemand am Telefon verlangte. Ich sagte, ich wolle mit keinem sprechen. Doch sie erklärte, der Anrufer meinte, es sei dringend. Er sei ein alter Freund und ein Bekannter meines Vaters.

Ich ging nach unten und nahm den Hörer. Es war jemand vom Schin Beth.

»Wir möchten dich sehen«, sagte der Anrufer. »Es ist sehr wichtig. Wir haben gute Neuigkeiten für dich.«

Ich ging zu dem Treffen. Meine Weigerung weiterzuarbeiten hatte eine Situation geschaffen, in der sie nicht gewinnen konnten. Sie sahen, dass ich fest entschlossen war aufzuhören.

»Okay. Wir lassen dich in die Vereinigten Staaten gehen, aber nur für ein paar Monate, und du musst versprechen zurückzukommen.«

»Ich weiß nicht, warum ihr immer wieder darauf besteht, obwohl ihr wisst, dass ihr das nicht bekommt«, erklärte ich ruhig, aber bestimmt.

Schließlich sagten sie: »Okay. Wir lassen dich gehen – unter zwei Bedingungen. Erstens: Du musst dir einen Anwalt nehmen und vor Gericht angeben, dass du das Land aus medizinischen Gründen verlassen willst. Andernfalls fliegst du auf. Zweitens: Du kommst zurück.«

Der Schin Beth gestattete Hamasmitgliedern niemals, die Landesgrenze zu überqueren, außer für eine dringende medizinische Behandlung, die in den Palästinensergebieten nicht durchgeführt werden konnte. Ich hatte tatsächlich ein Problem mit meinem Unterkiefer. Ich konnte die Zähne nicht richtig zusammenbeißen. Und die notwendige Operation war im Westjordanland nicht möglich. Das hatte mich nie sehr gestört, aber ich dachte mir: Diese Ausrede ist so gut wie jede andere. Also nahm ich mir einen Anwalt, ließ ihn das medizinische Gutachten ans Gericht schicken und bat um eine Ausreisegenehmigung in die USA, um die Operation dort vornehmen zu lassen.

Der ganze Zweck der Übung bestand darin, eine deutliche Aktenspur bei Gericht zu hinterlassen. Sie sollte zeigen, dass ich bei meinem Versuch, Israel zu verlassen, mit einer feindlichen Bürokratie zu kämpfen hatte. Ließe der Schin Beth mich kampflos gehen, würde das auf eine Vorzugsbehandlung hindeuten, und mancher würde sich vielleicht fragen, was ich den Israelis im Gegenzug geliefert habe. Also musste es so aussehen, als würden sie es mir schwer machen und mir alle möglichen Steine in den Weg legen.

Doch der Anwalt, den ich ausgewählt hatte, erwies sich als Hindernis.

Offenbar dachte er, ich hätte keine großen Chancen, also verlangte er sein Honorar im Voraus – was ich ihm auch zahlte. Doch dann lehnte er sich zurück und tat gar nichts mehr. Der Schin Beth konnte keinen Papierkrieg führen, weil er nichts von meinem Anwalt erhielt. Woche für Woche rief ich ihn an und fragte ihn, wie mein Fall vorangehe. Er musste ja nichts weiter tun, als Akten zu produzieren, aber er hielt mich hin und log ständig. Es gab ein Problem, sagte er. Es gab Komplikationen. Immer wieder sagte er, er brauche noch mehr Geld, und immer wieder bezahlte ich ihn.

Das zog sich sechs Monate lang hin. Endlich, am Neujahrstag 2007, bekam ich den Anruf.

»Sie dürfen ausreisen«, verkündete der Anwalt, als hätte er eine Lösung für den Welthunger gefunden.

✳ ✳ ✳

»Kannst du dich nur noch ein einziges Mal mit einem der Hamasführer im Flüchtlingslager Jalazone treffen?«, fragte Loai. »Du bist der Einzige ...«

»Ich verlasse das Land in fünf Stunden.«

»Okay.« Er gab auf. »Pass auf dich auf und bleib in Kontakt mit uns. Ruf uns an, wenn du über die Grenze bist, damit wir wissen, ob alles gut gegangen ist.«

Ich rief ein paar Leute in Kalifornien an, die ich kannte, und sagte ihnen, dass ich zu ihnen unterwegs sei. Natürlich hatten sie keine Ahnung, dass ich der Sohn eines hochrangigen Anführers der Hamas und ein Schin-Beth-Spion war. Aber sie waren begeistert. Ich packte ein paar Sachen in einen kleinen Koffer und ging nach unten, um es meiner Mutter zu sagen. Sie lag schon im Bett.

Ich kniete neben ihr nieder und sagte ihr, dass ich in ein paar Stunden abreisen würde. Ich würde die Grenze nach Jordanien überqueren und in die Vereinigten Staaten fliegen. Selbst jetzt konnte ich ihr nicht erklären, warum.

Ihre Augen sagten alles. *Dein Vater ist im Gefängnis. Du bist für deine Geschwister wie ein Vater. Was willst du in Amerika?* Ich wusste, dass sie nicht wollte, dass ich ging, aber gleichzeitig wollte sie, dass ich Frieden fand. Sie sagte, sie hoffe, ich könne mir dort ein gutes Leben aufbauen, nachdem ich hier unter so vielen Gefahren gelebt habe. Sie hatte keine Ahnung, wie groß die Gefahren wirklich gewesen waren.

»Ich will dir noch einen Abschiedskuss geben«, sagte sie. »Weck mich, bevor du gehst.«

Sie segnete mich und ich sagte ihr, dass ich sehr früh aufbrechen müsse und dass sie nicht aufzustehen brauche, um mich zu verabschieden. Aber sie war meine Mutter. Sie wartete die ganze Nacht mit mir in unserem Wohnzimmer, zusammen mit meinen Geschwistern und meinem besten Freund Jamal.

Als ich meine Habseligkeiten vor dem Flug zusammenpackte, wollte ich auch meine Bibel einpacken – mit all meinen Notizen; die Bibel, die ich jahrelang studiert hatte, sogar im Gefängnis –, doch dann spürte ich einen inneren Drang, sie Jamal zu schenken.

»Ich kann dir kein wertvolleres Abschiedsgeschenk geben«, erklärte ich ihm. »Hier ist meine Bibel. Lies sie und folge dem, was darin steht.« Ich war mir sicher, dass er meinem Wunsch entsprechen würde. Wahrscheinlich würde er immer darin lesen, wenn er an mich dachte. Ich nahm genug Geld mit, um mich eine Weile durchschlagen zu können, verließ das Haus und ging zur Allenby-Brücke, die Israel mit Jordanien verbindet.

Durch die israelische Kontrolle zu kommen, war kein Problem. Ich zahlte die fünfunddreißig Dollar Ausreisegebühr und betrat das riesige Ausreise-Terminal mit seinen Metalldetektoren, Röntgengeräten und dem berüchtigten »Raum Nr. 13«, in dem Verdächtige verhört wurden. Doch diese Geräte wie auch die Leibesvisitationen waren hauptsächlich für diejenigen gedacht, die von der jordanischen Seite nach Israel *einreisten* – nicht für diejenigen, die ausreisten.

Das Terminal war ein einziger Bienenstock voller Leute in kurzen Hosen mit Gürteltaschen, *Kippas* und arabischen Kopfbedeckungen, Schleiern und Baseballkappen. Einige trugen Rucksäcke und andere schoben Wagen, auf denen bis oben hin Gepäck gestapelt war. Endlich stieg ich in einen der großen JETT-Busse ein – das einzige öffentliche Verkehrsmittel, das auf der Betongerüstbrücke fahren durfte.

Okay, dachte ich. *Fast hab ich's geschafft.*

Aber ich war immer noch von Verfolgungswahn geplagt. Der Schin Beth ließ Leute wie mich nicht einfach das Land verlassen. Das war noch nie vorgekommen. Selbst Loai hatte sich gewundert, dass ich die Genehmigung bekommen hatte.

Als ich die jordanische Seite erreicht hatte, zeigte ich meinen Reisepass vor. Ich war besorgt. Mein Visum für die USA war zwar noch drei Jahre gültig, aber mein Reisepass würde in weniger als dreißig Tagen ablaufen.

Bitte, betete ich, *lass mich einfach für einen Tag nach Jordanien. Mehr brauche ich nicht.*

Aber meine ganzen Bedenken waren umsonst gewesen. Es war überhaupt kein Problem. Ich nahm ein Taxi nach Amman und kaufte ein Flugticket der Air France. Ich checkte für einige Stunden in ein Hotel ein; dann begab ich mich zum Flughafen *Queen Alia International* und trat meinen Flug über Paris nach Kalifornien an.

Im Flugzeug dachte ich über alles nach, was ich gerade hinter mir gelassen hatte: Gutes und Schlechtes - meine Familie und Freunde, aber auch das endlose Blutvergießen, unnötigen Verlust und das Gefühl der Sinnlosigkeit.

Es dauerte eine Weile, mich an den Gedanken zu gewöhnen, dass ich jetzt wirklich frei war - frei, ich selbst zu sein; frei von Geheimtreffen und israelischen Gefängnissen; frei vom Zwang, mir ständig über die Schulter zu schauen.

Es war seltsam. Und es war wunderbar.

* * *

Als ich eines Tages in Kalifornien einen Fußweg entlangging, sah ich ein bekanntes Gesicht auf mich zukommen. Es war das Gesicht von Maher Odeh, dem führenden Kopf hinter zahllosen Selbstmordattentaten - der Kerl, bei dem ich im Jahr 2000 die bewaffneten Schläger von Arafat gesehen hatte und die ich später als Gründungszelle der gespenstischen al-Aqsa-Märtyrerbrigaden entlarvt hatte.

Zuerst war ich mir nicht ganz sicher, ob es wirklich Odeh war. Außerhalb ihrer vertrauten Umgebung sehen Menschen anders aus. Ich hoffte, dass ich mich irrte. Die Hamas hatte es nie gewagt, eine Märtyreroperation in den USA durchzuführen. Es wäre schlecht für die Vereinigten Staaten, wenn er hier wäre. Es wäre auch schlecht für mich.

Unsere Blicke trafen sich und blieben für den Bruchteil einer Sekunde aneinander haften. Ich war mir ziemlich sicher, dass er mich erkannt hatte, bevor er seinen Weg fortsetzte.

Epilog

Im Juli 2008 saß ich mit meinem guten Freund Avi Issacharoff, einem Journalisten der Zeitung *Haaretz* in Israel, zum Abendessen in einem Restaurant. Ich erzählte ihm die Geschichte, wie ich Christ geworden war. Ich wollte, dass die Nachricht aus Israel kam und nicht aus dem Westen. Sie erschien in seiner Zeitung unter der Schlagzeile »Der verlorene Sohn«.

Wie auch bei vielen anderen, die an Jesus glauben, brach mein öffentliches Glaubensbekenntnis meinen Eltern, Geschwistern und Freunden das Herz.

Mein bester Freund Jamal war einer der wenigen Menschen, die meiner Familie in ihrer Schande beistanden und mit ihr weinten. Jamal war schrecklich einsam gewesen, nachdem ich weg war. Er lernte eine hübsche junge Frau kennen und heiratete, zwei Wochen nachdem der Zeitungsartikel in der *Haaretz* erschienen war.

Auf seiner Hochzeit konnte meine Familie ihre Tränen nicht zurückhalten. Jamals Hochzeit erinnerte sie an mich. Daran, dass ich meine Zukunft zerstört hatte und nie heiraten und eine muslimische Familie gründen würde. Der Bräutigam sah, wie traurig meine Familie war und begann auch zu weinen. Auch die meisten anderen Leute auf der Hochzeit weinten, doch sicherlich aus einem anderen Grund.

»Konntest du mit deiner Bekanntmachung nicht bis zwei Wochen *nach* meiner Hochzeit warten?«, fragte er mich später am Telefon. »Du hast den schönsten Tag meines Lebens zu einer Katastrophe gemacht.«

Ich fühlte mich furchtbar. Glücklicherweise ist Jamal immer noch mein bester Freund.

Mein Vater erhielt die Nachricht in seiner Gefängniszelle. Er wachte morgens auf und erfuhr, dass sein ältester Sohn zum Christentum übergetreten sei. Aus seiner Perspektive hatte ich meine eigene Zukunft und die Zukunft seiner Familie zerstört. Er glaubt, dass ich eines Tages vor seinen Augen in die Hölle geworfen werde, und wir dann für immer voneinander getrennt sein werden.

Er weinte wie ein kleines Kind und wollte seine Zelle nicht verlassen.

Häftlinge aller möglichen Gruppierungen kamen zu ihm. »Wir sind alle deine Söhne, Abu Mosab«, sagten sie zu ihm. »Bitte beruhige dich doch.«

Er konnte den Zeitungsbericht nicht bestätigen. Doch eine Woche später kam meine siebzehnjährige Schwester Anhar, die ihn als einziges Familienmitglied besuchen durfte, zu ihm ins Gefängnis. Er sah sofort in ihren Augen, dass alles wahr war. Und er konnte sich nicht beherrschen. Andere Häftlinge ließen ihre Familien, die zu Besuch waren, sitzen und gingen zu ihm, küssten seinen Kopf und weinten mit ihm. Er versuchte, sich zu beruhigen und sich bei ihnen zu entschuldigen, doch er musste nur noch stärker weinen. Selbst die israelischen Wachen, die meinen Vater respektierten, weinten.

Ich schickte ihm einen sechs Seiten langen Brief. Ich erklärte ihm, wie wichtig es war, dass er das wahre Wesen Gottes entdeckte, den er schon immer geliebt, aber nie persönlich als Freund kennengelernt habe.

Meine Onkel warteten ungeduldig darauf, dass mein Vater mich verstieß. Als er sich weigerte, wandten unsere Verwandten sich von meiner Mutter und meinen Geschwistern ab. Aber mein Vater wusste: Wenn er mich verstieß, würden mich die Hamasterroristen umbringen. Und er schützte mich weiterhin, egal, wie tief ich ihn verletzt hatte.

Acht Wochen später drohten die Männer im Ktzi'ot-Gefängnis im Negev mit einem Aufstand. Also bat der *Schabas*, der israelische Gefängnisdienst, meinen Vater, alles zu tun, was in seiner Macht stehe, um die Situation zu entschärfen.

Eines Tages rief mich meine Mutter an, die seit meiner Ankunft in Amerika jede Woche mit mir telefoniert hatte.

»Dein Vater ist in der Negev. Einige Häftlinge haben Mobiltelefone reingeschmuggelt. Möchtest du mit ihm reden?«

Ich konnte es kaum glauben. Ich hätte nicht gedacht, dass ich eine Gelegenheit haben würde, mit meinem Vater zu sprechen, bevor er aus dem Gefängnis freikam.

Ich rief die Nummer an. Niemand ging ran. Ich rief noch einmal an.

»Hallo!«

Seine Stimme. Ich konnte kaum sprechen.

»Hallo Vater.«

»Hallo.«

»Ich habe deine Stimme vermisst.«

»Wie geht es dir?«

»Mir geht's gut. Und es ist egal, wie es mir geht. Wie geht es dir?«

»Auch gut. Wir sind hier, um mit den Häftlingen zu reden und die Situation zu beruhigen.«

Er war wie immer. Seine erste Sorge galt immer den Menschen. Und so würde er immer bleiben.

»Wie ist dein Leben in den USA jetzt?«

»Mein Leben ist toll. Ich schreibe ein Buch ...«

Jeder Häftling hatte nur zehn Minuten, und mein Vater hätte nie seine Position ausgenutzt, um eine Sonderbehandlung zu bekommen. Ich wollte mit ihm über mein neues Leben reden, aber er wollte das nicht.

»Egal, was passiert ist«, sagte er zu mir, »du bist immer noch mein Sohn. Du bist ein Teil von mir, und nichts wird sich ändern. Du hast andere Ansichten, aber du bist immer noch mein kleiner Junge.«

Ich war schockiert. Dieser Mann war unglaublich.

Am nächsten Tag rief ich ihn noch einmal an. Es tat ihm in der Seele weh, aber er hörte mir zu.

»Ich muss dir ein Geheimnis verraten«, sagte ich. »Ich möchte es dir jetzt erzählen, damit du es nicht aus den Medien erfährst.«

Ich erklärte, dass ich zehn Jahre lang für den Schin Beth gearbeitet hatte. Dass er heute noch am Leben war, weil ich zugestimmt hatte, dass er zu seinem eigenen Schutz ins Gefängnis kam. Dass sein Name ganz oben auf Jerusalems Schwarzer Liste stand – und dass er immer noch im Gefängnis saß, weil ich nicht mehr da war, um seine Sicherheit zu gewährleisten.

Schweigen. Mein Vater sagte nichts.

»Ich liebe dich«, sagte ich schließlich. »Du wirst immer mein Vater sein.«

Nachwort

Meine größte Hoffnung ist, dass ich durch meine Geschichte meinem eigenen Volk – palästinensischen Muslimen, die seit Jahrhunderten von korrupten Regierungen ausgenutzt werden – zeigen kann, dass die Wahrheit sie frei machen kann.

Ich erzähle meine Geschichte auch, um das israelische Volk wissen zu lassen, dass es Hoffnung gibt. Wenn ich – Sohn einer islamistischen Organisation, die sich der Vernichtung Israels verschrieben hat – an einen Punkt kommen konnte, an dem ich nicht nur die Juden lieben lernte, sondern sogar mein Leben für sie riskierte – dann besteht Hoffnung.

Meine Geschichte enthält auch eine Botschaft für Christen. Wir sollten aus der Leidensgeschichte meines Volkes lernen, das sich die schwere Last aufgebürdet hat, sich Gottes Wohlgefallen zu erarbeiten. Wir müssen die religiösen Regeln aufgeben, die wir uns selbst zurechtzimmern. Stattdessen sollten wir die Menschen – überall auf der Welt – bedingungslos lieben. Wenn wir Jesus in dieser Welt verkünden wollen, müssen wir seine Botschaft der Liebe ausleben. Wenn wir Jesus folgen wollen, müssen wir auch damit rechnen, verfolgt zu werden. Wir sollten uns glücklich schätzen, wenn wir um seinetwillen verfolgt werden.

An die Nahostexperten, Entscheidungsträger in den Regierungen, Wissenschaftler und Geheimdienstchefs schreibe ich in der Hoffnung, dass meine einfache Geschichte dazu beiträgt, dass sie die Probleme und die möglichen Lösungen in einer der unruhigsten Regionen der Welt verstehen.

Ich erzähle meine Geschichte in dem Bewusstsein, dass viele Menschen – darunter auch die, die mir am wichtigsten sind – meine Motive und mein Denken nicht verstehen werden.

Manche werden mir vorwerfen, ich hätte nur um des Geldes willen gehandelt. Die Ironie dabei ist, dass ich in meinem alten Leben kein Problem hatte, Geld zu verdienen. Heute lebe ich jedoch praktisch von der Hand in den Mund. Es stimmt, dass meine Familie nie reich war und besonders während der langen Gefängnisaufenthalte meines Vaters finanziell zu kämpfen hatte. Doch ich wurde trotzdem ein ziemlich reicher junger Mann. Mit meinem Gehalt von der Regierung bezog ich das Zehnfache des Durchschnittseinkommens in meinem Heimatland. Ich hatte ein gutes Leben mit zwei Häusern und einem neuen Sportwagen. Und ich hätte noch mehr haben können.

Als ich den Israelis sagte, dass ich nicht mehr für sie arbeiten wollte, boten sie mir an, meine eigene Telekommunikationsfirma zu gründen (mit der ich einige Millionen Dollar hätte verdienen können), wenn ich nur geblieben wäre. Ich habe dieses Angebot abgelehnt und bin in die Vereinigten Staaten gegangen, wo ich bisher noch keinen Vollzeitjob finden konnte und praktisch obdachlos bin. Ich hoffe, dass Geld eines Tages kein Problem mehr für mich sein wird, aber ich habe gelernt, dass Geld allein mich nie glücklich machen wird. Wäre Geld mein wichtigstes Ziel gewesen, hätte ich bleiben können, wo ich war, und weiter für Israel gearbeitet. Ich hätte die Spenden annehmen können, die mir Leute angeboten haben, seit ich in die USA gezogen bin. Aber auch das habe ich nicht getan, weil ich Geld nicht zu meiner obersten Priorität machen möchte - und ich möchte auch nicht den Eindruck vermitteln, dass letztlich das Geld mich antreibt.

Manche denken vielleicht, ich tue das alles, um Aufmerksamkeit zu erregen. Doch davon hatte ich in meinem Heimatland auch jede Menge.

Was viel schwerer aufzugeben war, waren die Macht und der Einfluss, die ich als Sohn eines hochrangigen Anführers der Hamas genoss. Ich besaß Macht und weiß, wie süchtig sie machen kann - viel süchtiger als Geld. Mir gefiel die Macht, die ich in meinem alten Leben hatte, aber wenn man süchtig ist - und sei es die Sucht nach Macht - wird man gesteuert, statt selbst zu steuern.

Freiheit, eine tiefe Sehnsucht nach Freiheit, liegt meiner Geschichte zugrunde.

Ich bin der Sohn eines Volkes, das seit Jahrhunderten von korrupten Systemen versklavt wird.

Ich war ein Gefangener der Israelis, als meine Augen für die Tatsache geöffnet wurden, dass die Palästinenser ebenso von ihren eigenen Anführern unterdrückt werden wie von Israel.

Ich war ein hingebungsvoller Anhänger einer Religion, welche die strikte Befolgung vieler Regeln verlangt, um den Glauben zu erfüllen und Hoffnung auf das Paradies zu haben.

In meinem alten Leben hatte ich Geld, Macht und Ansehen. Doch was ich wirklich wollte, war Freiheit. Und das bedeutete unter anderem, Hass, Vorurteile und Rachsucht hinter mir zu lassen.

Die Botschaft von Jesus – liebe deine Feinde! –, gerade diese Botschaft hat mich endlich befreit. Es war nicht mehr wichtig, wer meine Freunde und wer meine Feinde waren; ich sollte sie alle lieben. Und ich konnte eine liebevolle Beziehung zu Gott haben, der mir helfen würde, andere zu lieben.

Diese Art von Beziehung zu Gott ist nicht nur die Quelle meiner Freiheit, sondern auch der Schlüssel zu meinem neuen Leben.

✳ ✳ ✳

Wenn Sie jetzt dieses Buch gelesen haben, denken Sie bitte nicht, dass ich eine Art »Supernachfolger« von Jesus bin. Ich kämpfe immer noch. Das wenige, was ich über meinen Glauben weiß, habe ich bei Gesprächen über die Bibel und beim Bibellesen gelernt. Mit anderen Worten, ich folge Jesus Christus nach, aber ich stehe noch ganz am Anfang des Prozesses, als sein Jünger zu leben.

Ich wurde in einer religiösen Umgebung geboren und erzogen, die mich lehrte, dass ich Gutes tun musste für meine Errettung. Ich muss jetzt vieles erst verlernen, um Raum für die Wahrheit zu schaffen:

Deshalb sollt ihr euer altes Wesen und eure frühere Lebensweise ablegen, die durch und durch verdorben war und euch durch trügerische Leidenschaften zugrunde richtete. Lasst euch stattdessen einen neuen Geist und ein verändertes Denken geben. Als neue Menschen, geschaffen nach dem Ebenbild Gottes und zur Gerechtigkeit, Heiligkeit und Wahrheit berufen, sollt ihr auch ein neues Wesen annehmen.

Epheser 4,22-24

Wie viele andere Nachfolger von Jesus auch, habe ich meine Sünden bekannt und um Vergebung gebeten. Ich weiß, dass Jesus der Sohn Gottes ist, der Mensch wurde, für unsere Sünden starb, von den Toten auferstand und zur rechten Hand des Vaters sitzt. Ich bin getauft. Trotzdem habe ich das Gefühl, dass ich es gerade so durch das Eingangstor in das Reich Gottes geschafft habe. Man sagte mir, dass es noch viel, viel mehr gebe. Und ich möchte das alles kennenlernen.

Aber bis dahin habe ich immer noch mit der Welt, meiner menschlichen Natur und dem Teufel zu kämpfen. Mein christlicher Glaube ist noch nicht frei von falschen Vorstellungen und von Irrwegen. Ich kämpfe mit Problemen, die mir manchmal unüberwindbar erscheinen. Doch ich habe die Hoffnung, dass auch ich – wie der Apostel Paulus, der sich Timotheus gegenüber als »schlimmster aller Sünder« bezeichnet (siehe 1. Timotheus 1,15) – alles erreichen kann, was Gott für mich geplant hat, solange ich nicht aufgebe.

Wenn Sie mich also auf der Straße sehen, dann fragen Sie mich bitte nicht um Rat oder wie ich diese oder jene Bibelstelle verstehe, denn Sie sind mir in dieser Hinsicht wahrscheinlich meilenweit voraus. Betrachten Sie mich bitte nicht als geistlichen Übermenschen, sondern beten Sie für mich, dass ich in meinem Glauben wachse und nicht zu viele Fehler mache bei meinem Bemühen, wie ein Kind Gottes zu leben.

* * *

Solange wir die Feinde irgendwo außerhalb von uns selbst suchen, wird es immer ein Nahostproblem geben.

Religion ist nicht die Lösung. Religion ohne Jesus ist bloß Selbstgerechtigkeit. Auch die Freiheit von Unterdrückung wird das Problem nicht lösen. Als sie von der Verfolgung befreit wurden, wurden die Muslime selbst zu Verfolgern. Misshandelte Ehepartner und Kinder misshandeln später oft selbst ihre Ehepartner und Kinder. Es ist ein Klischee, aber es stimmt: Verletzte Menschen – wenn sie nicht geheilt werden – verletzen Menschen.

Manipuliert durch Lügen und getrieben von Rassismus, Hass und Rache, befand ich mich auf dem besten Weg, selbst ein solcher Mensch zu werden. Dann begegnete ich 1999 dem wahren Gott. Er ist der Vater, dessen Liebe unaussprechlich ist und sich doch im Opfer seines einzigen Sohnes am Kreuz zeigt: im Tod von Jesus, der starb, um stellvertretend für uns die Strafe für unsere Sünden zu erleiden. Er ist der Gott, der drei Tage später seine Macht und Gerechtigkeit zeigte, indem er Jesus von den Toten auferweckte. Er ist der Gott, der mir nicht nur gebietet, meine Feinde zu lieben und ihnen zu vergeben, so wie er mich geliebt und mir vergeben hat, sondern mich auch zu dieser Liebe befähigt.

Wahrheit und Vergebung sind die einzige Lösung für den Nahen Osten. Die Herausforderung – besonders zwischen Israelis und Palästinensern – besteht nicht darin, die Lösung zu *finden*. Die Herausforderung besteht darin, als Erster mutig genug zu sein, sie *anzunehmen*.

Nachwort zur amerikanischen Taschenbuchauflage

2011

Seit dem Erscheinen von *Sohn der Hamas*, und besonders seit das Buch auf den Bestsellerlisten landete, habe ich von vielen Seiten Glückwünsche erhalten, und unzählige Menschen haben mir ihre Unterstützung angeboten. Die meisten Autoren würden die Veröffentlichung ihres Buches feiern, natürlich erst recht, wenn es sich zum Verkaufsschlager entwickelte. Doch dieses Buch war kein großer Sieg für mich; unter mehreren Gesichtspunkten war es sogar mein schrecklichster Albtraum. Etliches ist seit seinem Erscheinen geschehen, was keine richtige Feierlaune aufkommen ließ – und mein Leben für immer veränderte.

Den ersten Rückschlag erlebte ich am Tag vor dem Erscheinen der amerikanischen Ausgabe von *Sohn der Hamas* im März 2010: Ich erfuhr, dass mein Vater mich verstoßen hatte. Wie Sie sich vorstellen können, war das für mich die denkbar schlechteste Nachricht überhaupt.

Im Mai 2010 wurde ich dann darüber informiert, dass das *Ministerium für innere Sicherheit der USA (U. S. Department of Homeland Security, DHS)* eine Anhörung anberaumt hatte, in der es um meine mögliche Ausweisung gehen sollte. Es betrachtete meine früheren Verbindungen zur Hamas als potenzielles Sicherheitsrisiko.

Doch bevor ich mehr davon erzähle, sollte ich ins Jahr 2008 zurückblenden. Ein Jahr zuvor war ich in die Vereinigten Staaten gekommen, und wie im Epilog erwähnt, hatte ich dem Journalisten Avi Issacharoff von der israelischen Zeitung *Haaretz* von meiner Bekehrung zum christlichen Glauben erzählt. Ende Juli 2008 schrieb er einen Artikel über mich. Ich wusste damals noch nicht, wie viele Menschen meine Geschichte lesen würden.

Ich hatte meinen Führungsoffizier beim Schin Beth nur unter dem Namen »Captain Loai« kennengelernt. Ich wusste, dass dies ein Deckname war, so wie »Grüner Prinz« in meinem Fall. Und obwohl wir uns nur unter unseren Decknamen kannten, verließen wir uns bei unserer Arbeit für den Schin Beth uneingeschränkt aufeinander. Bei fast jeder Operation vertrauten wir einander unser Leben an, und bald waren wir nicht mehr nur Agentenkollegen, sondern auch Freunde und sogar Brüder. Doch außerhalb des Geheimdienstes pflegten wir niemals Kontakt. Genau genommen hatte ich weder seit Loais Versetzung in eine andere Gegend im Jahr 2004 noch seit seiner späteren Entlassung aus dem Schin Beth 2006 wieder etwas von ihm gehört. Daher war es ein Schock, als ich wenige Tage nach dem *Haaretz*-Artikel eine persönliche E-Mail von Gonen ben Itzhak bekam. Er gab sich als »Captain Loai« zu erkennen!

Obwohl wir nicht in Verbindung miteinander gestanden hatten, hatten wir beide uns Gedanken gemacht, wie es dem jeweils anderen wohl gehe. Mir war bekannt, dass Gonen Probleme mit der Führung des Schin Beth hatte, also dachte ich häufig an ihn und betete für ihn. Auch Gonen hatte sich Sorgen um mich gemacht, schon bevor ich Palästina verließ. In meinem Heimatland macht man sich nicht viele Freunde, wenn man dem Schin Beth Informationen über terroristische Aktivitäten liefert und sich an seinen gefährlichen Operationen beteiligt. Gonen befürchtete, eines Tages die Zeitung aufzuschlagen und von meinem Tod zu lesen.

Als Gonen auf den Artikel über meine Bekehrung stieß, sah er zuerst nur mein Bild auf dem Titelblatt der *Haaretz* und dachte: *Das war's. Mein Freund ist tot.* Doch dann las er von meiner Ausreise in die Vereinigten Staaten und den Schwierigkeiten, die ich dort hatte. Zunächst war er überrascht, dass es mir überhaupt gelungen war, die Region zu verlassen. Dann beunruhigte es ihn, als er las, unter welchen Umständen ich in den USA lebte – arbeitslos und quasi auf der Straße.

Gonen wusste sofort, dass er mit mir Kontakt aufnehmen müsse. Er schrieb an Avi Issacharoff und bat ihn um meine E-Mail-Adresse. Natürlich konnte er nicht erklären, woher er mich kannte (da ich meine Verbindung zum Schin Beth noch nicht öffentlich gemacht hatte), oder auch nur, *dass* er mich kannte; er erwähnte lediglich, es sei seine moralische Pflicht, mir zu helfen. Der Reporter gab ihm meine E-Mail-Adresse weiter.

Es ist schwer zu beschreiben, wie sehr ich mich freute, als ich Gonens Nachricht erhielt. Nachdem ich an so vielen geheimen Operationen beteiligt gewesen war und so lange darüber hatte schweigen müssen, wer ich wirklich war, fiel es mir schwer, Vertrauen zu anderen Menschen aufzubauen. Außerdem lief es in den Vereinigten Staaten ja nicht besonders gut für mich, wie der *Haaretz*-Artikel verraten hatte. Doch Gonen wusste bereits über alles

Bescheid, was sich beim Schin Beth ereignet hatte, und er war ehrlich um mein Wohlergehen besorgt. Er erzählte mir von seiner Familie und was geschehen war, seit sich unsere Wege 2004 getrennt hatten. Er bot mir außerdem an, Geld zu schicken – obwohl er selbst nicht viel besaß –, um mir das Leben in Amerika zu erleichtern. Seine Nachricht schloss er mit den Worten: »Ich hoffe, Du erweist Deinem Bruder die Ehre, Dir helfen zu dürfen.« Er nannte mich seinen *Bruder*! Ich brach in Tränen aus.

Gleich am nächsten Tag antwortete ich ihm und wir bauten rasch wieder intensiven Kontakt zueinander auf. Wir wussten beide, dass es gegen das Gesetz verstieß, wenn ein ehemaliger Agent und sein Führungsoffizier außerhalb des Schin Beth miteinander kommunizierten. Doch wir waren nicht nur Agenten, sondern auch enge Freunde und arbeiteten außerdem beide nicht mehr für den Schin Beth. In den folgenden Monaten telefonierten wir mehrmals miteinander, bevor Gonen nach Amerika reiste und wir unsere Freundschaft von Angesicht zu Angesicht erneuern konnten.

Wir trafen uns am Flughafen, und als wir uns sahen, fielen wir uns in die Arme und konnten gar nicht mehr aufhören zu lachen. Nach all unseren Treffen im Nahen Osten – unter Bewachung, an geschützten Orten, unter strenger Geheimhaltung – war es unglaublich, sich außerhalb des Geheimdienstapparates wiederzutreffen. Wir repräsentierten nicht mehr Israel und Palästina, den Schin Beth und die Hamas, sondern waren einfach Freunde. Es war ein nahezu unfassbarer Gedanke, dass unsere Freundschaft all die Barrieren zwischen uns überwinden konnte – dass sie überhaupt möglich war. Von außen könnte man auf unsere Herkunft blicken und sagen: »Die beiden können niemals Freunde werden.« Doch Gott hatte offenbar andere Pläne.

In Epheser 2,14 heißt es, dass Jesus selbst »Frieden zwischen den Juden und den Menschen aus allen anderen Völkern [brachte], indem er uns zu einem einzigen Volk vereinte. Er hat die Mauer der Feindschaft, die uns früher trennte, niedergerissen.« Durch meine Freundschaft mit Gonen habe ich Jesus in meinem eigenen Leben als diesen Friedensstifter erfahren. Unsere Freundschaft ist besonders »unwahrscheinlich« – und umso unglaublicher –, wenn man bedenkt, wer unsere Väter sind. Mein Vater gehört, wie erwähnt, zu den Gründungsmitgliedern der Hamas, einer terroristischen Organisation. Gonens Vater war während der Ersten Intifada General in den

IDF. Er war sogar der General, der zu dieser Zeit für das Westjordanland zuständig war. Das bedeutet: Die Genehmigung, eine Person in Verwaltungshaft zu nehmen – mit anderen Worten sie als politischen Gefangenen festzusetzen –, musste damals wohl von Gonens Vater erteilt werden. Wahrscheinlich hatte sein Vater mehr als einmal einen Haftbefehl für meinen Vater unterschrieben! Und doch durfte auf diesem harten und scheinbar unfruchtbaren Boden unsere Freundschaft durch Gottes Gnade wachsen und gedeihen.

Während Gonen und ich unsere Freundschaft wieder aufleben ließen, entwickelten sich meine Probleme mit dem *Department of Homeland Security* (DHS). Ich war am 2. Januar 2007 auf dem gleichen Weg wie viele andere Reisende nach Amerika eingereist – mit einem Touristenvisum. Niemand überprüfte damals meine Vergangenheit; niemand wusste von meiner Beziehung zu meinem Vater, zur Hamas und vor allem nicht zum Schin Beth. Der Sicherheitsdienst am Flughafen hielt mich auf, weil mein Pass nur noch ein paar Tage gültig war, doch ich konnte die Beamten dazu überreden, mich einreisen zu lassen.

Bei meiner Ankunft in den Vereinigten Staaten wollte ich um politisches Asyl bitten, aber man teilte mir mit, ich müsse warten, bis mein Visum in sechs Monaten abgelaufen sei. An dem Tag, als mein Visum ablief, beantragte ich politisches Asyl. Ich beantwortete alle Fragen wahrheitsgemäß, erwähnte jedoch nicht meine Verbindung zum Schin Beth, da ich mir noch nicht sicher war, ob und wie ich meine Identität als Spion offenlegen wollte. Ich erwähnte allerdings, dass ich der Sohn von Scheich Hassan Yousef sei, dass er zur Hamas-Führung gehöre, dass ich mich zum christlichen Glauben bekehrt habe und dass ich nicht nach Palästina zurückkehren könne. Meinem Antrag legte ich Briefe von Freunden bei, die bezeugten, dass meine Bekehrung echt sei. Ich versuchte, so ehrlich wie möglich zu sein, ohne sensible Informationen preiszugeben.

Einige Wochen, nachdem ich meinen Antrag auf Asyl gestellt hatte, bat mich das DHS zu einem Gespräch. Ich suchte ihr Büro auf und erklärte, wer ich sei und warum ich politisches Asyl in den Vereinigten Staaten beantrage. Die Beamten waren schockiert und wahrscheinlich peinlich berührt, dass sie unwissentlich jemanden mit so offensichtlichen terroristischen Verbindungen ins Land gelassen hatten.

Der Beamte, der das Gespräch mit mir führte, wirkte feindselig. Vor sich hatte er eine Akte mit allen Einzelheiten zu meinem Fall liegen. Es war ein beeindruckender Ordner und es sah so aus, als wären darin auch alle möglichen Medienberichte über meinen Vater, mich und die Hamas enthalten. All diese Details schienen zu viel für den Beamten zu sein und es wirkte so, als habe er meinen Fall bereits entschieden. Ich klappte den Ordner zu und sagte ihm: »Wenn Sie den Mut dazu haben, schreiben Sie doch einfach ›Abschiebung‹ darauf. Stecken Sie mich in Abschiebehaft. Doch Sie sollten wissen, dass Sie für alles, was dann passiert, verantwortlich sind.«

Er reagierte nicht, also sprach ich weiter: »Ich liebe dieses Land. Ich habe im Westjordanland für die US-Regierung gearbeitet und ich habe viele amerikanische Freunde. Ich bin nicht hier, um das System zu missbrauchen; ich will auch gar nichts haben. Ich bin nicht einmal auf die Staatsbürgerschaft aus. Ich brauche Schutz. Und wenn Sie das immer noch für einen Witz halten, wenn Sie immer noch meinen, ich sei einfach nur ein Terrorist oder jemand, der Amerika ausnutzen will, dann lassen wir doch jetzt die Spielchen. Schreiben Sie ›Abschiebung‹ auf den Antrag. Aber Sie müssen wissen, dass Sie damit einen großen Fehler machen und dass Sie derjenige sind, der für alles die Verantwortung trägt.«

Der Beamte wurde etwas umgänglicher. »Bitte beruhigen Sie sich. Wir wollen Ihre Akte ja gar nicht schließen«, sagte er und bot mir etwas zu trinken an. Nach dieser Konfrontation sprach er respektvoller mit mir, weil ihm wohl klar geworden war, dass ich nicht versuchte, das System auszunutzen. Ich war wirklich in Gefahr und konnte nicht nach Palästina zurückkehren. »Ich kann Ihnen nicht sagen, was ich persönlich denke, weil ich das nicht darf«, sagte er, aber ich merkte, dass er mir glaubte. »Das ist ein sehr komplizierter Fall und er wird so oder so vor Gericht gehen.« Der Beamte riet mir, eine Arbeitserlaubnis zu beantragen, damit ich im Land bleiben könne, während über meinen Antrag auf politisches Asyl entschieden werde.

Ich hörte nichts mehr von meinem Antrag bis zum 23. Februar 2009, als er – was mich nicht überraschte – abgelehnt wurde. Ich vermute, dass der Schin Beth eine Rolle dabei spielte. Der Geheimdienst versuchte wohl, meinen Asylantrag zu torpedieren, damit ich ins Westjordanland zurückkehren und weiter für ihn arbeiten würde. Das DHS schrieb, für mich sei die Gewährung von Asyl ausgeschlossen, da begründeter Verdacht bestehe, dass ich eine Gefahr für die Vereinigten Staaten darstelle, und weil ich in terroristische Aktivitäten verwickelt gewesen sei.

Danach gab es Anhörungen vor Gericht. Ich versuchte, meine Situation zu erklären: dass ich kein Feind sei und auch keine Gefahr für die amerikanische Sicherheit darstelle. Als das Gericht Beweise dafür verlangte, reichte ich einen Entwurf von *Sohn der Hamas* ein. Ich setzte mich mit der Anwältin des DHS zusammen und erklärte ihr: »Hören Sie bitte: Ich liebe dieses Land und ich möchte hierbleiben. Das hier ist meine ganze Geschichte. Ich habe das nicht in meinen Antrag geschrieben, aber ich habe jahrelang als Agent für den Schin Beth gearbeitet. Ich habe das Leben vieler Amerikaner, Israelis und Palästinenser gerettet, und zwar wegen meiner Prinzipien. Ich war nie Terrorist. Ich bin in einer Umgebung aufgewachsen, die terroristische Aktivitäten förderte, doch ich habe mich dagegen aufgelehnt. Ich war nie an Tötungen beteiligt. Bitte, lesen Sie meine Geschichte.« Ich hatte gehofft, die Beschreibungen in meinem Buch würden meinen Standpunkt klarmachen. Ich hatte gehofft, aus meiner Geschichte ginge deutlich hervor, dass ich alles andere als ein Sicherheitsrisiko oder Terrorist sei, sondern vielmehr versuchte, die gleichen Freiheiten zu schützen, die auch das DHS verteidigte. Meine Anwesenheit in den Vereinigten Staaten erschien in meinen Augen angesichts meiner Vorgeschichte nur folgerichtig; immerhin hatte ich dem Schin Beth geholfen, den Terrorismus im Nahen Osten zu entschärfen, und insbesondere hatte ich die Mitarbeiter von USAID geschützt, während ich dort angestellt war.

Ich dachte, mein Buch könne einen langen Gerichtsprozess vermeiden. Stattdessen wurde es gegen mich verwendet und Tatsachen wurden aus dem Zusammenhang gerissen. Zum Beispiel führte die Anwältin des DHS an, dass ich im achtzehnten Kapitel zugäbe, Hamasmitglieder in sichere Unterkünfte gebracht zu haben. Meine Reaktion? *Natürlich habe ich das!* Und infolgedessen konnte ich mit dem Schin Beth eine Geheimoperation durchführen, die uns am Ende zu den Terroristen führte, die unter anderem für den Bombenanschlag auf die Cafeteria der Hebräischen Universität im Juni 2002 verantwortlich waren – eine Tragödie, unter deren Todesopfern sich auch fünf amerikanische Staatsbürger befanden. Indem wir diesen Hamasmitgliedern Schutz gewährten, konnte der Schin Beth sie überwachen und unter Kontrolle halten und sie letztendlich ihrer gerechten Strafe zuführen.

Wenn das DHS den Rest meines Buches gelesen hätte, hätte es auch gewusst, dass ich im USAID-Wasserprojekt im Westjordanland mit vierzig Amerikanern zusammengearbeitet hatte. Wer sorgte für ihre Sicherheit? Wer warnte sie davor, nach Ramallah zu kommen, wenn ein israelischer Militäreinsatz oder eine Schießerei bevorstand? Wer beschützte ihre Büros? Dafür wurde ich nicht bezahlt. Ich tat es aus einer christlichen Ethik heraus, die mich lehrte zu lieben, anstatt zu hassen.

Als ich die Anschuldigungen des DHS las, dachte ich: *Habe ich mich wie jemand verhalten, der eine Bedrohung für Amerikaner darstellt?*

Im Mai 2010 erhielt ich die Nachricht, dass für den 30. Juni 2010 eine Verhandlung über meine Ausweisung angesetzt war, da mein Undercover-Einsatz bei der Hamas als Beweis meiner »wahren« Gesinnung betrachtet wurde. Ich war sehr enttäuscht darüber, wie meine Aussagen gegen mich verwendet wurden!

Hier sollte ich noch einmal einen Schritt zurückgehen. Kurz bevor die amerikanische Ausgabe von *Sohn der Hamas* im Frühjahr 2010 erschien, schrieb mein Freund Avi Issacharoff für die *Haaretz* einen weiteren Artikel über mich, in dem er meine Identität als Schin-Beth-Agent offenlegte. Avi stand meiner Geschichte skeptisch gegenüber; daher schlug ich ihm vor, Gonen zu interviewen. (Ich hatte mich im Dezember 2009 gerade erst mit Gonen und seiner Frau getroffen, und er ahnte nichts von den Einzelheiten meines Buches – er wusste nur, dass es erscheinen solle.) Gonen stimmte einem Interview zu, doch er und der Reporter hielten es für das Beste, Gonens echten Namen geheimzuhalten. Gonen bestätigte die Fakten aus *Sohn der Hamas* und sprach über unsere Freundschaft. Avi Issacharoff rief mich nach seinem Interview mit Gonen an und sagte: »Mann, ich bin total schockiert. Das ist verrückt!« Doch ich war dankbar, dass Avi mir glaubte und dass die Glaubwürdigkeit meiner Geschichte durch Gonens Bestätigung untermauert worden war.

Doch indem er meine Geschichte bestätigte, ging Gonen ein unglaubliches Risiko ein. Er lebte noch in Israel, und die Konsequenzen seiner Enthüllung hätten enorm sein können. Nachdem das Interview in der *Haaretz* erschienen war, nahm der Schin Beth Kontakt mit Gonen auf und erklärte, man denke über eine Anklage gegen ihn nach, weil er seine Identität preisgegeben habe. Er wurde davor gewarnt, weiter mit mir zu kommunizieren.

Für die Offenlegung seiner Identität und die Bestätigung dessen, was ich an Schin-Beth-Geheimnissen verraten hatte, drohten Gonen acht Jahre Gefängnis. Und wenn er ins Gefängnis müsste, hieße das auch, er könnte nicht für seine Familie sorgen. Außerdem war er gerade dabei, sein Jurastudium in Israel abzuschließen; die Anklage, mit welcher der Schin Beth Gonen drohte, würde unter israelischem Recht dazu führen, dass er in Israel keine Zulassung als Anwalt bekäme. Zudem bestand das Risiko, dass Gonens Vater, ein angesehener pensionierter General der IDF, das Gesicht verlöre.

Und damit sind wir wieder bei der anstehenden Verhandlung über meine Ausweisung. Mein Anwalt fragte mich, ob ich jemanden kennen würde, der für mich aussagen könne; ich verneinte. Ich wusste, was Gonen bevorstünde, wenn er als Zeuge aussagte, und er hatte bereits so viel für mich riskiert. Wenn er aussagte, würde er seine Identität auf keinen Fall mehr geheimhalten können. Obwohl mir die Ausweisung drohte (und diese unweigerlich einem Todesurteil gleichkam), konnte ich das Leben und die Existenz meines Freundes nicht wissentlich in Gefahr bringen. Ich betete darum, dass Gott diese schwierige Situation auf andere Art und Weise lösen werde.

Gonen war bewusst, in welcher Lage ich mich befand. Seit meine Geschichte öffentlich geworden war, hatten wir jeden Tag miteinander gesprochen. Er kannte alle Fakten. Ich dachte nicht einmal daran, ihn zu bitten, für mich auszusagen. Das war ganz unmöglich. Doch Gonen war nicht umzustimmen: »Ich komme.«

»Das kannst du nicht machen!«, protestierte ich. »Du kannst deine Identität nicht preisgeben. Du würdest Riesenprobleme bekommen!«

Doch Gonen sagte: »Das ist egal. Die Angelegenheit ist sehr wichtig, und ich komme.«

Wenige Tage vor meiner Verhandlung erneuerte der Schin Beth seine Drohung an Gonen, dass er mich keinesfalls sehen oder kontaktieren dürfe. Eine Nichteinhaltung dieses Verbots würde eine lange Gefängnisstrafe nach sich ziehen.

Drei Tage nach diesem Treffen flog Gonen in die Vereinigten Staaten, um bei der Verhandlung über meine Ausweisung auszusagen. (Nebenbei bemerkt, befand sich Gonen gerade im letzten Semester seines Jurastudiums, und zwei seiner Abschlussprüfungen fielen auf den Tag meiner Verhandlung.)

Gonen traf sich mit mir in Washington, D. C., wo wir uns zum ersten Mal gemeinsam in der Öffentlichkeit zeigten, nämlich bei einem Abendessen der Stiftung *Endowment for Middle East Truth*[15]. Sarah Stern, die Vorsitzende dieser fantastischen Organisation, machte uns mit Senatoren, Kongressabgeordneten und anderen einflussreichen Personen aus dem Umfeld des Weißen Hauses bekannt, die uns nur allzu gern in unserer Sache zur Seite stehen wollten. Meine Geschichte und die drohende Ausweisung gewannen langsam an Brisanz in der politischen Führungsetage.[16]

Die Verhandlung war für acht Uhr angesetzt. Gonen wartete mit einem Sicherheitsbeamten in einem angrenzenden Gerichtssaal. Während der Richter alle Dokumente und Anträge zu Protokoll gab, die seit meiner letzten Verhandlung eingegangen waren, saß ich neben meinem Anwalt und dachte darüber nach, wie ich all die Fragen beantworten solle, die man mir sicher gleich stellen würde. Ich rechnete fest damit, mich mit Haut und Haaren verteidigen zu müssen. Der Richter rief Gonen herein und eröffnete die Verhandlung. Doch noch bevor Gonen den Gerichtssaal betreten konnte, geschah etwas völlig Unerwartetes: Die Anwältin des DHS erklärte, die Behörde habe nichts mehr gegen meinen Asylantrag einzuwenden.

Die Sitzung wurde vertagt und ich begriff nicht ganz, was vor sich ging. Während die anderen Anwesenden den Gerichtssaal verließen, erklärte mir mein Anwalt, was gerade geschehen war. Ich konnte es kaum glauben! Der Richter gewährte mir Asyl, vorausgesetzt die routinemäßige Überprüfung meines Strafregisters würde keine Auffälligkeiten ergeben, und das war's. Nach beinahe drei Jahren Bürokratiekrieg und Ungewissheit über den Ausgang des Verfahrens durfte ich jetzt im Frieden in den Vereinigten Staaten leben. Als ich das Gerichtsgebäude verließ, dankte ich Gott für seine wunderbare Gnade, die er mir geschenkt hatte, und für alle Menschen, die er gebraucht hatte, um dieses Urteil zu ermöglichen.

Dieses Urteil war natürlich großartig für mich, doch Gonens Schicksal blieb immer noch ungewiss. Wir erörterten die Möglichkeit, dass er bei mir in den Vereinigten Staaten bliebe, doch er sagte: »Ich will zurückgehen. Wenn sie mich verhaften, dann verhaften sie mich eben. Ich weiß, dass ich das Richtige getan habe.« Er reiste zurück nach Israel und er wurde nicht verhaftet. Er erhielt vier schriftliche Verweise vom Schin Beth, doch es wurde nichts gegen ihn unternommen. Wieder einmal hatte Gonen mir das Leben gerettet, so wie damals, als wir gemeinsam beim Schin Beth gearbeitet hatten, und ich werde ihm immer dankbar sein. (Übrigens: Die Prüfungen, die Gonen verpasst hatte, weil er zu meiner Verhandlung gekommen war, durfte er nachholen. Er bestand sie mit Bravour!)

Doch so wunderbar es ist, dass mir politisches Asyl gewährt wurde – die Entfremdung von meiner Familie wird immer einen Schatten auf mein Leben werfen. Meine Eltern und Geschwister sind diejenigen, mit denen ich Freude und Leid teilen sollte, mit denen ich Siege feiern und Niederlagen betrauern sollte, doch ich wurde verstoßen. Die Schande, die ich mit meiner Entscheidung, an die Öffentlichkeit zu gehen, über sie gebracht habe, lässt sich für sie nie wieder aus der Welt schaffen. Ich habe ihnen das Herz gebrochen und ihr Leben ruiniert. Wer wird nun meine Schwestern heiraten? Wie können meine Brüder je wieder in ihre Schulen zurückkehren?

Ich wusste von Anfang an, welche Gefahren es mit sich bringen würde, wenn ich meine Geschichte erzählte, doch das mindert nicht den Schmerz, den ich heute empfinde. Aber trotz dieses Schmerzes halte ich an der Hoffnung fest, dass meine Familie mich nicht aus ihren Herzen verstoßen hat. Ich hoffe, wir werden durch Gottes Gnade eines Tages wieder als Familie vereint sein.

Ich bin glücklich darüber, in den Vereinigten Staaten zu sein, doch ich vermisse meine Familie und mein Land. Im Westjordanland hatte ich mehr Geld und mehr Einfluss, doch es hat auch seine Vorteile, in solch einem großen Land relativ anonym leben zu können. Obwohl ich im Fernsehen war und Bestsellerautor bin, erkennen mich viele Menschen hier nicht wieder, selbst in meiner Heimatstadt in den USA. In dieser Hinsicht hat der Umstand, dass ich mit meiner Geschichte an die Öffentlichkeit gegangen bin, nicht viel an meinem Leben geändert. Wenn mich die Leute nach meinem Beruf fragen, antworte ich: »Ich bin Farmer. Ich würde gern auf einem Biohof arbeiten, aber ich finde keine Arbeit.«

Natürlich sehen mich dann manche dieser Menschen im Fernsehen oder lesen mein Buch und wenden ein: »Hey, ich denke du hast gesagt, du bist Farmer! Du bist ja gar kein Farmer!« Dann lächele ich nur und antworte: »Aber natürlich bin ich das. Ich pflanze und ernte Ideen. Ich bin ein Gedanken-Farmer.« Und die Menschen, die mich wiedererkennen, schweigen. Nicht viele Menschen wissen, wo ich lebe, und fast niemand kennt meine Adresse oder weiß auch nur, in welcher Stadt ich wohne. Ich versuche, so unauffällig wie möglich zu leben. Viele Menschen haben zwar ihre Unterstützung signalisiert, seit ich mit meiner Geschichte an die Öffentlichkeit gegangen bin, doch man weiß nur selten, was sie in ihrem tiefsten Inneren wirklich denken. Nach meiner Arbeit für den Schin Beth bin ich es nicht mehr gewohnt, anderen zu vertrauen – selbst wenn sie eigentlich mein Vertrauen verdient hätten.

Während die Veröffentlichung von *Sohn der Hamas* mein Umfeld erheblich verändert hat, bin ich dadurch doch kein anderer Mensch geworden. Ich muss immer noch daran arbeiten, Gott zu folgen und auf ihn zu vertrauen; und je mehr ich von Jesus Christus begreife, desto mehr wird mir bewusst, wie viel ich nicht weiß. Ich verstehe Gott nicht, und ich versuche es auch gar nicht – das ist unmöglich, selbst wenn ich es mit aller Kraft versuchte. Ich kann nur sagen, dass ich ihn erlebe. Ich erlebe sein Wirken. Gott ist keine Droge für mein Leben, und er ist auch kein »Kleiderbügel«, auf den ich alle meine Vorwürfe und Sorgen hänge. Gott ist meine Inspiration, mein Führer, mein Lehrer, mein Ratgeber.

Ich bin kein »religiöser Mensch«, und ich glaube auch, dass ich nie wieder zu einer »Religion« zurückkehren werde, ganz gleich, was geschieht. Ich habe Regeln, ich gehorche Regeln, und manchmal, wenn ich mich in einem Bereich meines persönlichen Lebens schwach fühle, sage ich: »Okay, hier möchte ich eine Regel für mein Leben aufstellen, weil es sein muss.« Aber ich bin kein religiöser Mensch. Wenn ich sonntags zur Kirche gehe, dann weil ich es will. Ich gehe nicht hin, um unter die Leute zu kommen; ich gehe hin, um Gott anzubeten. Und wenn ich nicht dort bin, bete ich Gott an einem anderen Ort an.

Für mich kann Anbetung überall stattfinden. Vor einigen Tagen zum Beispiel war ich tauchen, und ich habe fünfundzwanzig Meter unter Wasser, am Grund des Pazifiks, meine Knie vor Gott gebeugt. Das war Anbetung! Es erinnerte mich an das, was uns in Philipper 2,10 für die Zukunft vorausgesagt ist: »Vor diesem Namen [Jesus] sollen sich die Knie aller beugen, die im Himmel und auf der Erde und unter der Erde sind.« Ich habe gern auf eine andere – eine nicht traditionelle, nicht religiöse – Art und Weise Gemeinschaft mit meinem Herrn. Ich möchte mit ihm in Verbindung treten und seine Liebe spüren. Wenn es mir nicht gelingt, weiß ich, dass es mein Fehler ist. Wenn es mir gelingt, weiß ich, dass es seine Gnade ist. Und so möchte ich es auch weiterhin halten. Ich folge nicht *Menschen* nach.

Manchmal bin ich enttäuscht von der Kirche, besonders hier in der westlichen Welt. Ich sehne mich danach, dass sie von einer neuen Generation geleitet wird, die ihre Verantwortung für die andere Seite der Welt erkennt und für die großen Probleme, vor denen wir stehen, wie dem Einfluss des Islam. Wir als Christen haben eine riesige Verantwortung, und die Probleme sind brisant, doch wir können uns nicht zurückhalten, nur weil wir »politisch korrekt« sein wollen. Ich weiß nicht, warum es für uns als Nachfolger von Jesus Christus so leicht ist, die wahre Natur des Islam zu erkennen und die Wahrheit darüber zu sagen – und doch nichts dagegen zu unternehmen, oder erst so spät zu handeln, dass es nicht mehr von Bedeutung ist. Es kommt mir vor, als sei die Kirche erst bereit zu handeln, nachdem alle anderen schon aktiv geworden sind; doch so sollte es nicht sein. In meiner persönlichen Geschichte habe ich erlebt, wie Kongressabgeordnete und jüdische Führungspersonen versuchten, mein Leben zu retten, während die Kirche, die hinter mir hätte stehen sollen, zu spät kam. Das war frustrierend für mich – nicht, weil ich nicht genug Unterstützung vonseiten der Kirche bekommen hätte, sondern weil es mir die Realität der heutigen Kirche gezeigt hat: dass wir so oft hinter dem zurückbleiben, was andere tun.

Es geht nicht um mich und auch nicht nur um Politik. Als Gemeinde von Jesus Christus sollten wir »ein Leib« sein, und somit sollten wir bei allen großen humanitären Fragen – ob in Wirtschaft, Politik, Bildung oder bei den Menschenrechten – gemeinsam an vorderster Front stehen. Geistlich betrachtet fallen sie alle unter den Auftrag, den Jesus uns gegeben hat. Wir müssen darauf hören, was *er* sagt – nicht was dieser oder jener Leiter sagt –, und seiner Lehre und seinen Prinzipien folgen. Jesus hatte keine Angst, für andere die Stimme zu erheben, und wir sollten uns auch nicht davor fürchten.

Ich will nicht zu hart über die Kirche urteilen. Ich bin dankbar für die vielen Menschen, die mich ermutigt und für mich und mit mir gebetet haben – einige von ihnen kannten mich nicht einmal. Ich sage nicht, dass ich die Unterstützung, die ich erhalten habe, nicht zu schätzen weiß. Ich sage nur, dass Gebet kein Ersatz fürs Handeln ist. Ja, wir sollen beten, doch wie es im Jakobusbrief heißt, muss unser Glaube von Taten begleitet sein. Gebet allein reicht nicht aus. Beten kann verantwortungslos und sogar faul sein, wenn wir es als Ausrede benutzen, um nicht zu handeln. So wie der Teufel uns dazu verführen kann, falsche Gottesbilder aufzurichten, kann er uns meiner Meinung nach auch dazu verführen, falschen Vorstellungen über das wahre Wesen des Gebetes aufzusitzen. Gott hält für uns Christen viele Aufgaben bereit, und ich glaube, es liegt in unserer Verantwortung, sie auszuführen.

Für mich bedeutet das, die Stimme gegen den Islam zu erheben, gegen die Religion meiner Familie und Kultur. Wie Sie sich vorstellen können, ist meine Botschaft nicht immer willkommen. In manchen Fällen sind Menschen schockiert, dass ich laut über ein Thema spreche, das in der öffentlichen Diskussion oft tabu ist. Andere sind verwirrt und wissen nicht, wie sie reagieren sollen. Wieder andere – selbst Muslime – haben mir Mut gemacht, meine Botschaft weiterhin laut und deutlich zu äußern. Ich bringe lediglich ein Gespräch in Gang und versuche, andere dazu zu bewegen, sich daran zu beteiligen. Besondere Hoffnungen hege ich bezüglich der nächsten Generation von Muslimen. Sie scheinen aufgeschlossener zu sein. Mein Ziel ist es, sie aufzuwecken. Ich möchte ihnen begreiflich machen, dass sie der Religion, dem politischen System und dem Regime der Region, in der sie geboren wurden, nicht hilflos ausgeliefert sind. Sie können gegen die Religion ankämpfen, die sie bisher kennengelernt haben, und ihre Zukunft und letztlich ihr Schicksal verändern.

Inzwischen ist ein kostenloses E-Book auf Arabisch von *Sohn der Hamas* erschienen, das auf der Internetseite *www.sonofhamas.com* heruntergeladen werden kann. Das freut mich besonders, da diese Möglichkeit meinem Ziel entgegenkommt, ein Gespräch in Gang zu bringen. Ich weiß aus Erfahrung, dass viele Leser Dinge aus dem Zusammenhang reißen, dem Inhalt des Buches keinen Glauben schenken oder es ganz und gar abtun werden. Ich staune immer wieder über die Macht der Medien. Egal, auf welcher Seite eines Problems sie stehen, können sie die Gedanken und Meinungen der Menschen manipulieren – und oft verstehen sie das Problem völlig falsch. Zum Beispiel konnte ich kaum glauben, wie oft in Fernsehberichten über die Schin-Beth-Operationen, an denen ich beteiligt war, die Fakten falsch dargestellt wurden! Ich unterhielt mich mit den Menschen in meiner Stadt und fragte sie nach ihrer Meinung zu dem, was passiert war, und auch sie kannten die Fakten nicht. Für mich waren die Fakten sonnenklar, doch der ganze Lärm um dieses Thema lenkte von der Wahrheit ab. Ich weiß also, dass viele Menschen das, was ich zu sagen habe, missverstehen werden oder sich bewusst entscheiden werden, es nicht zu verstehen. Doch ich weiß auch, dass manche mein Buch lesen werden und dass ihr Leben sich verändern wird, wenn sie über meine Begegnung mit Jesus Christus und seinem Evangelium des Friedens nachdenken. Ich bete, dass auch sie seinem Gebot, ihre Feinde zu lieben, folgen werden. Es gibt Hoffnung auf Frieden im Nahen Osten, aber er beginnt nicht mit politischen Lösungen oder Verhandlungen; er beginnt mit der Veränderung im Herzen von Einzelnen.

Im Blick auf die Zukunft bin ich dankbar, einen Freund wie Gonen an meiner Seite zu haben. Wir haben gemeinsam viele aussichtslose Situationen überstanden. Wir blieben in gefährlichen Umständen am Leben, wurden trotz der kulturellen und religiösen Gräben Freunde und kamen Tausende Kilometer entfernt und viele Jahre später wieder zu einer gemeinsamen Mission zusammen. In einem kulturellen Umfeld, in dem es manchmal aussah, als ob einer den anderen benutzte, und in dem man nie wusste, wem man vertrauen konnte, wurden wir Brüder. Meine Verhandlung vor dem DHS, als wir zusammen in jenem Gerichtssaal standen, war nur eine weitere aussichtslose Situation, die wir überstehen durften. Und wir sind noch nicht fertig. Wir werden weiterhin mit all unserer Kraft und all unseren Fähigkeiten auf den Frieden im Nahen Osten hinarbeiten.

Ich weiß nicht, was als Nächstes auf mich zukommt, aber ich vertraue auf Gottes Führung. Vor einer Weile fragte mich Gonen einmal: »Bruder, meinst du, das alles ist Zufall? Warum haben wir uns überhaupt kennengelernt? Warum haben wir getan, was wir getan haben? Wie konntest du den Schin Beth verlassen, wo Tausende es nicht konnten? Wie konntest du in die Vereinigten Staaten kommen und ein Buch schreiben? Wie kann es sein, dass wir gerade telefonieren und alles tun, was wir tun? Glaubst du, das ist Zufall? Es kann doch kein logisch denkender Mensch behaupten, das alles sei Zufall!« Wenn ich auf die Ereignisse des vergangenen Jahres mit meinen Begegnungen mit dem DHS zurückblicke, auf meine letzten drei Jahre in den Vereinigten Staaten, auf die zehn vorausgegangenen Jahre beim Schin Beth und auf meine Jugend und Kindheit im Schatten der Hamas, ist es mir unmöglich, die Hand Gottes zu ignorieren, der mich bis heute geführt hat. Und wenn Gott will, werde ich auch in der Zeit, die mir noch bleibt, weiterhin seiner leitenden Hand folgen. Die Ereignisse dieses vergangenen Jahres haben mir wieder einmal gezeigt, dass Freundschaft und Liebe stärker sind als Macht, Politik und Tradition. Ganz gleich, was geschieht, ich werde weiterhin meine Stimme erheben. Denn ich bin fest davon überzeugt, dass bedingungslose Liebe für die Menschen auf der »anderen« Seite und Vergebung für diejenigen, die uns verletzt haben, die einzigen Prinzipien sind, die zu Heilung und einer besseren Zukunft für uns alle führen werden.

Die beteiligten Personen

Mosabs Familie

Scheich Yousef Dawud – Großvater väterlicherseits
Scheich Hassan Yousef – Vater; Mitbegründer und Führer der Hamas seit 1986
Sabha Abu l-Salem – Mutter
Ibrahim Abu l-Salem – Onkel (Bruder der Mutter); Mitbegründer der Muslimbruderschaft in Jordanien
Dawud – Onkel (Bruder des Vaters)
Yousef Dawud – Cousin, Sohn von Dawud, der Mosab half, funktionsuntüchtige Waffen zu kaufen
Mosabs Brüder – Suhayb (1980), Saif (1983), Uwais (1985), Mohammed (1987), Naser (1997)
Mosabs Schwestern – Sabila (1979), Tasnim (1982), Anhar (1990)

Die Hauptpersonen (in der Reihenfolge ihres Auftretens)

Hassan al-Banna – ägyptischer Reformer und Gründer der Muslimbruderschaft
Jamal Mansur – Mitbegründer der Hamas 1986; von Israel liquidiert
Ibrahim Kiswani – Mosabs Freund, der ihm half, funktionsuntüchtige Waffen zu kaufen
Jamal – Mosabs bester Freund
Loai – Deckname von Mosabs Führungsoffizier beim Schin Beth; 2010 gab Gonen ben Itzhak seine Identität als »Loai« preis
Marwan Barghuthi – Generalsekretär der Fatah
Maher Odeh – Anführer der Hamas und Leiter des Hamassicherheitsdienstes im Gefängnis
Salih Talahme – Hamasterrorist und Mosabs Freund
Ibrahim Hamid – Leiter des Hamassicherheitsdienstes im Westjordanland
Sayyid al-Scheich Qassem – Hamasterrorist

Hasanin Rummanah – Hamasterrorist
Khalid Maschal – Leiter der Hamas in Damaskus, Syrien
Abdullah Barghuthi – Bombenbauer

Die anderen (in alphabetischer Reihenfolge)

Abd al-Aziz ar-Rantisi – Hamasführer, Anführer des Lagers der ausgewiesenen Palästinenser im Libanon
Abd al-Bassit Odeh – Selbstmordattentäter der Hamas (*Park Hotel* in Netanya)
Abu Ali Mustafa – Generalsekretär der PFLP; von Israel liquidiert
Abu Salim – Metzger; Mosabs verrückter Nachbar
Adib Zayadeh – geheimer Drahtzieher der Hamas
Ahmad al-Ghandur – einer der ersten Anführer der al-Aqsa-Märtyrerbrigaden
Ahmad al-Faransi – Assistent von Marwan Barghuthi
Ahmad Yasin – Mitbegründer der Hamas 1986
Akel Sorour – Freund von Mosab und Mithäftling
Amar Salah Diab Amarna – erster offizieller Selbstmordattentäter der Hamas
Amir Abu Sarhan – erstach 1989 drei Israelis
Amnon – zum Christentum konvertierter Jude und Mithäftling von Mosab
Anas Rasras – Leiter des Sicherheitsdienstes im Gefängnis Megiddo
Ariel Scharon – israelischer Ministerpräsident (2001–2006)
Avi Dichter – Chef des Schin Beth
Avi Issacharoff – Journalist der israelischen Tageszeitung *Haaretz*
Ayman Abu Taha – Mitbegründer der Hamas 1986
Aziz Kayed – geheimer Drahtzieher der Hamas
Baruch Goldstein – aus Amerika stammender Arzt, der in der Ibrahim-Moschee in Hebron im Ramadan neunundzwanzig Palästinenser ermordete
Bilal Barghuthi – Cousin des Hamasbombenbauers Abdullah Barghuthi
Bill Clinton – 42. Präsident der Vereinigten Staaten
Captain Schai – Offizier der *Israeli Defense Forces*

Daya Mohammed Hussein Al-Tawil - Selbstmordattentäter (*French Hill-Kreuzung*)
Ehud Barak - Ministerpräsident von Israel (1999-2001)
Ehud Olmert - Ministerpräsident von Israel (2006-2009)
Fathi Schaqaqi - Gründer des Islamischen Dschihad und Initiator von Selbstmordattentaten
Fuad Schubaki - oberster Finanzbeamter der PA für militärische Operationen
Hassan Salameh - Freund von Yahya Ayyash, der ihm beibrachte, wie man Bomben baut, um Israelis zu töten
Imad Akel - Anführer der Izz ad-Din al-Qassam-Brigaden, des militanten Flügels der Hamas; von Israelis getötet
Ismail Haniyeh - 2006 zum palästinensischen Ministerpräsidenten gewählt
Itzhak Rabin - Ministerpräsident von Israel (1974-1977; 1992-1995); 1995 ermordet vom rechtsradikalen Israeli Yigal Amir
Izz al-Din Schuhail al-Masri - Selbstmordattentäter (Pizzeria *Sbarro*)
Jamal al-Dura - Vater des zwölfjährigen Mohammed al-Dura, der laut palästinensischen Angaben während einer Demonstration palästinensischer Sicherheitskräfte in Gaza von IDF-Soldaten getötet wurde
Jamal al-Tawil - Hamasführer im Westjordanland
Jamal Salim - Hamasführer, der bei der Liquidation von Jamal Monsur in Nablus getötet wurde
Jamil Hamami - Mitbegründer der Hamas 1986
Janet Napolitano - Ministerin für innere Sicherheit der Vereinigten Staaten *(United States Secretary of Homeland Security)*
Jibril Rajub - Leiter des Sicherheitsdienstes der Palästinensischen Autonomiebehörde
Juma'a - Totengräber auf dem Friedhof in der Nähe von Mosabs Zuhause in seiner Kindheit
König Hussein - König von Jordanien (1952-1999)
Kofi Annan - Generalsekretär der Vereinten Nationen (1997-2006)
Leonard Cohen - kanadischer Sänger und Songwriter, der »First We Take Manhattan« schrieb
Mahmud Muslih - Mitbegründer der Hamas 1986

Majida Talahme – Frau des Hamasterroristen Salih Talahme
Mohammed – Stifter des Islam
Mohammed Abu Halawa – Mitglied der al-Aqsa-Märtyrerbrigaden
Mohammed al-Dura – zwölfjähriger Junge, der während einer Fatahdemonstration im Gazastreifen – angeblich von IDF-Soldaten – getötet wurde
Mohammed Arman – Mitglied einer Hamasterroristenzelle
Mohammed Daraghmeh – palästinensischer Journalist
Mohammed Jamal al-Natsheh – Mitbegründer der Hamas 1986 und Anführer des militanten Flügels im Westjordanland
Mosab Talahme – ältester Sohn des Terroristen Salih Talahme
Najeh Madi – geheimer Drahtzieher der Hamas
Nissim Toledano – israelischer Grenzpolizist, von der Hamas getötet
Ofer Dekel – Schin-Beth-Offizier
Rechavam Zeevi – israelischer Tourismusminister, ermordet von PFLP-Schützen
Saddam Hussein – irakischer Diktator, der 1990 in Kuwait einfiel
Saib 'Uraiqat – palästinensischer Kabinettsminister
Said Hutari – Selbstmordattentäter beim Anschlag auf die Diskothek *Dolphinarium*
Salah Hussein – geheimer Drahtzieher der Hamas
Sami Abu Zuhri – Hamassprecher in Gaza
Sarah Stern – Vorsitzende der Stiftung *Endowment for Middle East Truth*
Schada – palästinensischer Arbeiter, der irrtümlicherweise von einem israelischen Panzerschützen getötet wurde
Schimon Peres – israelischer Präsident, der sein Amt 2007 antrat; vorher auch Ministerpräsident und Außenminister
Schlomo Sakal – israelischer Plastikwarenhändler, in Gaza erstochen
Tsibouktsakis Germanus – griechisch-orthodoxer Mönch, ermordet von Ismail Radaida
Yahya Ayyash – Bombenbauer; ihm wird zugeschrieben, die Technik der Selbstmordattentate im israelisch-palästinensischen Konflikt vorangetrieben zu haben
Yasir Arafat – langjähriger PLO-Vorsitzender; Präsident der PA; 2004 gestorben

Yisrael Ziv – israelischer *Major General* bei den IDF
Zakaria Botros – koptischer Priester, der unzählige Muslime zu Jesus Christus geführt hat; in Sendungen im Satellitenfernsehen legt er die Fehler im Koran dar und weist die Wahrheit der Bibel nach

Worterklärungen

abu – Vater von
adad – Nummer
adhan – muslimischer Gebetsruf, fünfmal täglich
al-Aqsa-Märtyrerbrigaden – terroristische Gruppe, die während der Zweiten Intifada aus mehreren Widerstandsgruppen entstand; führt Selbstmordattentate und andere Anschläge gegen israelische Ziele aus
al-Aqsa-Moschee – der drittheiligste Ort des Islam; Muslime glauben, dass Mohammed von dort aus in den Himmel aufgestiegen ist; liegt auf dem Tempelberg, dem heiligsten Ort der Juden, wo die alten jüdischen Tempel gestanden haben sollen
Al Dschasira – arabischer Sender im Satellitenfernsehen; Sitz in Qatar
al-Fatiha – Eröffnungssure (-abschnitt) des Koran; wird vom Imam oder einem anderen religiösen Leiter vorgelesen
Allah – arabisches Wort für »Gott«
Allenby Bridge – Brücke über den Jordan zwischen Jericho und Jordanien; ursprünglich 1918 von dem britischen General Edmund Allenby erbaut
Baklava – gehaltvolles Blätterteiggebäck, gefüllt mit gehackten Nüssen und gesüßt mit Honig
Besetzte Gebiete – das Westjordanland, der Gazastreifen und die Golanhöhen
Demokratische Front zur Befreiung Palästinas *(Democratic Front for the Liberation of Palestine,* DFLP) – säkulare marxistisch-leninistische Widerstandsorganisation gegen die israelische Besetzung des Westjordanlands und des Gazastreifens
Dinar – offizielle jordanische Währung, Zahlungsmittel im Westjordanland neben dem israelischen Schekel
Dschihad – bedeutet wörtlich »Anstrengung« auf dem Weg Allahs; wird von militanten islamischen Gruppen als Aufruf zum bewaffneten Kampf und sogar zu Terroranschlägen interpretiert
Emir – arabisch für »Oberhaupt« oder »Kommandant«
Fatah – größte politische Fraktion der Palästinensischen Befreiungsorganisation PLO

Fatwa – Rechtsauffassung oder Rechtserlass im islamischen Recht, die von einem islamischen Gelehrten ausgegeben wird
Fedajin – Freiheitskämpfer
Force 17 – Yasir Arafats Eliteeinheit
Gaza-Jericho-Abkommen – 1993 geschlossenes Abkommen zwischen Israel und der Palästinensischen Befreiungsorganisation
Hadith – Überlieferungen des Islam
Hadsch – Pilgerreise nach Mekka
Hamas – islamistische Widerstandsbewegung im Westjordanland und Gazastreifen; wird mit ihrer Unterorganisation, den Qassam-Brigaden, von den USA, der Europäischen Union und anderen als terroristische Organisation geführt
Hizbollah – islamistische paramilitärische Organisation im Libanon
hijab – Kopfbedeckung oder Schleier muslimischer Frauen in einigen Kulturen
IDF (Israel Defense Forces) – Israelische Verteidigungsstreitkräfte; dazu gehören Bodentruppen, Luftwaffe und Marine
Imam – meistens Moscheevorsteher, bei Schiiten: Führer der schiitischen Gemeinschaft
Intifada – Aufstand der palästinensischen Araber im Gazastreifen und im Westjordanland
Islamischer Dschihad – islamistische, terroristische Widerstandsbewegung im Westjordanland und Gazastreifen
Israelische Arbeitspartei – linksgerichtete Partei mit sozialdemokratischer Linie im israelischen Parlament
Izz ad-Din al-Qassam-Brigaden – militanter Flügel der Hamas
Jalsa – islamische Studiengruppe
Kalaschnikow – russisches AK-47-Sturmgewehr, entwickelt von Michail Kalaschnikow
Kalifat – islamische Herrschaftsinstitution
Koran – das heilige Buch des Islam
Knesset – israelisches Parlament (Legislative)
Kurden – Volksgruppe, deren meiste Mitglieder in Kurdistan leben; dazu gehören Teile des Irak und Iran, Syriens und der Türkei

Likud (Likudblock) – Parteienbündnis des Mitte-rechts-Spektrums in Israel
Moskobiyeh – israelisches Untersuchungsgefängnis in Westjerusalem
Mekka – Stadt im Westen Saudi-Arabiens; als Geburtsort Mohammeds heiligste Stadt des Islam
Medina – Stadt in Saudi-Arabien; heilige Stadt des Islam und nach Mekka bedeutendster islamischer Wallfahrtsort; Ort von Mohammeds Grabstätte
Megiddo – Gefängnislager in Nordisrael
Merkava – Kampfpanzer der *Israelischen Verteidigungsstreitkräfte*
Minarett – Turm einer Moschee, von dem aus der Gebetsrufer (heute meist ein Band) die Gläubigen zum Gebet ruft
Mi'var – im Gefängnislager Megiddo werden in diesem Gebäude die Neuankömmlinge untergebracht
Molotowcocktail – ein Wurfbrandgeschoss; meistens eine mit einem Öl-Benzin-Gemisch gefüllte Glasflasche; manchmal dienen Lumpen als Docht; wird angezündet und dann auf das Ziel geworfen
Moschee – Gebäude, in dem Muslime sich zum Gebet versammeln
Mossad – Auslandsgeheimdienst von Israel, vergleichbar mit der amerikanischen CIA
Mujahid – muslimischer Guerillakämpfer
Munkar und Nakir – Engel, die der islamischen Überlieferung nach die Verstorbenen nach ihrem Glauben befragen
Osmanisches Reich – vorderasiatisches Imperium, das von etwa 1299 bis 1923 bestand
Palästinensische Autonomiebehörde (PA) – 1994 gegründet entsprechend den Bedingungen des Gaza-Jericho-Abkommens; Verwaltungsgremium von Westjordanland und Gazastreifen
Palästinensische Befreiungsorganisation (Palestine Liberation Organization/PLO) – politische Widerstandsorganisation, deren Vorsitzender von 1969 bis 2004 Yasir Arafat war
Ruku' – Niederwerfungen innerhalb eines Gebets im Islam
Ramadan – Fastenmonat zum Gedenken an die Herabsendung des Koran durch Mohammed
Scud – Boden-Boden-Raketensystem, das im Kalten Krieg von der Sowjetunion entwickelt wurde

Scharia – islamisch-religiöse Rechtsordnung
Schwarzer September – blutige Auseinandersetzung zwischen der jordanischen Regierung und palästinensischen Organisationen im Jahr 1970
Schawisch – ein Häftling, der andere Insassen vor der israelischen Gefängnisverwaltung vertritt
Scheich – muslimischer Ältester oder Führer
Schia/Schiiten – die zweitgrößte Denomination im Islam nach den Sunniten
Schin Beth – israelischer Inlandsgeheimdienst, vergleichbar mit dem amerikanischen FBI
Schura-Rat – ein Beratungsgremium im Islam
Schomer – hebräisches Wort für einen israelischen Gefängniswärter oder Polizeibeamten
Sechs-Tage-Krieg – kurzer Krieg im Jahr 1967 zwischen Israel und Ägypten, Jordanien und Syrien
Sunniten – die größte Denomination im Islam
Sure – ein Kapitel im Koran
Tempelberg – in der Altstadt von Jerusalem der Ort, wo sich die al-Aqsa-Moschee und der Felsendom befinden, das älteste islamische Bauwerk der Welt; der Überlieferung nach auch der Standort des ersten und zweiten jüdischen Tempels
Volksfront zur Befreiung Palästinas (Popular Front for the Liberation of Palestine/PFLP) – marxistisch-leninistische Widerstandsbewegung im Westjordanland und Gazastreifen
Wudu' – rituelle Waschung im Islam

Chronologische Übersicht

1923 Ende des Osmanischen Reiches
1928 Hassan al-Banna gründet die Muslimbruderschaft
1935 die Muslimbruderschaft siedelt sich auch in Palästina an
1948 die Muslimbruderschaft ergreift unter Einsatz von Gewalt Maßnahmen gegen die ägyptische Regierung; Israel erklärt seine Unabhängigkeit; Ägypten, der Libanon, Syrien, Jordanien und der Irak marschieren in Israel ein
1949 Hassan al-Banna wird ermordet; das al-Amari-Flüchtlingslager wird im Westjordanland eingerichtet
1964 die Palästinensische Befreiungsorganisation PLO wird gegründet
1967 Sechs-Tage-Krieg
1968 die Volksfront zur Befreiung Palästinas (PFLP) entführt ein Flugzeug der *El Al* nach Algier; keine Opfer
1970 Schwarzer September: Jordanien vertreibt die PLO und Tausende PLO-Kämpfer werden von jordanischen Truppen getötet
1972 elf israelische Sportler werden von der Terrororganisation »Schwarzer September« bei den Olympischen Spielen in München getötet
1973 Jom-Kippur-Krieg
1977 Hassan Yousef heiratet Sabha Abu l-Salem
1978 Mosab Hassan Yousef wird geboren; 38 Menschen sterben bei Fatahanschlag auf israelische Küstenautobahn nördlich von Tel Aviv
1979 die palästinensische Terrororganisation *Islamischer Dschihad* wird gegründet
1982 Israel marschiert im Libanon ein und vertreibt die PLO
1985 Hassan Yousef und seine Familie ziehen nach al-Bira
1986 in Hebron wird die Hamas gegründet
1987 Hassan Yousef nimmt eine zweite Stelle als muslimischer Religionslehrer in der christlichen Schule in Ramallah an; Beginn der Ersten Intifada
1989 Hassan Yousefs erste Verhaftung und Inhaftierung; Hamasanhänger Amir Abu Sarhan ermordet drei Israelis
1990 Saddam Hussein marschiert in Kuwait ein

1992 Mosabs Familie zieht nach Betunia; Hassan Yousef wird verhaftet; Hamasterroristen entführen und ermorden den israelischen Polizisten Nissim Toledano; palästinensische Anführer werden in den Libanon abgeschoben
1993 Gaza-Jericho-Abkommen
1994 Baruch Goldstein ermordet 39 Palästinenser in Hebron; erster offizieller Selbstmordanschlag; Yasir Arafat kehrt triumphierend in den Gazastreifen zurück und richtet dort das Hauptquartier der Palästinensischen Autonomiebehörde ein
1995 der israelische Ministerpräsident Itzhak Rabin wird ermordet; Hassan Yousef wird von der Palästinensischen Autonomiebehörde verhaftet; Mosab kauft illegale, funktionsuntüchtige Waffen
1996 der Hamasbombenbauer Yahya Ayyash wird liquidiert; Mosab wird zum ersten Mal verhaftet und für längere Zeit inhaftiert
1997 Mosab wird aus dem Gefängnis entlassen; der Mossad versucht erfolglos, Khalid Maschal zu ermorden
1999 Mosab besucht eine christliche Bibelgruppe
2000 Nahostgipfel in Camp David; die Zweite Intifada (al-Aqsa-Intifada) beginnt
2001 Selbstmordattentate an der *French Hill*-Kreuzung, der Pizzeria *Sbarro* und der Diskothek *Dolphinarium*; PFLP-Generalsekretär Abu Ali Mustafa wird von Israel liquidiert; der israelische Tourismusminister Rechavam Zeevi wird von PFLP-Schützen ermordet
2002 Israel startet die Operation »Schutzschild«; neun Tote beim Anschlag auf die Hebräische Universität; Mosab und sein Vater werden inhaftiert
2003 Truppen der westlichen Koalition marschieren in den Irak; die Hamasterroristen Salih Talahme, Hasanin Rummanah und Sayyid al-Scheich Qassem werden von Israel liquidiert
2004 Tod von Yasir Arafat; Hassan Yousef wird aus dem Gefängnis entlassen
2005 Mosab wird getauft; Mosabs dritte Inhaftierung; Mosab wird wieder aus dem Gefängnis entlassen
2006 Ismail Hanija wird palästinensischer Ministerpräsident
2007 Mosab verlässt die besetzten Gebiete und geht nach Amerika
2010 Mosab erhält politisches Asyl in den USA

Anmerkungen

1. Bisher kennt noch keiner diese Fakten. Genau genommen gibt es in der Geschichtsschreibung zahlreiche Ungenauigkeiten über den Gründungstag der Hamas als Organisation. Im englischsprachigen Wikipedia-Eintrag heißt es zum Beispiel unzutreffend: »Die Hamas wurde 1987 von Scheich Ahmad Yasin, Abd al-Aziz ar-Rantisi und Mohammed Taha vom palästinensischen Flügel der ägyptischen Muslimbruderschaft zu Beginn der Ersten Intifada gegründet [...]« Dieser Eintrag nennt nur zwei der sieben Gründer korrekt und ist ein Jahr zu spät datiert. Siehe http://en.wikipedia.org/wiki/Hamas (letzter Zugriff 18. Februar 2010).

    Auf MidEastWeb heißt es: »Die Hamas wurde etwa im Februar 1988 gegründet, um die Teilnahme der Muslimbruderschaft an der Ersten Intifada zu ermöglichen. Die Gründungsmitglieder der Hamas waren: Ahmed Jasin, Abd al-Fattah Dukhan, Muhammed Shama, Ibrahim al-Yazuri, Issa al-Najjar, Salah Shehadeh (aus Beit Hanun) und Abd al-Aziz ar-Rantisi. Dr. Mahmud Zahar wird normalerweise ebenfalls als einer der ursprünglichen Anführer genannt. Weitere Anführer sind: Scheich Khalil Qawqa, Isa al-Ashar, Musa Abu Marzuq, Ibrahim Ghusha, Khalid Mishaal.« Das ist sogar noch ungenauer als der Wikipedia-Artikel. Siehe http://www.mideastweb.org/hamashistory.htm (letzter Zugriff 23. Februar 2010).

2. Die erste medienträchtige Flugzeugentführung der PLO ereignete sich am 23. Juli 1968, als PFLP-Aktivisten eine El-Al-Boeing 707 nach Algier umleiteten. Etwa zwölf israelische Passagiere und zehn Besatzungsmitglieder wurden als Geiseln genommen. Es gab keine Opfer. Doch vier Jahre später wurden elf israelische Sportler getötet, als die PLO einen Terroranschlag auf die Olympischen Spiele in München verübte. Und am 11. März 1978 landeten Fatahkämpfer mit einem Boot nördlich von Tel Aviv, entführten einen Bus und starteten einen Angriff auf der Küstenautobahn, bei dem etwa 35 Menschen ums Leben kamen und 70 weitere verwundet wurden.

    Es war für die Organisation nicht schwer, unter den palästinensischen Flüchtlingen Attentäter zu rekrutieren, die ungefähr zwei Drittel der jordanischen Bevölkerung ausmachten. Da andere arabische Staaten die palästinensische Sache großzügig finanziell unterstützten, war die PLO am Ende sogar stärker und besser bewaffnet als die Polizei und die jordanische Armee. Und somit sollte es nicht lange dauern, bis für Yasir Arafat die Übernahme des Landes und die Gründung eines Palästinenserstaates in greifbare Nähe gerückt waren.

    König Hussein von Jordanien musste rasch und entschlossen handeln, oder er würde sein Land verlieren. Jahre später war ich sehr erstaunt, als ich durch eine unvorhersehbare Beziehung mit dem israelischen Geheimdienst erfuhr, dass der jordanische Monarch damals eine geheime Allianz mit Israel eingegangen war – obwohl jedes andere arabische Land sich der Vernichtung Israels verschrieben hatte. Das war natürlich ein strategischer Schachzug, denn König Hussein konnte seinen Thron nicht schützen und Israel konnte nicht effektiv an der langen Grenze zwischen den zwei Ländern patrouillieren. Doch es wäre einem politischen und kulturellen Selbstmord für den König gleichgekommen, wenn diese Information jemals an die Öffentlichkeit gedrungen wäre.

Also verwies König Hussein 1970 die PLO-Führer und -Kämpfer des Landes, bevor sie zu noch größerer Macht kommen konnten. Als sie sich weigerten, vertrieb er sie – mit Waffen, die Israel geliefert hatte – in einer militärischen Kampagne, die unter den Palästinensern als »Schwarzer September« bekannt wurde.

Im *Time*-Magazin wurde Arafat gegenüber sympathisierenden arabischen Politikern mit den Worten zitiert: »Es wurde ein Massaker verübt. Tausende Menschen liegen unter den Trümmern. Leichen sind verwest. Hunderttausende sind obdachlos. Unsere Toten liegen auf den Straßen. Hunger und Durst töten die Kinder, Frauen und alten Männer, die uns noch geblieben sind.« (*Time*: »The Battle Ends; The War Begins«, 5. Oktober 1970)

König Hussein stand tief in Israels Schuld, die er 1973 zu begleichen suchte, indem er Jerusalem warnte, dass eine von Ägypten und Syrien angeführte arabische Koalition kurz vor dem Einmarsch nach Israel stand. Unglücklicherweise nahm Israel die Warnung nicht ernst. Die Invasion fand an Jom Kippur statt, und das unvorbereitete Israel erlitt schwere und unnötige Verluste. Auch in dieses Geheimnis sollte ich eines Tages von den Israelis eingeweiht werden.

Infolge des »Schwarzen Septembers« flohen die Überlebenden der PLO in den südlichen Libanon, der sich immer noch nicht von seinem tödlichen Ersten Bürgerkrieg erholt hatte. Hier plante die Organisation einen neuen Griff nach der Macht. Sie wuchs und wurde stärker, bis sie faktisch zum Staat im Staate wurde.

Von ihrem neuen Stützpunkt aus führte die PLO einen Zermürbungskrieg gegen Israel. Beirut war einfach zu schwach, um die endlosen Bombardierungen und Raketenangriffe auf Israels nördliche Ortschaften zu unterbinden. Und 1982 marschierte Israel in den Libanon ein und vertrieb die PLO in einem viermonatigen Feldzug. Yasir Arafat und eintausend überlebende Kämpfer gingen ins Exil nach Tunesien. Doch selbst von dort aus verübte die PLO weiterhin Anschläge auf Israel und baute eine Armee von Kämpfern im Westjordanland und im Gazastreifen auf.

3   »Arafat's Return: Unity Is ›the Shield of Our People‹«, New York Times, 2. Juli 1994, http://www.nytimes.com/1994/07/02/world/arafat-in-gaza-arafat-s-return-unity-is-the-shield-of-our-people.html (letzter Zugriff 18. Februar 2010).

4   Leonard Cohen, »First We Take Manhattan«, Copyright © 1988 Leonard Cohen Stranger Music, Inc. Dt. Übersetzung: Doris Leisering.

5   Israelisches Außenministerium, »Suicide and Other Bombing Attacks in Israel Since the Declaration of Principles« September 1993); Palestinian Academic Society of International Affairs, Jerusalem, »Palestine Facts – Palestine Chronology 2000«; siehe auch http://www.mfa.gov.il/MFA/MFAArchive/2000_2009/2000/

11/Palestinian%20Terrorism-%20Photos%20-%20November%202000 (letzter Zugriff 18. Februar 2010).
6 Weitere Belege für diese Verbindung wurden im folgenden Jahr gefunden, als Israel in Ramallah einmarschierte und Arafats Hauptquartier durchsuchte. Unter anderen Dokumenten fand man eine Rechnung mit dem Datum 16. September 2001 von den al-Aqsa-Märtyrerbrigaden an den Brigadegeneral Fuad Schubaki, dem Leiter der PA für militärische Operationen. Darauf wurde um Erstattung der Kosten für Sprengstoff gebeten, die bei Bombenanschlägen in israelischen Städten verwendet wurden. Weiterhin wurde noch mehr Geld beantragt, um weitere Bomben zu bauen und die Kosten für Propagandaplakate für Selbstmordattentate zu decken. Yael Shahar, »Al-Aqsa Martyrs Brigades – A Political Tool with an Edge«, 3. April 2002, International Institute for Counter-Terrorism, IDC Herzliya.
7 Leonard Cole, *Terror: How Israel Has Coped and What America Can Learn* (Bloomington: Indiana University Press, 2007), S. 8.
8 »Obituary: Rechavam Zeevi«, BBC News, October 17, 2001, http://news.bbc.co.uk/2/hi/middle_east/1603857.stm (letzter Zugriff 18. Februar 2010).
9 »Annan Criticizes Israel, Palestinians for Targeting Civilians«, U. N. Wire, 12. März 2002, http://www.unwire.org/unwire/20020312/24582_story.asp (letzter Zugriff 18. Februar 2010).
10 Europäische Union, »Declaration of Barcelona on the Middle East«, 16. März 2002, http://europa.eu/bulletin/de/200203/i1055.htm (letzter Zugriff 18. Februar 2010).
11 Eine interessante Randbemerkung zu Colonel Jibril Rajub: Dieser Mann nutzte seine Position als Chef des Sicherheitsdienstes im Westjordanland aus, um sein eigenes kleines Königreich aufzubauen. Seine Beamten mussten sich ihm gegenüber so unterwürfig verhalten, als wäre er ein Thronerbe. Ich habe gesehen, wie sich sein Frühstückstisch unter dem Gewicht von 50 verschiedenen Gerichten bog, die einfach nur deshalb zubereitet worden waren, um zu zeigen, wie wichtig er ist. Ich habe auch miterlebt, dass Rajub sich unhöflich und fahrlässig verhielt und sich mehr wie ein Gangster als wie eine Führungspersönlichkeit benahm. Als Arafat 1995 so viele Hamasführer und -mitglieder wie möglich gefangen nahm, folterte Rajub sie erbarmungslos. Mehrmals hatte die Hamas damit gedroht, ihn zu ermorden, woraufhin er sich einen kugelsicheren, explosionsresistenten Wagen zulegte. Selbst Arafat hatte so etwas nicht.
12 Associated Press, »Palestinian Bombmaker Gets 67 Life Terms«, MSNBC, November 30, 2004, http://www.msnbc.msn.com/id/6625081/ (letzter Zugriff 18. Februar 2010).
13 Danny Rubinstein, »Hamas Leader: You Can't Get Rid of Us«, *Haaretz*, http://www.haaretz.com/hasen/pages/ShArt.jhtml?itemNo=565084&contrassID=2&subContrassID=4&sbSubContrassID=0 (letzter Zugriff 18. Februar 2010).
14 »Israel Vows to ›Crush‹ Hamas after Attack«, Fox News, 25. September 2005,

http://www.foxnews.com/story/0,2933,170304,00.html (letzter Zugriff 18. Februar 2010).
15 Wörtlich: »Stiftung für die Wahrheit über den Nahen Osten« (Anm. d. Übers.).
16 Besonderen Dank schulde ich dem Mitglied des US-Repräsentantenhauses Doug Lamborn (Colorado). Er verbreitete unter seinen Kollegen einen Brief, der von 21 anderen Kongressmitgliedern unterstützt wurde und in dem man die Leiterin des DHS, die Ministerin für innere Sicherheit Janet Napolitano, darum bat, »Mr Yousefs Ansichten und Verhalten in den letzten Jahren ... in ihrer Gänze zur Kenntnis zu nehmen, besonders seine Kooperation mit dem Schin Beth unter beachtlichen Risiken für seine eigene Sicherheit und sein Leben.« Zu den Unterzeichnern gehörten die Mitglieder des Repräsentantenhauses Frank Wolf (Virginia), Trent Franks (Arizona), Cynthia Lummis (Wyoming), Bill Posey (Florida), Kenny Marchant (Texas), John Kline (Minnesota), John Shadegg (Arizona), Joe Wilson (South Carolina), Daniel Lungren (Kalifornien), John Boozman (Arkansas), Michele Bachmann (Minnesota), Marsha Blackburn (Tennessee), Bill Shuster (Pennsylvania), Joseph Pitts (Pennsylvania), Lynn Jenkins (Kansas), Rob Bishop (Utah), Jeff Fortenberry (Nebraska), Dana Rohrabacher (Kalifornien), Robert Aderholt (Alabama), Mike Pence (Indiana), und Aaron Schock (Illinois). Tzachi Hanegbi, Vorsitzender des Ausschusses für Auswärtige Angelegenheiten und Verteidigung der Knesset (des israelischen Parlaments), Knesset-Mitglied Einat Wilf und andere Mitglieder des auswärtigen Ausschusses schrieben ebenfalls einen sehr freundlichen Brief, in dem sie mir für meinen Einsatz dankten, der »zur Stärkung der Sicherheit der israelischen Bürger und palästinensischen Einwohner von 1998 bis 2007 beigetragen hat«. Zu großem Dank verpflichtet bin ich außerdem R. James Woolsey, dem ehemaligen Direktor der CIA, der in einem Brief schrieb, meine Abschiebung »wäre ein so unmenschlicher Akt, dass sie einen Schandfleck in der amerikanischen Geschichte darstellen würde«.

Eric Metaxas

Bonhoeffer

Pastor, Agent, Märtyrer und Prophet

Gebunden, 15 x 21,7 cm, 768 Seiten
Nr. 395.271, ISBN 978-3-7751-7271-6
Auch als E-Book e
und als Hörbuch erhältlich, 6 CDs
Nr. 395.492, ISBN 978-3-7751-5492-5

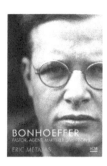

Als noch niemand ahnt, dass Hitler Deutschland zerstören wird, warnt ein junger Pastor im Rundfunk vor dem »Ver-Führer«. Metaxas zeichnet in seiner großen Bonhoeffer-Biografie ein vielschichtiges Bild von Leben und Glauben des Theologen, Agenten und Märtyrers. »Anschaulich und packend geschrieben, stellt das Buch – gerade für jüngere Menschen – einen wunderbaren Einstieg in die Beschäftigung mit ihm dar.« (Prof. Dr. Peter Zimmerling, Theologe und Bonhoeffer-Experte)

Margarete Schneider, Paul Dietrich (Hrsg.),
Elsa-Ulrike Ross (Hrsg.)

Paul Schneider – Der Prediger von Buchenwald

Neu herausgegeben von Elsa-Ulrike Ross und
Paul Dieterich

Gebunden, 14 x 22 cm, 544 Seiten
Nr. 395.550, ISBN 978-3-7751-5550-2
Auch als E-Book e

Der Prediger Paul Schneider war der erste Märtyrer, der im KZ Buchenwald zu Tode gekommen ist. Die Lebensgeschichte Schneiders zeigt, wie er Zuflucht bei Gott fand und auch anderen dadurch Kraft zum Überleben gab. 2014 war sein 75. Todestag.

Bitte fragen Sie in Ihrer Buchhandlung nach diesen Titeln! Oder schreiben Sie an: SCM Hänssler in der SCM Verlagsgruppe GmbH, D-71087 Holzgerlingen; E-Mail: info@scm-haenssler.de; Internet: www.scm-haenssler.de

Maryam Rostampour, Marziyeh Amirizadeh

Verurteilt im Iran
Der hohe Preis des Glaubens

Gebunden, 14 x 21,5 cm, 388 Seiten
Nr. 395.462, ISBN 978-3-7751-5462-8
Auch als E-Book e

»Ihr seid wie Engel«. Maryam und Marziyeh landen im berüchtigtsten Gefängnis des Iran, weil sie ihren christlichen Glauben nicht verschweigen. Doch obwohl Tod oder Folter drohen, bleiben sie standhaft. Sie erleben Unglaubliches, bis sie unerwartet freigesprochen werden.

Dilip Joseph, James Lund

Geisel der Taliban
Meine Gefangenschaft, meine Rettung

Gebunden, 14 x 21,5 cm, 264 Seiten
Nr. 395.631, ISBN 978-3-7751-5631-8
Auch als E-Book e

Afghanistan, Dezember 2012. Der US-amerikanische Arzt Dilip Joseph fällt in die Hände der Taliban, kann aber sehr persönliche Gespräche mit seinen Geiselnehmern führen. Nach fünf brenzligen Tagen wird er von den Navy Seals befreit, einem Spezialteam der US-Armee.

Bitte fragen Sie in Ihrer Buchhandlung nach diesen Titeln! Oder schreiben Sie an: SCM Hänssler in der SCM Verlagsgruppe GmbH, D-71087 Holzgerlingen; E-Mail: info@scm-haenssler.de; Internet: www.scm-haenssler.de